JN221913

人物叢書

新装版

三宅雪嶺

みやけせつれい

中野目　徹

日本歴史学会編集

吉川弘文館

三 宅 雪 嶺（明治28年，『少年世界』口絵）

拙者儀公務上参考ニ為東京
圖書館常備ニ書籍類借覧
致度ニ付帯出特許標下附
相成様此段奉願上候
明治十六年十月三日
編輯者
東京大学御用掛
三宅雄二郎

書籍帯出特許票下附願（明治16年，東京大学文書館所蔵）

はしがき

三宅雪嶺（本名雄二郎、一八六〇―一九四五）の名は、高等学校の教科書では明治二十年代のはじめに志賀重昂らと政教社を結成し、雑誌『日本人』を創刊して「国粋主義」を唱えた人物として紹介されている。しかしその後、教科書のなかで彼の名前が登場することはない。専門の歴史研究者でも、三宅雪嶺といえば『同時代史』全六巻（一九四九―五四）の著者であり、せいぜい各自が関心を有する時代の前後の記述を拾い読みする程度の存在として、記憶されているにすぎないのではなかろうか。

それゆえ、今日でも彼を右翼もしくは国粋主義者と裁断し恬然としている向きもあるらしい。しかし私には、右翼や国粋主義者として雪嶺の生涯を総括するのが適切だとは思われない。政教社が「国粋主義」を唱えていたのは設立後わずか三年ほどの間であり、鹿鳴館外交に象徴される当時の「欧化主義」に対抗する理論であった。もちろん雪嶺も、「国粋主義」について思索を深めていたが、それは日本が選択的で漸進的な文明化を果たすための開かれた思想だったのである。また、いわゆる左翼（「左傾」）に対抗するなかで右翼（「右傾」）が誕生した大正期になると、雪嶺は右翼結社の浪人会などから糾弾を受けることになる。そもそも雪嶺の発言のなかに、例えば神がかり的な天皇賛美のようなフレーズは、全生涯を通じていっさい見られない。

他方、学界では、三宅雪嶺をもって近代日本を代表するナショナリストの一人として、「健康なナショナリズム」の主唱者とする言説も今なお根づよく残っている。たしかに、志賀は「国粋」をnationalityの訳語として創案したのだったし、雪嶺の『真善美日本人』（一八九一）での主張などを取り出してみれば、近代ナショナリズム特有の論理構造を内包していることは疑いないようだ。とはいえ、一般名詞としてはともかく、学問的に厳密にナショナリズムを定義することは困難であるうえに、つまるところ近代の日本で、誰々がナショナリストだという議論は、ほとんど意味をなさないように思われる。

したがって、国粋主義者や右翼、ナショナリストといったレッテルを貼って三宅雪嶺の生涯を描き出すことは、本書の目的とはならない。

これまで三宅雪嶺に関しては、その生涯を見通すような史伝が書かれることはなかった。唯一の伝記作品といえる柳田泉『哲人三宅雪嶺先生』（一九五六）は、生前の雪嶺を知る著者

（文学者、早稲田大学教授）ならではの貴重な証言を多く含んでいる。しかし、記述は雪嶺前半生というべき明治期にほぼ限定されるし、何より「哲人」である「先生」を描き出すという一種の聖人伝の趣きを帯びている。また、没後刊行された『大学今昔譚』（一九四六）、『自分を語る』（一九五〇）という二冊の自伝も、叙述範囲は柳田の伝記同様前半生が中心になっていて、彼自身の全生涯を語るものにはなっていない。

では、本書ではいかなる人物として三宅雪嶺を捉えようとするのか。

私は大学院進学以来、政教社という結社の思想を「集団の思想史」あるいは彼らを括る世代的特徴である「明治の青年」という方法と枠組みのなかで解明することを目指して研究を続けてきた。本書では、そのなかの一人である三宅雪嶺を主題にすえて、明治～昭和期にかけて主に雑誌メディアを舞台に活動した言論人、当時の言葉でいえば雑誌記者として描き出していきたい。雪嶺は『日本人』以来、『亜細亜』『日本及日本人』『我観』『東大陸』そして再び『我観』と、絶えることなく雑誌の主筆もしくは中心的な記者であることを、自覚的、戦略的に選択して人生を終始した。ただし記者とはいっても、今日のように新聞社や雑誌社の記者や編集者、独自の取材にもとづく記事を新聞・雑誌社などに提供するフリージャーナリストとは、およそイメージが異なる雑誌記者なのである。権力や財力に一切おもねることなく常に主宰する雑誌を維持し、あくまで個人として時代社会と対峙して課題を発見し、それを議論として読者を介在させて投げ返す。そのような言論活動を通して時代社会を彼の考えるよりよき方向に導いていく、そうした営みを死の直前まで全うしたことが、三宅雪嶺の生涯だったのではないだろうか。

明治十六年（一八八三）、二十二歳で東京大学文学部哲学科を卒業した彼は、卒業後の進路を「評論」か「研究」かで迷ったすえ、大学に残って日本仏教史の「研究」に従事することになった。しかし、五年後には政教社設立の「同志」に名を列ね「評論」に大きく舵を切ることになったのである。爾来およそ六〇年、昭和二十年（一九四五）の敗戦を見届けてこの世を去るまで、雑誌を中心に「評論」の筆を執りつつ、一方では『宇宙』（一九〇九）をはじめとする独自の総合哲学体系の構築と、日本・日本人像を模索する「研究」を続けたのであった。つまり、雪嶺の「評論」活動の背景には常に「研究」があり、それによって獲得された独自の世界観にもとづく「思想の独立」や「一貫の気風」の精神が、彼の政治を中心にしながらも、あらゆるジャンルにわたる「評論」活動を支え、主張内容に他の記者や言論人にはない特質を付与することになったのだと考えられる。こうした点こそが、彼を同世代の他の著名な新聞記者・経営者である陸羯南や徳富蘇峰らともまた異なる、近代日本における個性的な言論人たらしめることになったといえよう。

本書では三宅雪嶺を、そのような雑誌記者・言論人として描き出していきたい。万延元年（一八六〇）生まれの三宅雪嶺は、私とはちょうど一〇〇年の時間の隔たりをもって生きた人物である。彼の八五年に及ぶ生涯をたどることは、まさしく日本近代史の全期間を叙述の対象とすることになろう。身の丈に余る大仕事である。私も間もなく還暦を迎えるとはいえ、なお雪嶺晩年の心象には想像もつかない領域があり、その時期の「評論」の評価には躊躇を覚えることもしばしばであったことを告白しておかなくてはならない。昭和期、なかでも日中戦争以降の発言に、青年から壮年期にわたる「評論」活動に見られた公平な理知や批判精神が失われているように見えるのは、何に起因するのか。その理由として現段階で考えられることは本文中に書いておいたものの、いずれ自からの不明を恥じることになるかもしれない。三宅雪嶺という稀有の言論人が、近代日本の何をどう斬り取り、いかに論じたのか、それを明らかにするだけでも知的興奮を覚える。だが、それだけではなく、時代に屹立する知性がやがて時代に絡め取られていくとすれば、それは何ゆえか。私たちにはそれを探る知的義務があるのではなかろうか。

なお、「良質の史料にもとづく、正確な伝記であること」を標榜する叢書の趣旨に照らして、本書では新史料の発掘も含めて、現段階における最善を尽したことはあえて述べるまでもない。とくに関係史料の閲覧において、雪嶺令孫の三宅立雄氏からは言い尽くせないほどの御高配を賜わった。さらに、流通経済大学三宅雪嶺記念資料館にも種々の便宜をおはかりいただいた。調査の過程で御教示を受けた皆様をはじめ、本文中で用いた史料の所蔵者・保存機関各位に対しても、この場において深謝の意を表したい。

最後に、言論人の伝記であるため、とくに後半部の各章で新聞・雑誌からの引用が多く、我ながら読みにくいものになってしまった。引用に際しては、法令文・公用文を除いて原則として片仮名を平仮名に改め、傍点・圏点を取り除いたほか、清濁を整え適宜句読点を付した。雑誌等からの引用で典拠を示す場合は、例えば第三巻第二号の場合、三―二のように略記した。読者におかれては、これらについてあらかじめ諒とされたい。

二〇一九年一月

中野目　徹

目　次

口絵

三宅雪嶺

書籍帯出特許票下附願

挿図

挿　表

第一　「因循」なる加州人

一　幕末の金沢に生まれる

城下新竪町で誕生

三宅雪嶺は、江戸時代末期の万延元年（一八六〇）五月十九日、加賀藩で八家といわれる人持組頭筆頭の本多家に仕える医師三宅恒（立軒と号する）を父に、藩侯の匙医黒川良安の妹・瀧井を母に、金沢城下新竪町で三宅家の第四子三男として生まれた。それは桜田門外の変として知られる幕府大老井伊直弼が暗殺された事件の約二ヵ月半後のことで、ペリー来航以来の幕末の風雲が急を告げるときであった。

現在、雪嶺の生誕地は、金沢市立犀桜小学校の北門のかたわらに、金沢市によって小公園として整備され、肖像のレリーフがはめ込まれた記念碑が建てられている。この一角はそもそも、雪嶺喜寿の昭和十一年（一九三六）、有志者によって買い取られたあと、当時の新竪町小学校に寄付されたものである（金沢市立犀桜小学校所蔵「三宅雪嶺先生（資料）」）。明治四年（一八七一）の廃藩置県後、三宅家は隣接する水溜町の二〇番に転居した。雪嶺は、

生誕地の現況

愛知英語学校に入学するため金沢を離れる明治八年一月三十日まで、この両地で成長することになる。

本当の誕生日

雪嶺が生まれた万延元年五月十九日は、陽暦（グレゴリオ暦）に換算すると一八六〇年七月七日になる。自伝によると雪嶺は、陰陽暦を「精算」しないで、誕生日を生涯七月一日で通したという（三宅雪嶺『自分を語る』）。これまで雪嶺の年譜類のすべては、陽暦換算の場合七月一日生まれとしている。瑣事には拘泥しない雪嶺の一面を表わすエピソードといえようが、本書では七月七日を採る。

本名と雅号

雪嶺の本名は初め雄次郎のちに雄二郎、医家風の字を雄叔という。「雪嶺」という雅号は、管見では明治二十三年の暮ごろから使われ始めた。新竪町や水溜町からは見えないが、犀川上流の山塊の一番奥にそびえる白山（二七〇二メートル）にちなんで自称したものである。杜甫の七絶の一句「窓含西嶺千秋雪」あたりから採ったのではないかという見立てもある（柳田泉『哲人三宅雪嶺先生』）。また、それ以前に「石浦（居士）」を用いたこともあったが、これは少年時代の居住地がかつての石浦郷七ヵ村の一部で、産土の石浦神社（雪嶺幼少時は新竪町からほど近い現在の本多町三丁目付近にあった。広坂の現在地に転座したのは明治十四年という。『石うら』二、金沢市立玉川図書館近世史料館所蔵「石浦郷社来歴考」ほか）が雄二郎少年の遊び場だったことに由来していると思われる。いずれも、後年の雪嶺が生地金沢へ深い思い入れを抱いていたことを示すものである。明治二、三十年代に使用した印形に「倣古」というのがあり、これも雅号の一つだという説もあるが（『哲人三宅雪嶺先生』、ただし同書では「古心」とする）、署名に使っている例を知らない。右のほか、筆名として「山領」「雨彗」「千山萬岳」（以上は新聞『日本』末期に多い）「広佳」「せつれい」などを用いることもあった。

なお、以下本書第三までの記述では、雄二郎または三宅と雪嶺を適宜併用することとする。それが著者として運筆上いちばん違和感が少ないからである。

当時の金沢

雄二郎が誕生したころの金沢は、加賀百万石の城下町として日本海側随一の約一〇万人の人口を有する大都市であった。藩主前田氏の居城を中心に、小立野台地の先端部をめぐるように武家屋敷と町屋が広がり、北国街道沿いには繁華な街並みが続き、その南のセンター香林坊の一つ先の片町一丁目から竪町通りが分岐し、それに続いて新竪町通りとなる。通りの両側の竪町は幕末期に四〇あった地子銀（土地に課される税）を納めない本町の一つで、同じく新竪町は二三四あった地子町（地子銀を納める町）の一つであった。新竪町は新しく開けた町で、金沢のなかでも本多家の家臣が多く住む本多町の南に接し、足軽屋敷と町屋が混在する地域であった（『金沢市史』資料編六・一八）。

転居後の水溜町は武家町だが、その名のとおり犀川に近い低湿な土地であった。後年、雪嶺側近の一人だった稲垣伸太郎の記すところによれば、父恒が金沢来遊の漢学者信夫恕軒を迎えたのも、この水溜町の武家風の家であったという（『雪嶺三宅先生の家系誕生地及び小伝』）。

幕末の加賀藩

幕末期の加賀藩は佐幕と勤王の間で揺れ動き、のちに雪嶺は『同時代史』第一巻のなかで、徳川幕府に対する累代の「事勿れ主義」が昂じて万事「因循」となり、維新に至るあらゆる政局に乗り遅れてしまったとしている。佐幕系の第一三代藩主前田斉泰を推す勢力と、勤王派と交わる世子慶寧（慶応元年〈一八六五〉、第一四代藩主となる）の侍臣との間に対立があり、「天下の変乱に手も足も出さずして過ぐ」（同前）という状態であった。

さらに、三宅家が仕える本多家でも明治二年に当主の本多政均が暗殺され、ついで同四年、暗殺者の連累が仇討に遭うという血なまぐさい政争があり、政均の治療・検死には伯父黒川良安が当ったという。雪嶺はこの事件を、金沢の「封建時代」の最後を飾る「第二の忠臣蔵」（同前、三宅雪嶺『大学今昔譚』）と称している。

最初の記憶

加賀藩がいくら「事勿れ主義」とはいえ、明治維新の動乱はそのころ七歳から八歳であった雄二郎少年にさまざまな記憶となって残り、晩年になると鮮明に蘇ることになった。

社会的事件に関する最初の記憶は、筑波山で挙兵した天狗党が加賀藩領を通過して敦賀で越前藩に降伏した元治元年（一八六四）暮ごろ、「始めて国事に関する人名を聞きしは武田耕雲斎にして、事件は正に五、六歳の時、其の何事なるやを解せず、唯だ頻りに人が耕雲斎といへりしを記憶す」（『同時代史』一）というもので、雄二郎満四歳であった。慶応二年には、当時京都で「長州征伐さらりと罷めて会津征伐するがよい」（同前）という俗謡が流行していることを聞いたという。

はるか後年の回想によると、慶応三年（自伝には明治元年とあるが、これは記憶違いか）、満七歳の雄二郎が初めて見た外国人は、開港地の見聞を終えて能登の七尾から大坂に向かう英国公使館通訳官のアーネスト・サトウであった（「サトウ氏」『我観』七一、昭和四年十月一日付）。サトウの日記によると、彼の金沢訪問は八月十二、三日である。道の両側にはあらゆる年齢と階層の見物人がびっしりならんでいたという（萩原延寿『外国交際―アーネスト・サトウ日記抄』五）。その見物人のなかに雄二郎少年も混じっていたわけである。明治二年には、浦上事件（幕府によるキリスト教禁圧事件）で配流されたキリシタンのうち、金沢藩に預けられ卯辰山の仮小屋に収容された五百余人を見物に出かけたという（『同時代史』一）。

激動の幕末・維新期に加賀藩は最後まで去就を鮮明にしなかった。北越戦争の最終局面に至って、ようやく出兵したほどである。そのような「因循」な加賀藩で生まれ育った雄二郎が、加州人（かしゅう）としていかなる自己形成を果たしたのか、それが後年の雑誌ジャーナリストとしての姿勢、「するも可、せざるも可」という常に判断を留保する思考様式にいかなる影響を及ぼしていたのかは、家系や修学の検討をふまえて後段中で考えたい。

二　家族と家系

次に、雪嶺の家族と家系にふれておきたい。前述したように、雄二郎が生まれたとき父の三宅恒は本多家に七〇石で仕える医師（漢方）で、のちには新当主本多政以（まさざね）の侍読（じどく）となった（和田文次郎『男爵本多政以君伝』）。五万石の本多家には九名もの抱え医師があり、そのなかには昭和期になって阿部信行（あべのぶゆき）内閣の農林大臣伍堂卓雄（ごどうたくお）を出す伍堂家もあったが、維新後も抱え医師として残ったのは三宅恒のみであった。漢学の素養のあった恒は、義兄黒川良安が棟取（とうどり）を務める卯辰山養生所（ようじょうしょ）の文学教師も兼務していた。その恒も廃藩置県後は町医者として診療にあたり、後年の雪嶺は自伝で父を「儒医（じゅい）」（『大学今昔譚』その他）と称している。性格は「温厚篤実」であり、生活の様子は「自分の家は微禄にて公債（こうさい）が役立たず、医業でも金儲けにあせらず、余裕がないけれど、他の多くが倒れる中で前通りに過ごした」（『自分を語る』）と回顧している。

恒はその若き日、江戸に出て代々将軍家奥医師を勤める多紀氏に就いて医術を学ぶかたわら古賀侗菴に師事し、頼三樹三郎や同門の阪谷朗廬らと交わった（三宅雪嶺『生活の磨き』）。幕末期の政治的立場は勤王派であったという。晩年は失明し、明治二十年（一八八七）十月十二日に水溜町の自邸で没した。野田山墓地に葬られ、墓碑の撰文は徳島藩出身の漢学者で第一高等中学校教諭の岡本監輔、書はのちに雪嶺の岳父となる田辺太一による。

三宅家の家系

三宅恒は医師としては四代目であった。そのことが明瞭に記されているのが、加賀本多博物館（藩老本多蔵品館）が所蔵する嘉永元年（一八四八）三宅良雄差出しの「先祖由緒一類附帳」と、金沢市立玉川図書館近世史料館所蔵「加越能史料」中の慶応四年（一八六八）三宅恒差出しの「先祖由緒帳」および三宅家所蔵の「三宅家家系図」である。

これらによれば、恒の曽祖父周治が越中国今石動（現在の富山県小矢部市）で医師を始め、その子すなわち恒の祖父良雄（健斎と号する）の代から金沢に出て本多家と縁故ができ九〇石を給された。その三男で分家が三宅当一（芳渓と号する）、すなわち恒の父で、天保五年（一八三四）から本多家に出仕することになった。知行高は七〇石とある。良雄・当一ともに京都に出て医術の修行をし、当一はその京都時代に頼山陽から詩文の添削を受けたという（『自分を語る』『生活の磨き』）。嘉永五年十二月二日没。

三宅家が前田家譜代の臣ではなく、むしろ専門知によって比較的新しく家老本多家に仕えることになったいわば新興の家系であった点は、雄二郎の気性や教育環境を考えるうえで重要な要素の一つといえよう。

遠祖の地・能登宇出津

慶応四年の由緒書には差出人「三宅当一児島恒」と書かれている。ミドルネームのような「児島」は、三宅家の祖が南北朝時代の伝説上の忠臣児島高徳だという家伝による。後年の雪嶺は、三宅周治以前の家系について次のように記している。

……能登宇出津に大樹山常椿禅寺といふ寺があり、三宅長盛の建立であつて、畠山の八臣に列し……子孫が宇出津の堂後村に移り、堂後と称して農となつた。……堂後弥三右衛門の弟三郎右衛門が金沢に移り……（『大学今昔譚』）

……幾代も商人になり、高祖父（雪嶺からみて―引用者）の代に越中の石動で医を業とし、曽祖父（同前―引用者）の代に加賀金沢に移つた。（『自分を語る』）

宇出津（現在は石川県能都町）の三宅家は、室町幕府管領家の庶流で能登守を世襲した畠山家の重臣であり、その戦歴は三宅邦吉編『能登畠山史要』その他によっても明らかとなる。商人時代は餅屋だったという史料もある（『稿本金沢市史』風俗編第二）。宇出津は日本海側とはいえ、富山湾に南面する明るい港町である。そこには現在でも三宅姓の家が一〇軒ほどあり、常椿寺（曹洞宗）には三宅家累代の墓も現存する（中野目徹『明治の青年とナショナリズム』）。昭和四年（一九二九）六月十八日、雪嶺は妻花圃とともに同地を訪問し遠祖を偲んでいる（「追想旅行」『我観』六九、昭和四年八月一日付）。

一方、母の瀧井は、前述したように、前田家に一八〇石で仕える蘭方医黒川良安（号の自然は藩侯から与えられたもの）の妹であった。良安の住居は、北国街道から竪町通りが分岐する付近の河原町（現在の片町二丁目）にあったというから、三宅家のあった新竪町からはほど近い距離になる。瀧井は蘭方医の家に育ち、同じ医師でも漢方医の恒に嫁いだわけである。

母・瀧井
（三宅立雄氏所蔵，流通経済大学三宅雪嶺記念資料館提供）

夫の死後は東京に出て、晩年は雪嶺一家とともに妻花圃の実家である田辺家に同居し、明治四十五年二月二十三日に没して、金沢の野田山墓地に葬られた。雪嶺自身は母瀧井について語ることは少ないが、妻の花圃による追悼文「さらぬ別れ」によれば、「性来寛濶にして弁舌よく男子をも相手に時世を論じたまふ」（『日本及日本人』五七八、明治四十五年三月十五日付）こともあったという。また、雪嶺の甥（兄恒徳の子）で昆虫学者の三宅恒方によれば、「祖母は今から申せば可なりハイカラ好きで、私は洋服を着せられた」（『旅と私』）という。

雪嶺自身も、最晩年の昭和十九年になって病床に臥したとき、偏食が激しかった子ども時代に母が金山寺味噌に真似て胡桃味噌を作ってくれたことを追憶している（「病床に臥して」再刊『我観』一―三、昭和十九年九月五日付）。花圃の「さらぬ別れ」によれば、瀧井は花圃に「雄二郎は何事もいはぬ中に万事を込めたり、ウ、といふ言葉の親しみは、千万言を費やすよりも孝養の意をふくめり」と語っていたそうであるから、やはり雪嶺のことをよく理解してくれていた母親だったのだろう。

伯父黒川良安

母瀧井の生まれた黒川家は飛騨国松本村を本貫地とし、のちに越中国中新川郡に出て黒川村を起こし、父次助（号は玄龍）の代から医業を営んだ。玄龍は妻と良安を同道して長崎に赴きシーボルトに就いて医学を学び、息子良安はさらに江戸に出て蘭方医の坪井信道の塾頭を勤め、安政四年（一八五七）には幕府が洋学研究のために設立した蕃書調所の教授手伝に挙げられた。佐久間象山とも親しく交わり、漢籍とオランダ語を教え合う間柄であった。帰藩後は加賀藩で最初の種痘を行うなど、石川近代医学の祖として遇され、現在も金沢大学医薬保健学域医学類教育棟の玄関を入ると左手に銅製の肖像が掲げられている人物である（金沢市立玉川図書館近世史料館所蔵「黒川良安先生小伝」、「黒川自然伝」前掲『日本及日本人』五七八）。後述するように、雄二郎の針路にも助言をしたが、晩年は社会に不平を抱きしばしば癇癪を起したという（『大学今昔譚』）。

良安の弟は医者の稲坂家に養子に入り安仙と名乗り、他の妹も緒方洪庵の適塾で塾頭を務めた蘭方医の津田純三に嫁いでおり、金沢随一の医家の家系を形成し、雪嶺も晩年まで稲坂・津田両家と交際を続けた。

良安の嗣子誠一郎も、雪嶺のとくに少年時代を描くにあたって逸することのできない人物である。雄二郎よりも一〇年早く誕生したこの従兄は、明治元年、加賀藩からフランスに留学を命じられ（正式な許可の出る前に出発したという）、帰国後は司法省・外務省などで官僚・外交官として活躍し、外務省取調局長から行政裁判所評定官に進んだ（外務省外交史料館所蔵『本省官吏叙勲雑件』）。同四年に普仏戦争の様子を報じてきたときは、親族中でその手紙を読み合ったという。蘭学者である伯父良安、やはり親戚の一人で日本人初のシベリア横断を行った嵯峨寿安とともに、雪嶺の眼を海外に向けさせるきっかけを作った人物といえよう（犬島肇『嵯峨寿安、そしてウラジオストックへ』、「嵯峨寿安と福島安正」『亜細亜』二―六、明治二十六年七月一日付）。

雄二郎の兄弟

慶応四年の由緒帳には、恒の「せがれ　純一郎、二男　雄二郎、娘　手前ニ罷在候

少年時代の三宅兄弟
（三宅立雄氏所蔵，流通経済大学三宅雪嶺記念資料館提供）
左が純一郎，右が雄二郎

壱人」と記されている。恒と瀧井には長男雄太郎がいたが九歳で夭折したため、雄二郎は三人兄弟の末子二男として、雄太郎の生まれ変わりと見なされて成長した。

純一郎は五歳年上の兄の三宅恒徳（常倫）で、明治十二年の東京大学法学士、同二十八年十一月一日に台湾で戦病死した。兄が没したときの追悼文「不成長の豪傑」で、雪嶺は自分が遅鈍にして融通が利かないのに対して、兄は行動一切がスマートで周囲の事情に順応する、いわば「レフアインド、ゼントルメン」（refined gentleman）、すなわち洗練された紳士であったとしている（『日本人』三一一、明治二十八年十二月五日付）。およそ対照的な兄弟だったらしい。名前の省かれている娘は姉のトキ（外喜子）で、金沢師範学校教諭の上村要次郎に嫁いで、昭和期まで長命している。

恒徳の長男で昆虫学者の恒方が、大正十年（一九二一）二月二日に他界したあとは、嗣子三郎（学徒動員で戦死）があったものの、先祖伝来の文書、例えば健斎の書、芳溪宛頼山陽書簡や山陽が潤削した芳溪の詩稿なども雪嶺が継承することになったのである。

三宅家と浄土真宗

雪嶺幼少時の三宅家は、医家であるから冬至に神農（古代中国伝説上の帝王で農業や医療の祖とされる）の軸を掛けたりしていたという（三宅雪嶺『一日一言』）。嘉永元年差出しの「先祖由緒一類附帳」によれば、三宅家は「一向宗安江木町広済寺旦那」とあり、浄土真宗の信徒であった。由緒のなかで、雄二郎にとっては祖父当一の母、すなわち曽祖父良雄の妻は一向宗専光寺塔頭発心寺先住の娘だとあることにも注目しておきたい。また、この母方の養従姉妹として発心寺の住持とその妻も一族のなかに入っている。真宗の盛んな加賀国にあって、専光寺は慶長十年（一六一〇）に藩主から宗派寺院領内触頭を命じられたほどの有力な寺院であり、今日でも広壮な境内と本堂を有する。広済寺は現在石川県津幡町に移転しているが、明治十六年までは専光寺に近い安江木町にあった。三宅家と真宗寺院の親密な関係を指摘することができよう。

霊妙なるもの

自伝によれば、雪嶺が東京に移ってからも浄土真宗の僧侶を招いて葬儀を営んだこともあったものの、自分は真宗の築き上げてきた宗旨を信じていると思わないと述べ（『自分を語る』）、さらに「霊妙なるもの」の存在は認めながらも特定の宗派・教団に帰依することはないと断言している。その理由としては、精神のない形骸は瓦石にも劣るという確信があり、霊妙なるものは「何等(なんら)か絶大なる運行に伴ふべき者と考へずに居れぬ。肉体が解体しても、原子の量に増減なく、意識も之に関連して考へるに傾く」(同前)という質量保存の法則や雪嶺独特の宇宙哲学の境地に加え、後述するような陽明学(ようめいがく)の影響なども加味して考えられるべきであろう。

雪嶺に親炙(しんしゃ)した『実業之世界』社長野依秀市の回想によれば、昭和十二年ころ雪嶺は帝国ホテルで行われた東本願寺(ひがしほんがんじ)法主の招待会で、「私に取つては本願寺も、法主も少しも有難くない。有難く思はねばならぬ点がない」(野依秀市編『三宅雪嶺先生を語る』)とスピーチしたというから、晩年になるとむしろ積極的に真宗の信仰からは距離をとろうとしていたことがうかがえる。いずれにせよ、これは生涯にわたる課題の一つであり、大学で哲学を専修し、雑誌ジャーナリズムでの活動と同時に独自の哲学的思索を続けた三宅雪嶺が、霊妙なものに関する考察をするときの対抗軸として、家の信仰であり曽祖母に由来する真宗を晩年まで意識していたことを、ここでは確認しておきたい。

三　金沢時代の修学

父母の膝下で

前節で述べたように、誕生後の雄二郎は温厚で漢詩文に通じる「儒医」の父と、ハイカラで議論好きの母のもと、医師の家系たる意識と藩内に限らず広く国内外に及ぶ情報を享受しつつ、頼山陽や佐久間象山の余香をも感じながら成長した。雄二郎に最初の学問の手ほどきをしたのは、この父母であったといわれる。伝記作者の柳田泉が雪嶺直話として伝えるところによると、母は子どもたちの教育にきびしい人であったという（『哲人三宅雪嶺先生』）。

また、柳田が妻の花圃経由で聞いた逸話によると、雄二郎は五、六歳のとき、友達が高い所から飛び降りて遊んでいると、逆に飛び上がる工夫をして遊んでいたという（同前、『三宅雪嶺先生を語る』）。太子公のひそみに倣えば、後年の雪嶺がしばしば世人の意表を衝く奇警な批評を行うことの萌芽を垣間見るようなエピソードである。

河波有道の塾

雄二郎は、自伝によれば、まず「橋」という人に就いて手習いを授けられたというが、はっきりしない。習字の塾であったと思われる。ついで数え七歳のときというから慶応二年（一八六六）ころ、河波有道（樗園と号する）に入門して漢学を学び始めた。他に数十人の塾生がいたという。河波は祖父・父の知人で兄純一郎もすでに就学していた。河波も本多家家臣に属し禄高は嘉永元年（一八四八）でも銀四枚二人扶持の小禄で（加賀本多博物館所蔵「由緒書」）、儒者ながら一風変っていて（『大学今昔譚』）、庭にはことごとく棕櫚を植えてそれで縄を撚り、改良竈や捕鯨器械を作製したりと、とかく変人視されていたという（『自分を語る』、「河波有道氏之伝」『大日本水産会報告』一〇八）。

この河波塾で、雄二郎は型通り四書五経を暗唱するくらい素読させられた。しかし、雄二郎は「特別に興味を感ぜず」（『自分を語る』）、むしろ画と化学に惹かれ『舎蜜開宗』（宇田川榕菴が翻訳した化学書）などを読んでいたという。伝統的な漢学教育には興味を抱けなかったようである。河波は、『国史略』や『皇朝史略』、さらに地理学や数学も教授したという。若いときに江戸に出て、村田蔵六（大村益次郎）について蘭学を学んだこともあり、雄二郎たちが素読をしていると辞書をひきながらオランダ文典を読んでいるような人であった（同前）。

雄二郎は十一歳になった明治四年（一八七一）夏ごろ、加賀藩が設置する中学東校に進学した。つまり、初等教育は従前の漢学塾で受け、中等教育以降は藩そして県、国が設置する近代的な学校制度のなかで教育された特異な世代に属するのである。だが、折しも学制の制定もあり、加賀藩ついで石川県の中等教育制度は混迷のなかで試行錯誤をくり返し、雄二郎が名古屋に出立するまでの五年間に通学した学校も変転極まりなく、この点ではのちの回想も錯綜している。

そもそも金沢の教育あるいは学問は、幕末期になると衰運に向かい、かつて第五代藩主前田綱紀が全国から良書を集め、新井白石をして「加賀は天下の書府」といわしめた往時は偲ぶべくもなく、来訪した広瀬旭荘や横井小楠らに人物の払底を歎じさせるというありさまであった（『自分を語る』）。したがって、藩校明倫堂の流れをくむ中等教育機関も、『日本教育史資料』によれば壮猶館・道済館・致遠館などを経て、明治三年に洋学を学ぶ中学東校と皇漢学を学ぶ中学西校の二校となり、翌四年十一月ようやく金沢中学校として統一された。雄二郎が最初に入学したのはこのうちの中学東校である。

雪嶺はのちにこの東校時代について、次のように回想している。

仏語学校から英語学校へ

回顧すれば二十年前、加州金沢広坂の上に、巽の学校とやいひけん、東校とやいひけん、州内唯一の英学校ありしが、一百に余る寄宿生、日に蟹行紙上語牙牙を畢る、則ち後門より兼六園にぬけ出で、危石悚峙する所、緑草延縁する所、走リヤイに、石ホーリに、ヒトヒトに、オニカイボーに、各々遊を放にするを常とせり。

（せつれい生「細井君を念ふ。」『少年園』一四六、明治二十七年十一月十八日付）

「ヒトヒト」や「オニカイボー」は想像が及ばないが、要するにまだ十歳を越えたばかりの子どもなのである。ところが、その金沢中学校も明治五年四月には閉校となってしまう。翌月、有志による英学義塾が兼六園内に開設され、さらに翌六年、学制に基づく官立の英仏学校となり、同七年にはそれが英学校となり、学区改正により廃止（名古屋英語学校に統合）された。明治九年二月には県立の啓明学校として復活し、これがやがて石川県専門学校を経て第四高等中学校、第四高等学校に発展していく。この間、校舎の場所も目まぐるしく移転した。

雄二郎は、最初英仏学校でフランス語を専攻した。これは従兄の黒川誠一郎の影響であろう。当時の士族であれば、フランス語を学んで陸軍の軍人になるというコースが念頭にあったのかもしれない。次席教師の近藤斤四郎は黒川良安の女婿、つまり雄二郎の義従兄であった。しかし、良安のアドバイスで雄二郎は英語に転じる。自伝によれば、明治四年夏に中学東校に入学したとき、六畳一室に二人という寄宿舎に入った。冬には現在の成巽閣に置かれた英語学校に移り、同五年になると寄宿舎の灯りが行灯からランプに代わったという（『自分を語る』）。

修学の内容

金沢の英学校における修学の内容は次のように回顧されている。

> 金沢で英学校に入り、名古屋の英語学校に移つたが、孰れも英語を学ぶのと知識を得るのとを混同した。金沢で英語を英人ラムベルトに習い、コルネルの地理書、ク

エッケンボスの米国史、物理学、ウエーランドの修身書、経済書等を訳読し……。（『同前』）

同時代の慶応義塾のテキストと重なるものが多い（『慶応義塾百年史』上）。『日本教育史資料』によれば、英学校で最初に雇用した英国人教師はエドウィン・サイモンスンであり、雄二郎も就学している。ランベルトを招聘したのは明治七年五月であった。また、漢学の教師には河波有道の名前もある。英語で教授する正則科目は、綴書・読書・文典・歴史・地理・窮理・算術・点竄（和算の代数学）・度量であった。これらの科目は、同六年三月十八日文部省布達第三〇号学制追加第一九八条で定められていたものである。結局のところ雄二郎は、この学校を途中でやめて名古屋に向かうことになるが、後輩にはのちの帝大七博士の一人である法学者の戸水寛人、文部大臣や内務大臣を歴任する中橋徳五郎らがいた（牧野良三『中橋徳五郎』上）。

郷関を出ず

雄二郎が中学東校に入学したころであろう、隣国の越前福井にグリフィス（藩校明新館教師、のちに大学南校教師）という米国人が教鞭をとり、それが学問に秀でていると聞いたという（『日本の認識』『婦人之友』三六―五）。明治七年五月に台湾出兵事件が発生すると、英学校生徒のなかには従軍願いを提出する者が現われた（『同時代史』一、『自分を語る』）。雄二郎の視線はしだいに外へ向かいつつあった。ちょうどそのとき、学制の学区改正で金沢英学校が廃止され名古屋英語学校に統合されることになり、雄二郎たち一〇名の生徒は生まれ育った金沢をあとに、名古屋に出立することになったのである。それは明治八年一月三十日、孝明天皇祭日にあたる雪の降る日であった。

雄二郎満十四歳、三宅家では誰も見送らない約束であったが、母瀧井が物陰からこっそり見送ったことは、後年になって本人に知らされた(『自分を語る』)。

四 名古屋を経て上京する

電線に耳をあてる

雄二郎たち一行は、彼を含めて一〇人の生徒と案内役兼荷役夫二名の計一二名で名古屋をめざした。福井・敦賀を経て関ケ原に着くと、北側の空は雪雲なのに南側の空は晴れていて驚いたという。電信線を見て皆で電柱に耳をつけて電信が通過するときの音を聞こうとしたり(『自分を語る』)、初めて郷里を出た雄二郎にとって印象深い旅行となったようだ。

雄二郎を名古屋に向かわせたとき、三宅家ではおそらくその後の上京まで視野に入れていたであろう。すでに兄純一郎は東京にあり、先述したように、父恒も若き日には江戸で学んだことがあった。しかし、それは決してあたり前のことではなかった。後年、

愛知英語学校

雪嶺は次のように回想している。

> 明治十年まで、学問の為めに東京に出るは、県内に於て限られたる数にして、東京に遊学すると言へば、知る者皆な幸福とし、同学生は羨みて已まざりき。（三宅雪嶺『妙世界建設』）

一〇日かけて名古屋に到着すると江戸屋という旅館に入り、早速、愛知英語学校に願書を出して試験を受け、寄宿舎に入居した。名古屋は当時人口約一三万、三都に次ぐ大都市であった。同校は、名古屋城の堀の南側に裁判所や師範学校と並び、名古屋藩の評定所（ひょうじょうしょ）だった建物を改装し、校地は約三〇〇〇坪。学制の定める第二大学区（名古屋）と第三大学区（金沢）が合区されたあとは、現在の中部地方における最高学府であった。後の旧制高等学校あるいは大学予科に相当する。しかし、金沢の英学校がやがて第四高等学校（現在の金沢大学の前身校の一つ）になったのに対して、名古屋の英語学校は愛知県の第一中学校（現在の愛知県立旭丘高校）につながっている（『鯱光（ここう）百年史』）。

内閣文庫所蔵の『愛知県（ママ）英語学校一覧』によると、同校は明治七年（一八七四）三月に設立された文部省の直轄学校の一つで、「学校編成及学科課程」の第一条には「此学校ハ、大学校ニ入ラント欲スルモノニ、先ヅ英語ヲ以テ普通ノ学科ヲ教授スルモノニシテ、修業年限ヲ四ケ年」にするとある。校長には慶応義塾の出身でのちの日本郵船社長吉川泰（よしかわたい）

二郎が就任した。

すでに述べたとおり、金沢時代の雄二郎は漢学塾に通い、学制の定める小学校を終えていないため、愛知英語学校の入学試験を受けることになった。試験は名古屋到着の一週間後、二月十六、七日に行われたと推定される。科目は頼山陽の『日本外史』と作文であった。英語学校入学のための試験科目としては不思議だが、多分に形式的なものだったのだろう。英語学校一覧の名簿によれば、全部で二四四名、うち士族が一三八名であった。また、愛知県出身者が大多数で一八一名、石川県は第二位の一三名でその全員が士族である。「生徒心得」第一条には次のようにあり、各自の自覚を強く促すものであった。

生徒タルモノハ一心ニ学業ニ従事シ成業ヲ期スルモノナレバ、宜シク沈慎順正ニシテ苟モ人ニ恥ヅルノ所業アルベカラズ。若乱酔其他卑劣ノ醜行アリテ其実跡明瞭ナルカ、或ハ平常怠惰不遜ニシテ教員吏員ノ示教ニ悖ルモノ、直ニ退学セシムベシ

（『愛知県英語学校一覧』）

校舎に隣接する寄宿舎は、一室六畳に三人で五〇室、全部で一五〇名の生徒を収容した。雄二郎の一年先輩には、一〇年後に『一読三歎当世書生気質』で文名を挙げる坪内雄蔵（逍遥と号する）、第二次大隈重信内閣の海軍大臣八代六郎、一年後輩には仏教改良家とな

る徳永（清沢）満之らがいた。外出は日曜・祝日と水曜日の午後だけ、起床から就寝まで三〇分刻みで時間が管理されるという厳しい制約のなかで生活した。とはいえ、生徒たちは菓子屋の長崎伝来というカステラを食べることを楽しみにし、遠足と称して八事山まで出かけたりと、それなりに学校生活を楽しんでいた様子もうかがえる（『大学今昔譚』）。

英語漬けの生活

『愛知県英語学校一覧』によって同校の科目履修時間数を見れば、英語のみで教授するクラスを正則、日本語による訳を交えて授業をするクラスを変則と定めていたことからもわかるとおり、雄二郎ら正則科の生徒たちは英語漬けの生活を送っていた。学年が上がると語学の授業は減るものの、地理学や歴史学、算術も英語の教科書を用いて授業を行うわけであるから、日本読書と体操以外はほぼ英語による授業であった。教科書は一年のウィルソンの『第一読本』から始まり、二年以降は第二～五読本、コルネルの『地理書』、ロビンソン『算術書』、ピネヲ『文法書』、パーレー『万国史』と進む。教科書は自弁、学費は一年六円であった。

外国人教師は、レーザム、マクレランなど、金沢英語学校と違って米国人が多いのが特徴といえよう。ジェスチャーを入れた朗読なども行い、マクレランは授業のとき雄二郎たち生徒に「ジェントルメン」と呼びかけることもあった（「紳士的教養」『我観』三二）。

上京

しかし、自伝『自分を語る』によると、「知識の点で得る所が甚だ少く、郷里金沢で得た以上に得たと思はれず、或る点で失つて居らぬとせぬ」とある。学科の内容よりも英文読解と英会話能力の向上が授業の目的であり、一方で英作文は重視されなかった。雄二郎は、愛知英語学校の教育に不満を感じながらも、一年半の月日を名古屋で過ごすことになる。前述のとおり、この不満は金沢英語学校以来のものであった。

近代化を急ぐ当時の日本が、医学や美術など一部の分野を除いて、国家のエリート養成教育においてはネイティブ・スピーカー（お雇い外国人）による英語の授業を推進したことは、つとに指摘されてきたとおりである。そこから、雄二郎と同世代の岡倉天心(おかくらてんしん)や新渡戸稲造(にとべいなぞう)ら、英語で発想し、英語で発信できる人材が育成されたことは事実であろう。そのころ文部省では、東京の開成学校(かいせいがっこう)を学制の定める大学校とし、各地に散在する英語学校生を東京に集めてエリート養成の速度をあげることを検討し始めていた。

明治九年になると、教務課から、来年には愛知英語学校が廃止されるので、東京開成学校か工部大学校(こうぶだいがっこう)に入学する準備をするようにいわれ、雄二郎は開成学校予科に入るための特別のクラスに属することになったという（『大学今昔譚』）。前年に続いて再び学制の改編に際会し、雄二郎は身のふり方を考えざるをえなくなったわけである。

同年七月、東京開成学校入学を期して雄二郎は四日市(よっかいち)から汽船に乗って横浜に向かい、そこから新橋（しんばし）までは汽車を使って初めての上京を果たし、ひとまず本郷（ほんごう）の牛肉屋の二階の下宿に落ちついた（同前）。

文明開化の東京

汽車を見るのも、乗るのも初めてであったが、新橋駅を出た雄二郎の眼にまず飛び込んできたのは、明治五年から建設が始まり完成間近の銀座煉瓦（レンガ）街であったろう。雄二郎がたどり着いたのは文明開化の東京であった。雄二郎の上京と同じ明治九年にドイツから来日した医師のベルツは、当時の東京の人々の様子を見て、日記に「われわれヨーロッパの文化発展に要した五百年たっぷりの期間を飛び越えて、十九世紀の全成果を即座に、しかも一時にわが物にしようとしている」（『ベルツの日記』）と書きとめた。新旧が交錯する、まさに混乱と試行錯誤の近代日本黎明（れいめい）期の首都東京であった。

これよりおよそ一〇年間に及ぶ東京の書生生活において、雄二郎はいかなる思想形成を果たしていくのか、そして、いかなる動機から雑誌メディアにおける「評論」という立場を選択することになるのか。この時期は、ベルツのいう「死の跳躍」ではなく、雄二郎にとってはむしろ疾風怒濤の「生の跳躍」とでもいうべき時期になることが予想される。

第二　書生社会から「学生的官吏」へ

一　東京の書生社会

書生社会の誕生

後年の三宅雪嶺を育てた揺籃としては、明治十年代の東京の書生社会の存在を重視すべきではないだろうか。さらに、明治二十一年（一八八八）に政教社を結成し雑誌『日本人』を創刊するメンバーのほとんどが同じ時期に書生であったという点は、この結社の活動の意義を理解するうえで決定的に重要な要素であろう（中野目徹『政教社の研究』『書生と官員』『明治の青年とナショナリズム』）。

そもそも我が国で書生という言葉は、古代東大寺（とうだいじ）の写経僧に淵源をもつとされ、福澤諭吉が『福翁自伝（ふくおうじでん）』で活写している幕末大坂の適塾（てきじゅく）の塾生たちの生態に先駆的な姿を見ることも可能である。しかし、近代特有の書生社会の原型は明治初年の大学南校の貢進生（こうしんせい）に認められ、坪内逍遥の『一読三歎当世書生気質』が脱稿される明治十九年には広く定着していたと思われる。逍遥の作中、下宿でスイカを拳固（げんこ）で割って食べる「桐山」とい

東京開成学校予科

う書生のモデルが三宅雄二郎であるという。この時代の書生の共通項としては、近代的な学校制度に属しつつ強烈なエリート意識と政治志向を有し、弊衣破帽・高歌放吟に象徴される風俗・行動を示しつつ下宿や寄宿舎に居住する青年学徒といえよう。

三宅が身を置いたのは、「書生々々と軽蔑するな、大臣参議はみなもと書生」という書生節が唄われていた明治十年代東京の書生社会である。彼はそのような時代特有の空気のなかで青年期を送ることになった。

坪内逍遥『当世書生気質』挿絵

東京に着いた三宅は、本郷の下宿から神田（現在の学士会館を含む一帯）にあった開成学校の入学試験を受けに行き、約一ヵ月後の明治九年九月、開成学校予科第三級への入学を許され、寄宿舎に入居した。寄宿舎は二階建てで二階がベッドを備えた寝室、一階はテーブルとイスを備えた勉強室になっていた。

この寄宿舎時代は、晩年になると楽しかった「夢」として回顧された。

昔の大学寄宿舎は後から顧みて可なり面白く、今一度あゝいふ生活をと思つても、それは同じ夢を二度見ようとするに異ならない。（三宅雪嶺『初台雑記』）

入学までの間にひと通り東京見物を済ませ、湯島の聖堂跡にあった東京書籍館に通った。書籍館で「前に考へなかつた世界が開けた」（『大学今昔譚』）と感じたことは、このあとの三宅にとって大きな意味をもつことになる。

開成学校予科では給費生となったが、相変らず学問と語学を混同するような教育課程が組まれており、三宅をがっかりさせた。教官の多数はワッソン、サイル、スコットら米国人・英国人であり、外山正一（後述）、菊池大麓（数学者、のちに東京帝国大学総長を経て文部大臣）、井上良一（法学者）らの日本人教授もすべて英語で講義し、生徒たちも英語で応答した。テキストにはチェンバースの『仏国革命』やスペンサーの『代議政体論』などが用いられ、スコットの英文学でカーライルが省略されたのが不思議としている。このうちスペンサーは自由民権運動の進展とともに教科書から外されたという。体育の代わりに講義室で行われた榊原鍵吉による撃剣の練習にも参加した（『自分を語る』）。

東京大学予備門

翌明治十年四月五日、開成学校は東京大学と改称されることになり、予科は大学予備門となった（国立公文書館所蔵『公文録』明治十年文部省）。三宅はこの制度改編にともない同年九月、予備門一級生徒に移籍した（『東京大学百年史』通史編一）。法理文三学部の綜理には加藤弘之（のちに東京大学総理、帝国大学総長を経て枢密顧問官）、医学部の綜理には池田謙斎（宮内省侍医局長官、宮中顧問官）、予備門主幹には服部一三（のちに各県知事を経て貴族院議員）と浜尾新（のちに帝国大学総長、文相を経て枢密院議長）がそれぞれ就任した。三宅とは同期で法学部を卒業する関直彦（のちに東京日日新聞社長、衆議院副議長）によると、予備門主幹の浜尾新は外国人教師を食堂に案内するときに、「Please eat next room, there is nothing」（関直彦『七十七年の回顧』）と言って周囲をあわてさせたという。英語による授業は予科時代と変わらなかったが、国文と漢文が加えられたことは大きな変化であった。国文は黒川真頼や木村正辞らが、漢文は父恒の友人信夫恕軒や島田篁村が担当し『文章軌範』などを講義した。これら国漢担当の教官は、すでに各分野の大家であり、明治十五年に開設される古典講習科へと流れ込む人脈を形成していたといえよう。

三宅はこの予備門時代、教授や講師の行う講義や講演からも影響を受けた。大森貝塚の「発見」で知られる米国人モースは、明治十年に来日して開成学校、ついで大学本科で生物学を講じたが、予備門でも動物学を担当した。モースは「講義が快活で興味を唆り、注意して聴かずに居れぬ。時々進化論に言ひ及び、宣教師に当りつけるなど、教場として最も面白味を感じた」（『自分を語る』）という。

その後もモースは、浅草の井生村楼の講演会で進化論を論じ、ダーウィンを紹介したりした。三宅も聴講したこの講演会には、ハーヴァード大学の後輩で、モースの勧誘により来日したフェノロサも登壇し、スペンサーの宗教社会論を祖述した。通訳には彼とは寄宿舎で同室だった、のちに天心と号する岡倉覚三や有賀長雄らが従事した。

のちに大学総長となり、第三次伊藤博文内閣で文部大臣に就任する外山正一は、米国帰りであり、予備門では英語を担当し三宅たちのクラス担任でもあった。当初は授業でフランス革命に同情を示したり、学内の演説会で民撰議院設立論を主張し、尚早論の加藤綜理と対立したりしたものの、しだいに官学に順応し温和派に転じたという（同前）。

また、大学では洋学の大家を講堂に招いて講演会を開催した。講演者は西周、西村茂樹、神田孝平、福澤諭吉、津田仙ら明六社員の洋学者たちであった。このうち、明治十年三月十日に開催された福澤諭吉の講演は三宅の記憶に残ったようで、福澤は三田からここまで路の悪いのに歩いて来たので誠に迷惑な次第だと述べて聴衆を笑わせ（同前）、学校は小さくても整っているのがよいと主張した（『福澤諭吉全集』二一）。三宅が入学した設立前後の東京大学は、内外ともに多事争論のありさまで、直前の明治七、八年に刊行されていた『明六雑誌』のような、いわば開かれた議論空間そのものであった。

ところが、明治十一年二月、予備門主幹の服部一三から呼び出された三宅ほか二名は落第を申し渡された。これまで近代日本のエリートコースの階梯を一気に駆け上がってきた三宅にとって、落第は初めての大きな蹉跌であったといえよう。十七歳であった。

このときも、本人にいわせると進級制度の改編が落第の理由であった由だが、予備門入学後の三宅は課業にはあまり興味を抱くことができず、落第しなければよいとする程度の取組みで、図書館に行かなければ寄宿舎で同室の藤田四郎（のちに農商務次官・貴族院議員）らと囲碁をして過ごしていたという（『大学今昔譚』）。囲碁はその後の三宅雪嶺の数少ない趣味の一つとなるものの、いまはそれどころではない。

翌三月、三宅は金沢に帰り、陸軍士官学校転学の準備を始めたが、入学試験には漢文があるため改めて漢学を修めることにした。本人の弁によると、前に素読した時よりもよほど興味を覚えたという（『自分を語る』）。父の恒から漢詩の作詩法を学んだのもこのときであったという（『哲人三宅雪嶺先生』）。

同時代への関心

しかし同年九月、三宅は東京に戻って、大学予備門に再入学する道を選んだ。もしこのとき士官学校に進んでいたら、日露戦争のころには少将で旅団長クラス、同じ時期「敵なき記者」といわれた雑誌ジャーナリスト三宅雪嶺はなかったことになる（後述）。落第によって、エリート意識が消滅したとは思われないが、三宅のなかにある種の屈折とそれにともなう陰翳を生んだことは確かだと思われる。

三宅が東京で書生生活を始め、開成学校予科から大学予備門に学んでいた明治九年から同十二、三年ころまでの時期は、西南戦争に至る各地の士族反乱、近衛鎮台兵の不満から発生した竹橋事件や大久保利通参議の暗殺事件が発生し、やがて国会期成同盟による国会開設の請願運動などが継起した政治社会の激動期でもあった。

そのような諸事件に対して、三宅はとりわけ敏感な生徒であったようだ。例えば、明治十年の西南戦争に関しては、寄宿舎で朝起きると新聞に目を通して戦況の推移への注意を怠らず、金沢で過ごした夏季休暇から東京へ戻ってくる途中には、大阪駅で巡査の取調べを受け一時間も拘束されたことがあったという（『同時代史』一）。また、大久保が暗殺された紀尾井坂事件で、最も若い実行犯の一人の杉村文一は、かつて金沢の英仏学校・英学校で三宅とは寄宿舎を同じくしていた（『自分を語る』）。

一方で、明治十二年、東京大学を案内するために外国の要人を連れてきた参議兼外務卿の井上馨が英語で日本の地質を説明するのを、三宅たちは感心して見る機会があった（『同時代史』二）。参議と書生の距離はそのくらい近く、のちに欧化主義を主導し、鹿鳴館外交を展開する井上への反発が政教社の結成につながる一つの要因となるが、それも単に主観的なものではなく思想的立場の差異だったことがわかるだろう。同年七月の卒業式で、兄の恒徳が法学士となったが、この式には折から来日中の前米国大統領グラント将軍も臨席した。列席した雄二郎は、グラントを垣間見ている（同前）。

「文明開化のショウ・ケース」（中山茂『帝国大学の誕生』）ともいわれる当時の東京大学のなかから、三宅は世間の出来事や要人たちの様子を観察していた。それは文字通り観察にすぎないが、やがて雑誌や新聞の記者となる三宅はひときわ社会的好奇心の強い生徒であったといえよう。それに加えて、明治十二、三年ころの夏季休暇中、帰省しないことにした三宅は神田の猿楽町に下宿を定め、杉江輔人と同室して過ごしたという（『自分を語る』）。杉江は明治十七年に東京大学文学部を卒業し、政教社結成の「同志」となる人物である。三宅の人間関係が、家族や親類を中心にした郷里金沢の人脈から、さらに東京の書生時代の交友関係へと同心円上に広がっていくのを見ることができる。

二　東京大学文学部哲学科

文学部哲学科

予備門で落第を経験したものの、三宅は明治十二年（一八七九）九月に一年遅れで東京大学文学部に進学し、哲学を専攻することになった。自伝では動機を「幾らか根本的といふ所を考へたらうが、其れよりも面倒でなく、うるさくないとしたらう」（『自分を語る』）と説明している。もっともこの段階で哲学は政治学・理財学と合わせて一つの学科をなし、同十四年九月に至ってはじめて一科として独立した。その時点で哲学科に所属したのは三宅一人であった。ちなみに明治十年代の東京大学時代を通して哲学を専修したのは、同十三年卒業の井上哲次郎（哲学者、のちに帝国大学教授）と同十八年卒業の井上円了（のちに東洋大学の前身の哲学館主）の合計三名のみであった。

したがって、ほとんどの講義は教官一人、学生は三宅一人という状況だった。哲学科の教授内容と主担当教官は西洋哲学（文学部長を兼ねる外山正一とフェノロサ）、中国哲学（島田篁村と中村敬宇）、印度哲学（原坦山〈曹洞宗〉と吉谷覚寿〈浄土真宗〉）の三分野に分けられていた。和漢洋の三学をバランスよく履修したことが、後年の三宅の思想の展開をみていくうえで重要だろう。これらの教師のうちで三宅が強い影響を受けたのは、中村とフェノロサの二人であったと思われる。

幕臣で御儒者を勤め洋行経験もあり明六社員の一人でもあった中村敬宇は、東京女子師範学校摂理を経て東京大学では文学部教授に就任していた。一対一で行われる中村の講義について後年の雪嶺は、教場で授業と雑談とどちらが多いか知れないくらいであったと回想し（三宅雪嶺『爆裂して』、静嘉堂文庫所蔵「敬宇日乗」二・三）、また宗教のことに及ぶと、孔子もえらい、釈迦もえらい、耶蘇もえらい、吾々はどれがよいか解からぬと述べたという（三宅雪嶺『人の行路』）。病弱だった中村の講義はやや韜晦の気味を帯びていたことがうかがわれるが、はたしてそれだけだったのだろうか。同じく後年、「翁は字句の解釈に至て他の漢学者の詳密なるが若きを得ざりしかど、往往他の漢学者の明にする能はざりし所を明にせり」（三宅雪嶺『小泡十種』）と、中村が単に訓古注釈を重んじる漢学者ではなかったことを回顧している。

　そのような中村に提出されたレポートが明治十六年十一月発行の『東洋学芸雑誌』第二六号に掲載された「寄高僧諸師書」である。原稿が流通経済大学三宅雪嶺記念資料館に残存し、中村による朱批が加えられているのを見ることができる。この文章で三宅は、仏教諸派の「萎靡不振」を慨嘆し、その改良を図るには泰西各国の「規模作法」を採用するしかないと主張する。キリスト教に倣うとともに、カントやスペンサー（『第一原理』や『生物学原理』で述べられる「進化・溶化」）、ヘッケルの著書の閲読を勧めるが、それは単なるヨーロッパの模倣ではなく、自分の願望としては仏法をして西洋哲学やキリスト教を「包括」することにあるという。宗教とりわけ仏教と進化に関する点は、就職後の明治十九年に上梓する『日本仏教史』へ連なる内容を内包していたといえよう。

　中村が『東京大学第三年報』で、三宅を「人と為り朴実、能く勉学し進歩の効験を顕し余をして刮目せしめたり」と報告しているのは、この時期の彼の風貌と勉学ぶりを髣髴とさせるものである。

日本人民の性質

　三宅は大学卒業前の明治十六年、『東洋学芸雑誌』第一六・一七号に石浦居士の署名で「日本人民固有の性質」を連載した。同論説は、日本民族の祖先が海外から渡来したことを前提に立論されており、昭和の国体明徴運動期に蒸し返されれば問題視されかねないものだが、「外国人は論なく、内国人自らも往々日本人民の忍耐力に乏しく、軽躁浮薄にして小成に安んじ、偏(ひと)へに模倣を事とする由を云へり。某氏嘗(かつ)て人民の性質を改造する説を作りて言へるあり」としているのを見ると、かつて「某氏」すなわち中村敬宇が『明六雑誌』第三〇号に掲載した「人民の性質を改造する説」の主張を継承発展する意図を有していたことが明らかである。この論説で三宅は、上京以来東京大学の内外で学んだギゾーやバックルの開化史、進化論や社会学の教える「形質の遺伝」や「世態の変遷」など、「純粋の学術」から導かれる日本人論の世界に開眼したといえよう。それはやがて、『真善美日本人』『偽悪醜日本人(ぎあくしゅうにほんじん)』(ともに明治二十四年刊行)へとつながっていく。同論説を三宅の卒業論文と見る向きもあるが、雑誌に掲載されたのが同年の一、二月と卒業の半年前であることから判断しても、その説は否定されよう。

フェノロサの哲学講義

一方、フェノロサの西洋哲学講義を受講した三宅は、講義内容がフェノロサの勉強不足で不十分なものと認識しながらも、スペンサー哲学とヘーゲル哲学を融合発展させようという彼の企図からは大きな示唆を受けたのではないだろうか(『政教社の研究』)。

三宅自身の受講ノートは残っていないが、一年後輩の阪谷芳郎(さかたによしろう)(のちに大蔵大臣、東京市長）の「政治学　哲学I　理財学雑記」と題されたノートによって、フェノロサが「もし、スペンサーの進化論とヘーゲル哲学の統一ができたなら、私たちは完璧な哲学を獲得することができるだろう」（国立国会図書館憲政資料室所蔵「阪谷芳郎関係文書」。原文は If we can unite the doctrines of Spencer's Evolution & Heger's Philosophy, we will have a complete philosophy）と語っていたことが確認できる。明治十三年度二年生の哲学史試験問題には、「理論上より云へばスペンセル派の哲学はヘーゲル派の哲学を補欠する為に必ず無かるべからざる者なりとするの理由如何」（『東京大学法理文三学部一覧』）という設問があることからも、フェノロサによる哲学の構想の行方が奈辺（なへん）にあったのかをうかがうことができる。

スペンサーとカーライル

日本美術に出逢うまでのフェノロサは大学での講義にも熱心であり、ドイツ語に通ぜずシュヴェーグラーやボーエンの哲学史の祖述にすぎないにせよ、自伝のなかで雪嶺は、フェノロサがドイツ哲学を紹介したのは、時勢とはいえ初学者にかなりの効果があったと回想している（『大学今昔譚』）。日露戦後の明治三十九年から始まる「原生界と副生界」（のちに『宇宙』と改題刊行）の著述以後没年まで継続する三宅雪嶺の原理的世界（総合哲学体系）探求の原点は、すでに早く東京大学時代の哲学講義受講のなかに胚胎していた。

しかしながら、三宅の思想形成の揺籃として大学の教場ばかりを強調することは避けなければならない。講義に飽き足らない思いを抱いた彼は図書館で読書して過ごすことが多かったという。自分は教場を軽んじつつ、教場で何らかの感化を受けたことを認めないわけにいかないが、知識の大部分は図書館で得たと述べている（『自分を語る』）。教場と図書館と、そこで出逢って生涯にわたって雪嶺の思想に刻印されたのは、前記したようにＨ・スペンサーとＴ・カーライルであった。「スペンサーは教科書として読んだが、カーライルは教科書とせずに読み、他の書も色々読んで居つて、スペンサーとカーライルとが比較的印象を残して居る」（同前）。その他の書としてはギゾーやチエールが挙げられている。

いずれも同時代英国の思想家・著述家であるスペンサーとカーライルに共通するのは、ともに官途に就かず野にあって長命を保ち数多くの著作を残したことである。そのような二人から強い印象を受けたということは、三宅の生涯を予見するものといえよう。スペンサーについては前述したように教場のテキストにもなり、フェノロサの講演でも取り上げられた。『第一原理』や『社会学原理』が、後年の『宇宙』以下の総合哲学体系の構築に参照されたことは改めて後章のなかで触れる。

他方、英文学者斎藤勇（さいとうたけし）によれば「一生涯樸訥（ぼくとつ）な野人」（『イギリス文学史』）であったカーライルには外山正一の紹介がきっかけで出逢ったが、それはちょうど没年（一八八一年）にあたり、全集が日本へ舶載されたところであった。伝記作者の柳田泉によると、雪嶺の文章にはカーライルの影響が見られるとされるが（『哲人三宅雪嶺先生』）、それは明治二十年代はじめの口述筆記の文章ではない自筆原稿に見られる難解で晦渋な文体を指しているのであろう。作品としては『サーターリサータス（衣裳哲学）』や『英雄崇拝論』の影響が後年の「西郷隆盛」などの英雄論にうかがえる。三宅が後年、カーライルを評して「低き生活と高き思想」（「ジョンソンの二百年紀」『帝国文学』一五—六、明治四十二年六月一日付）と述べているのは、彼自身の生涯を律する志操の由来を示している。

エマーソンやマコーレーなどを含めたこれら欧米の著作は、東京大学に限らず札幌農学校や慶応義塾あるいは同志社などで学んでいた当時の書生たちに共通の教養材であって、「明治の青年」として雪嶺とは同世代であった内村鑑三や徳富蘇峰らにも多大の影響を与えたものである。

これまでみてきたように、三宅は大学に進学し哲学を専攻することになってはじめて、ある意味では金沢の英仏学校以来続いた語学＝学問という状態から解放されたのでないだろうか。教場での講義には不満を抱きながらも、図書館での読書や寄宿舎での友人たちとの議論によって、ようやく彼自身の学びのスタイルを獲得したといえよう。

褒賞給費生

ここに「東京大学法理文学部学生生徒勤惰表」なる史料がある（前掲「阪谷芳郎関係文書」）。明治十六年七月段階の三学部、古典講習科および三学部選科生全員の平均点数と罰の回数、欠課日数、学資の区分が印刷されている。これによって三宅の卒業時点の成績が判明するのだが、平均点は八〇・一で罰と欠課はなく、学資は「褒」すなわち褒賞給費を受けていたことがわかる。もっとも褒状によれば、それは卒業間際の同年四月二十一日からとなっている（三宅家所蔵、金沢市立ふるさと偉人館寄託）。自伝の記述ではあまり講義には出席せず図書館で過ごし、寄宿舎では囲碁に興じていたようにもとれるが、実際はそうではなく、卒業式では代表で証書を受け取る成績優秀者であった。

政治と学術

大学の外にも目を転じてみよう。自由民権運動が最高潮を迎えつつあった当時、最高等の学術を身につけた東京大学法学部・文学部の学生たちは、その知識によって「政治」に奉仕させられることになり、三宅も例外ではなかった。ここに時代特有の「政治」と「学術」の蜜月関係が現出した。

文部省の九鬼少輔が糸を引いたのであらうか、法学部の三崎、渡辺、関、斯波、伊藤、西尾、江木、奥田、文学部の穂積、中原、平沼等の諸氏が会合した。帝政党の組織があり、福地の「東京日々」新聞に渡辺、穂積等が関係し、丸山の「明治日報」に三崎、江木、奥田等が関係し、水野の「東洋新報」に伊藤、平沼等が関係し、自分は明治日報組に属した。当時三崎が一切の牛耳を執つて居つた。（『自分を語る』）

明治日報組

政府は民権派に対抗するため、福地源一郎、丸山作楽、水野寅次郎ら政府支持の論客

丸山作楽

に立憲帝政党を組織させ、それぞれに新聞を発行させて資金援助を行っていた。文中の三崎は後の衆議院議員三崎亀之助、渡辺はこの年に繰り広げられた「主権論争」で華々しい活躍を見せる渡辺安積（農商務省に入省するも夭折）、関は前出の関直彦、江木はのちの東京弁護士会会長の江木衷、奥田はのちに大臣を歴任する奥田義人、穂積は天皇主権説の東京帝国大学教授穂積八束であり、三宅を含め彼らはみな明治十五年から十七年に大学を卒業した学年の学生たちである。

　明治五年以来、征韓論に関わる嫌疑により収監されていた丸山作楽が、特典によって放免されて創刊したのが『明治日報』であった。「開業祝詞」では「共和同治の影響を視聴の外に排撃」（同紙明治十三年七月一日付）すると述べられ、民権派の主張する共和政体論や君民同治論（立憲君主制論）を排撃することが明言されていた。一方で、同十三年七月十二日付の伊藤博文宛井上毅書簡には、「明治日報の発出は、人々其政府の新聞なる事を知らざるものなし。然るに、其社説の膚浅なること、学校生徒の笑を博するに足る」（『伊藤博文関係文書』一）という懸念が示されていた。そこで東京大学の学生たちが動員されたのである。後年の三宅の回想によれば「丸山は国漢文の心得あれど、新聞論説を綴るわけにゆかず……大学生が重宝がられた」（「明治前半の論壇」『改造』九―三、昭和二年三月一日付）というのが実情であった。

すでに述べたように西南戦争の推移などに強い関心を寄せていた三宅が、その後の政府による明治国家体制の構築と民権派の言論による対峙として展開した「政治の季節」に無関心でいられたはずがない。

大学と政党

とりわけ明治十五年は、「政治」と「学術」の関係をめぐって三宅が籍を置く東京大学が大きく揺れた一年であった。前年秋の明治十四年の政変で政府を逐われた大隈重信を中心にこの年春に結成された立憲改進党に、三宅より一年早く卒業した高田早苗や天野為之たちが挙って入党するという〝事件〟が発生したのである。

同年十月二十八日に挙行された学位授与式において、総理の加藤弘之が「諸氏は我日本国に於て最高等の学術を学び得たる者にして、我邦の為に最も有用なる人々なり」（『学芸志林』一二）と祝辞を述べたあと、フェノロサがいわゆる「学生の政治活動を戒める演説」において、「政党に加入するは臣民たる者の本分なりと思ふ如きは誤見も亦甚だし」（同前）と言い放ったのである。この演説の内容は、同月三十一日付の『東京日日新聞』でも早速紹介された。

評論か研究か

若き日の三宅雪嶺が政府系の『明治日報』組に属していたこととの意味は無視できないであろう。しかし、在学期間の全紙面をめぐってみても署名入りの論説は見当らない。自伝では、自分は三崎の依頼で論文を書いたことがあり、加藤の人権新説に対する批評もそのなかにあるが、新聞に興味を覚えながら、党派に属して執筆する気にならなかったと書いている（『大学今昔譚』）。「政治」と「学術」の関係のなかで三宅の慎重さを示すものかもしれない。加藤弘之に対する批評は、無署名社説として掲載された明治十五年十一月十二日付同紙から断続的に三回連載された「人権新説の著者及び報知新聞毎日新聞の両記者に望む所あり」、または二十二日付同紙から断続的に五回連載されて未完に終わった「権利弁妄」のいずれかと思われる。

外山正一の助言

大学卒業をまじかに控えて、三宅は卒業後の去就に迷っていた節がある。すでに述べたように、学生時代の彼は東京大学系の雑誌『学芸志林』『東洋学芸雑誌』や『明治日報』『東京日日新聞』（匿名で主権を論じたという。記事の特定は困難）などの新聞に文章を掲載していたものの、自伝ではその間の事情を「時事の是非得失が気に掛り、何とか評論したくなり、学校に居る頃から新聞雑誌に発表した……自分の仕事が其れだけと思へず」（『自分を語る』）と回想している。最終的な進路は、文学部長の外山正一との相談によって決まった。

東京大学卒業写真（部分，三宅立雄氏所蔵）
左が三宅，右が坪内

十六年に卒業する時、外山文学部長が将来の事を尋ね、哲学関係の研究に意あるを言ひ、尚ほ新聞社に話あるを言へば、氏は新聞で判断の公正を失ふの虞れあるといふやうな事を説いた。（『自分を語る』）

辞令上は、東京大学准判任御用掛、文学部准助教授で年俸六〇〇円、編輯方を兼任し日本仏教史の編纂に従事することになった（東京大学文書館所蔵『文部省往復』明治十六年）。このときは「哲学関係の研究」が選択され、新聞記者として「時事の是非得失」を「評論」することは、ひとまず見送られたのである。

三　「学生的官吏」

三宅が奉職した東京大学編輯所とは何を目的に設置され、いかなる業務を行っていたのか、『東京大学百年史』その他でも明らかにされていない。もちろんのちの史料編纂所とはまったく系統を異にする別組織である。確かなことは、すでに先輩の宮崎道三郎が日本法制史、井上哲次郎が東洋哲学史、有賀長雄が日本社会史を、それぞれ助教授・准助教授のポストを得て研究していたことである。この三人に三宅と小中村清矩を加えた五人が、図書館に近い一室で各自の執務に当たっていたという（『自分を語る』）。のちに帝国大学法科大学教授となる宮崎が東京大学御用掛となって「和漢法律史編纂」を命じられたのは、明治十四年（一八八一）七月二十五日であった（『東京大学百年史』部局史一）。当時の東京大学はまだ大学院の制度も、講座の制度も未整備であり、この編輯所は将来の教授候補者を有給で研究に専念（講義は担当しない）させるための組織であったと考えるしかない。

また、明治十六年十二月二十一日付の辞令によれば「職務ノ間ヲ見計独逸語兼修可致候事」（三宅家所蔵、金沢市立ふるさと偉人館寄託）、つまりドイツ語の修得を命じられていたことから考えると、加藤総理や外山文学部長あたりの思惑としては留学のための準備期間と位置づけられていたのかもしれない。

日本仏教史の編纂

研究テーマが日本仏教史となったのは次のような理由による。

何か編纂する希望がないかと問はれ、日本思想史ではどうかといへば、もつと狭くするやうにとのことであつて、日本宗教史といへば神道が難しいとて、日本仏教史とし、中に幾らか神道を加へてもよいといふやうなことであつて、加藤総理の意に出たと思はれる。（『大学今昔譚』）

しかし三宅は、つねに編輯所で執務していたわけではなく、むしろ図書館で過ごすことが多かったようだ。書庫にも出入りでき、給料をもらって自由な読書が可能になった。

これを「学生的官吏」と称し、すこぶる都合がよかったと回想している（同前）。そのころ古典講習科の生徒だった佐佐木信綱は、「書庫の中に入つたところに、卒業した学士の閲覧する為の大きな卓がおいてあつた。そこの椅子に、三宅雪嶺博士がよく読書してをられた姿が、目に残つてゐる」（『ある老歌人の思ひ出』）と、当時の三宅の様子を伝えてくれる記憶を書き残している。書物探訪の対象は大学図書館にかぎらず、明治十六年十月三日付で文部省が管轄する東京図書館（のちの帝国図書館）の図書帯出特許票の交付を願い出ていた（東京大学文書館所蔵『文部省往復』明治十六年。口絵）。このころ加藤総理の紹介状で太政官管轄の紅葉山文庫所蔵の書籍も閲覧したという（「図書と美術品」『東大陸』一六）。

ところで、三宅が支給された年俸六〇〇円（月俸に換算して五〇円）というのは、東京大学を卒業して中央官庁に入省したときの初任給と同じであり、同じ年に太政官御用掛となった四歳年長の陸羯南（明治十二年司法省法学校中退）がやはり月俸五〇円、翌明治十七年に札幌農学校を卒業して長野県中学校に教諭として赴任した志賀重昂の初任給が三五円（まもなく四〇円）、さらにその翌十八年に秋田師範学校を卒業して北秋田郡の綴子小学校の首席訓導となった内藤虎次郎（湖南と号する）の初任給は一〇円だったのと較べると、非常に高給であったことがわかる（『政教社の研究』）。

いくら「学生的官吏」とはいっても、さすがに大学寄宿舎に残ることはできず、三宅

高利貸に追われる

は明治九年の上京直後以来久しぶりに下宿屋に住むこととなった。京橋区弥左衛門町の三浦屋といい、同宿には裁判所の判事補などがいたという（『同時代史』二）。この下宿は現在の銀座四丁目の二、三番地のあたり、晴海通から北に入ったところにあって、部屋代一ヵ月一五円。人が訪ねてくると近くの天金（天ぷら屋）や清進亭（洋食屋）から料理を取って供し、「生活難の如きを感じたことがない」（『大学今昔譚』）と回想される。出京した父恒を迎えたのもこの寓居で、彼は旧知の信夫恕軒と往来し、帰郷後に在京中の感慨を金沢の新聞に「在東紀事」と題して投じたなかに、次の一詩がある。

都人畏レ雪甚レ於レ虎　履響車聲十減レ五
唯有三医方急二衛生一　東西走レ馬売二牛乳一（『金城新誌』第四四号、明治十九年五月二十五日付）

雪の日の銀座煉瓦街の様子と、恒の眼が不自由なことがうかがえる。同じころ郷里の母瀧井からお見合いの話が持ち込まれたこともあったという（『大学今昔譚』）。『朝野新聞』明治二十年九月十一日付が伝えるところでは、三宅の著書『日本仏教史』に対する同紙九月八日付の記事が不当だといって、三宅のところの書生が朝野新聞社へ抗議に赴くという出来事があった。事件の内容もさることながら、わずか数年前まで自身が書生であった三宅のところに書生がいたということが驚きである。

もっとも、生活難を感じない生活は長続きしなかったようだ。同時期の三宅の生活ぶりを伝える史料は乏しいが、後年の回想ながら、兄恒徳や友人の借金の連帯保証人となって高利貸（＝氷菓子＝アイスクリーム）からの催促に追われる日々となった。これによって、「高利の為に損した事が少いと言へず、随分永く祟られた」（「アイスクリーム」『我観』四五、昭和二年七月一日付）。また、「自分は高利貸に催促され、金に無感覚になつた」（『爆裂して』）とも言っている。月一五円の下宿に三年間住むことができたわけだから、貧乏とはほど遠い生活が想像されるが、晩年の昔語りに「三宅家の貧乏は可なりひどいもので……先生自身古新聞を着て寝たこともあった」（『哲人三宅雪嶺先生』）とも伝えられている。

このころ、近所で評判の人相見「本国屋」で占ってもらったところ、生涯を三段に分かち、後の方がよくなるといわれたという（『実業之世界創刊二十周年記念大講演会』）。

大学の一年後輩でのちに政教社の同志となる棚橋一郎には、この前後の時期の漢文日記が残っている（郁文館夢学園所蔵）。それによると、学生時代からお互いに往訪を繰り返し、ときに連れだって散策することもあったが、三宅の卒業後もそれは同じように続き、とくに明治十七年一月十九日条には、三宅の「来室雑談」のあと福田亭で「哲学会規則」を議定し、同二十六日条には学習院において同会設立集会に漕ぎつけたとある（「日記」七）。機関誌が五〇〇号に達したとき、雪嶺は「哲学会の発起者及び参加者は抱負が頗る大きかつた……東洋哲学と西洋哲学とにて宇宙の一切を包括し、秘密の鍵を握り、転迷開悟より安心立命、さては治国平天下をまで任とすべきかに心得た」（『哲学雑誌』五〇〇）と回顧している。棚橋の日記からは、東京大学の学生と卒業生たちが日常頻繁に交流し、そのなかから結社や雑誌が生れていく様子がうかがえる。学士となった三宅もそのような濃密な書生社会の一員であり続け、それがやがて政教社の結成へとつながっていくといえよう。

進化をめぐる論争

七年間住み慣れた神田を離れ、下宿とはいえ銀座の煉瓦街の一角に居を定めた三宅は図書館での読書のほかに、引き続き新聞や雑誌への投稿を行っていた。

そのなかで注目される一つは、明治十七年前半期の『東洋学芸雑誌』誌上で繰り広げられた加藤弘之や井上円了らとの進化をめぐる論争である。この論争は、E・H・ヘッケルの『造化史』（『自然創造史』）に触発された加藤が、古代ギリシアのスパルタなどで見られた人為淘汰の是非と、医学進歩による「病質ノ遺伝」が社会の進化と矛盾しないかという二つの疑問を呈したことで始まった。加藤は、第三二号に読者の回答を求め、「同一時に同一雑誌に就て同一疑問の答論数説を読むを得べし。豈亦学者社会の一快事ならずや」（同誌二九）と述べて、かつての『明六雑誌』のような誌上での討論を望んだ。

それに対して三宅は第三〇号に「加藤弘之先生に質す」を書いて、「今日の世界」は「兵力」のみではなく「文化」をも尊ぶものであり、そもそも社会の発展段階が違うのだから、もっと厳密な議論をしないと水掛け論に終わってしまい無益だろうと述べた。第三三号に載った井上円了の「加藤先生の一大疑問に答へんとす」でも、論理学の分析的な手法で加藤の提示した二つの疑問に反駁(はんばく)している。哲学を専修した三宅や井上が、進化論を社会に応用することにかなり慎重であったことをうかがうことができる。

東洋哲学の価値

同時期の『学芸志林』第八四冊に掲載された三宅の「論二孔老二氏之学一」にも注意しておきたい。同論説は三宅が、「宇宙普遍の大勢力常に無量に変更転化し、茲(ここ)に動あれば茲に反動あり、時に進化を受くるを得ば、時に溶化に従はざるを得ず」という、後年になると確立される進化論的宇宙観を初めて披露している点できわめて重要である。そして、孔子と老子の学問を志向と知識の両面から対比的に論じ、優劣がつけがたいと述べる。むしろ、二人を生んだ古代中国の周(しゅう)代の開化がギリシアやインドと比肩しうるという結論は、学生時代に西洋哲学から大きな刺激を受けた三宅が、インドを含む東洋哲学にもそれと同等の価値を見いだしていたという点で無視できない重みをもっている。

アイヌの生活を見る

一方、それらと同じ時期に三宅が、二つの視察旅行を行っていたことは、彼がけっして図書館における座学の思索者でなかったことを示している。一つは明治十七年七月に北海道へ出かけたことである。その目的は次のように回想される。

長い刀を黄色の袋に入れて携えた。……横浜から三等客として汽船に乗り組んだ。

……自分の北海道行はアイヌの生活を見るのが主眼……チイシカリ（現在の札幌市石狩川流域）へ往つた。（「自分の足跡」『我観』四一、昭和二年三月一日付）

前述したように、学生時代に「日本人民固有の性質」を書いた三宅は、人類学的な関心も強く抱いており、日本人の起源の一つを実地に探ることがこの旅行の目的であったろう。アイヌへの関心は、明治二十七年十月十二日付の新聞『日本』に「朝鮮におけるエゾ語」を書いているので、その後も長く続くことになる。政教社の設立で協働する志賀重昂は同じ月の九日に札幌農学校を卒業し、長野県中学校に赴任するため二十日に小樽港を出航しているので、二人が北海道で邂逅することはなかったと思われる（北海道大学文書館所蔵、志賀重昂「在札幌第二年期中日記」）。

秩父事件を視察

もう一つは、同年十一月に勃発した秩父事件の視察に出かけたことである。これについては、自伝の記述がまとまっている。

秩父に暴動が起り、藤田四郎氏（現貴族院議員―大正十三年当時。引用者）と共に出掛けた。確か「自由新聞」記者といふ肩書だつたと思ふ……竹槍が沢山散乱してゐた。其の一本を杖づいて帰るや、兵卒が警戒し、処々で詰問し……然し竹槍は其の儘に東京へ持ち帰つた。事件を報道するでもなく、唯だ遠足同様にしたに過ぎない。

（『自分を語る』）

藤田は以前、授業をサボる碁仲間として登場したが、ここで気になるのは、二年前は政府寄りの『明治日報』組に属していた三宅が、自由党の機関紙であった『自由新聞』記者の肩書で視察に赴いた点である。三宅が自由党員の誰と交流があったかは不明だが、はるか後年の回想とはいえ「遠足同様」とはいかがなものか。同時期の『自由新聞』の全紙面を見ても三宅の署名記事は見あたらず、自伝の記述を裏づけている。

いずれにせよ、「学生的官吏」の三宅は、学生時代以来の強い社会的好奇心を維持していたことが確かめられるわけで、のちに自覚的に展開する原理的な思索と時事的な関心の共存がすでに大学卒業直後から見られることは記憶に止めておきたい。

三宅の大学編輯所時代の仕事としては、二冊の著書が注目される。ともに明治十九年六月十八日付で版権免許を取得し、集成社から上梓された『日本仏教史』第一冊と『基督(キリスト)教小史』第一冊である。前者は五五頁、後者はわずか二九頁の小冊子であり、いずれも第二冊以降が出版された形跡はない。なぜこの時期に両書は執筆されたのか、次節で述べる制度改革にともなう文部省への移籍と関わっていたとすれば、大学准助教授としての「成果」を求められたのかもしれない。なお付言すれば、両書の奥付で著者の住所が東京南豊島(みなみとしま)郡早稲田(わせだ)村四〇番地となっている。おそらくこの頃、大学卒業後住んでいた銀座から、早稲田に転居した模様である。東京専門学校で教鞭を執っていた兄

『日本仏教史』

恒徳と同居を始めたと思われる。

とまれ両書は「学生的官吏」としての三宅の思想の展開を知るには恰好の材料を提供してくれる。『基督教小史』は第一章「猶太の状勢」のみであるが、『日本仏教史』は序言に続いて、第一篇「仏教到来前の宗教」の第一〜三章が収録されているので、ここで検討に値する内容を含んでいる。

同書の序言で三宅は、まず修史の方法と楽しみについて述べる。その態度は「古事記は皇国の神典と呼ばれたるも、夥多の誤謬を含むに非ずや」というもので、近代的な歴史学の文献批判に立つものであった。ついで「宗教の思想は如何にして発生し、如何にして進化するか」と発問し、それには「一定の理法」があるという。ここでいう「一定の理法」とは、文明の発展段階説に依拠して信仰も「蛮民」「半開」「文化」の三段階を経て「進化」＝「理想の進歩」に至るというもので、すでに明治十一年、来日直後のフェノロサによって行われた演説と同様（「フエ子ロサ先生宗教論」『芸術叢誌』四〇）、スペンサーの『第一原理』第一章の趣旨に依拠するものであった。三宅によれば「文化」の段階の「宗教の思想」は次のようなものだという。

文化の民は思へらく宇宙の存するは、宇宙の存するを顕はすの意識に依り、意識の存するは、意識の存するを顕はすの宇宙に依る。宇宙は意識に対して存し、意識は宇宙に対して存す。其相対する所以の理、即ち原理を知るに至るは、意識究竟の発達にして、而も宇宙を純全に形成するを得ることなりと。(『日本仏教史』)

ここにもすでに、後年の宇宙哲学の端緒が現われているといえよう。ついで第一篇では、『古事記』や『日本書紀』の記述の過半は「虚妄」であるとし、神武天皇、神功皇后、日本武尊については真実もあろうが、説話を集合して作為したものという見解が示される。神話と史実を峻別する姿勢は生涯維持される。カミ(神)観念や開闢説に関する議論も、文献批判に依拠する合理的なものである点が際立っている。ただし、三宅の『日本仏教史』は、仏教伝来以前で中断したまま完結することはなかった。

なお、板垣退助が洋行中スペンサーに面会して『社会学原理』の第六部第一六章 Religious Retrospect and Prospect の校正刷を持ち帰り、高橋達郎に翻訳を託して『社会進化論』と題して刊行したのは、三宅の二冊の著書の発行と同じ明治十九年六月のことであった。したがって、三宅が『日本仏教史』を著述した際に参照したスペンサーの宗教論は『第一原理』第一章の記述であったと考えられる。

四　「官吏の辞職は身の為なり」

官制改革

明治十八年（一八八五）十二月二十二日、内閣制度が創始され第一次伊藤博文内閣が成立すると、文部大臣には薩摩出身の森有礼が任命された。翌十九年四月になると、森の主導によっていわゆる諸学校令が発布され、前月には帝国大学令によって東京大学が帝国大学となり、三宅の属する編輯所は文部省の編輯局に移管されることになった。この制度改編にともなって、三宅は同月十二日付で文部省雇に転任し、月俸はそれまで同様五〇円が支給された（東京大学文書館所蔵『文部省往復』明治十九年）。

一見すると大きな変更ではないように見えるが、実はそうではなかったらしい。

　自分は明治十九年頃一年余りも文部省編輯局に居つた。……特別に得た所がなく、一年を無駄に過ごしたやうなれど、官僚の情弊を知つたのを相応の獲物とせずに置けぬ。（『初台雑記』）

文部省編輯局

三宅の職務は当初、博言学教授チェンバレンの「日本文典」編纂助手として口述筆記を担当することであった。尺振八訳スペンサー著『教育論』の検閲も担当したという（『自分を語る』）。執務室は最初は会議室の二階、ついで次官室（次官は辻新次）の隣りに移り、次官室の逆隣りが大臣室だったため、「全く役所式であり、毎日時間通りに出ねばならぬ」こととなった。局長の伊沢修二（いさわしゅうじ）は「やかましや」で「仕事好き」であり、その伊沢の意を受けた木村一歩課長から「修辞書はいつ頃出来上るか。それが分らないならばどうかしてもらひたい」と言われて即刻辞職を決めたという（『大学今昔譚』）。同じころ編輯局にいた山県悌三郎（やまがたていざぶろう）（のちに雑誌『少年園』を主宰）も次のように回想している。

　編輯局内部の組織改造せられて、専ら力を教科書の編纂に集注せらるるや、伊沢局長鋭意自ら率先して監修の任に膺（あた）り、功程を急ぎて局員を鞭撻せらるるので、仕事の繁劇なること、毫（ごう）も普通事務員の執務状態に異なる所なきに至つた。（『児孫の為めに余の生涯を語る』）

　そもそも内閣制度の導入が行政改革としての側面を有するもので（中野目徹『近代史料学の射程』）、冗官淘汰を目的の一つとしていたことを考えると、三宅の辞職もその余波を受けた出来事といえそうである。

　編輯局での一年余は「無駄に過ごした」ともいえようが、回想によれば、官僚制度の何たるかをいささか理解でき、好きな本を読むこともできたという意味では大学編輯所以来の「学生的官吏」の生活を続けることで、雑誌記者・ジャーナリスト三宅雪嶺誕生の準備期の掉尾（ちょうび）を飾る時期として無視することができない月日である。明治二十年九月（何日か不明）、翌年政教社を共に設立する辰巳小次郎（第一高等中学校教諭）とともに辞表を提出した三宅は、いよいよ野に放たれたのである。およそ一年後、三宅は『日本人』第二〇号（明治二十二年一月十八日付）に「官吏の辞職は身の為なり国の為なり」を書いて、このうち身のためとしては、収入が増えることと愉快が多いことを挙げた。

八月以来、各地方からの上京者によって井上馨外相が牽引した条約改正交渉に反対する運動が盛り上がり、九月十七日には井上が辞表を提出、後藤象二郎によって大同団結運動が開始されたのが十月三日、同月には高知県代表者によって三大事件建白書が元老院に提出されるなど、三宅が官吏を辞したのは事態が騒然とし始めるときであった。では、三宅はいかにして口を糊したか。自伝では「その頃私立学校が続々起り、大学文学部卒業生が引張凧」（『大学今昔譚』）だったと回想されている。

東京専門学校

三宅が最初に教壇に立ったのは東京専門学校であった。明治十九年十二月刊行の「東京専門学校校友会規約同会員名簿」のなかに、講師として兄恒徳とともに名前が載っている（『東京専門学校校則・学科配当資料』）。まだ文部省在職時のことである。このときの住所は牛込区天神町一一番地となっている。同二十年三月十日付発行の『中央学術雑誌』に掲載された東京専門学校政学部三年生向けの三宅が担当する「哲学」の試験問題では、デカルトからヒュームに至る哲学者が「何を以て真理となせしや」が問われた（同前）。

学生時代に聴いた哲学史をベースにした講義がなされたのであろう。

さらに、同年九月九日に東京専門学校が東京府を通して文部省に提出した文書によると、三宅は嘱託教員として俸給は得ていなかったことがわかる（同前）。この学期の講義は近世哲学史の一部だったと推測されるが、三宅はその後も同校で「論理学」「社会学」「心理学」などを担当した。

一方、井上円了が哲学館を設立したのは、三宅の辞職と同時期の明治二十年九月十六日であり、翌十七日から授業が開始された。当初哲学館の教壇に立ったのは館主の井上と帝国大学の第一回卒業生である徳永満之の二人であったが（「私立哲学館設置願」『東洋大学百年史』資料編Ⅰ・上）、ほどなく三宅も講師に加わったと思われる。同校は哲学を日本語で教授することを目的に設置され、それは井上による「開館旨趣」によれば「原書に通ぜずして洋語を解せざる者に哲学諸科を教授する為め」（同前）とされていた。

井上はすでに同年一月に哲学書院という出版社を創立していて、棚橋一郎の回想によると、五月ごろにそこの二階に井上、三宅、辰巳、加賀秀一、棚橋という東京大学文学部および同選科を卒業した五名が集まったときに、次のような会話がなされたという。

「どうも斯う外国かぶれが盛んになつて来ちや仕様がないが、何とかこいつを叩直さなくちやどうもならぬぢやないか」と云ふことを、確か僕が言ひ出したと思つて居ります。……出ると皆無論賛成だ。誰だつたか雑誌でも一つ出さうぢやないかといふ話。それはよからう。皆賛成。（「井上円了博士を語る」『思想と文学』二一―三）こうして、雑誌を発行する計画が三宅の周辺で話題に上り始めたのである。『日本人』が創刊されるのは、それからおよそ一年後の明治二十一年四月のことであった。

ロッツェの哲学

世情騒然たるなかで、それにもかかわらず、官吏辞職後の三宅は哲学的思索を一歩進めつつあった。R・ロッテェとL・ウォードの著作を読み進めていたのである。

三宅がドイツの哲学者であるロッテェの著作を読んでいたことは、自身によって語られていることから確かとして（場合によってはハルトマンの『ロッテェの哲学』〈一八八八年〉を読んだのかもしれない）、後年の回想では明治十八、九年にノックス、ついでブッセが外国人教師として大学に赴任してロッツェが重んじられたという（「哲学的思想」『開国五十年史』）。明治二十年に帝国大学文科大学の哲学科を卒業した徳永満之にはロッテェの影響が見られるという（長谷川琢哉「『宗教哲学骸骨』再考」）。ロッテェは観念論哲学と十九世紀に発展した自然科学の結合を図った哲学者として知られるが、明治二十年の日本ではヘーゲル以降の最新の哲学の一つと捉えられていたのであり、そのような結合を目指す志向は『宇宙』に至る三宅独自の哲学構築に一定の意義を有するものだったと考えておきたい。

ウォードの社会学

一方、アメリカの社会学者であるウォードについては、これまでの三宅研究のなかで取り上げられることがなかったけれども、一八八三年に出版された *Dynamic Sociorogy* の一部（緒論と第一・二章）を翻訳して、明治二十一年三月（日欠）に『社会学』として出版しているのである（筆記者は伊達周碩）。次章で明らかにするとおり、「同志」たちと政教社の設立を協議していたまさにそのときである。ウォードは、スペンサーの「記述社会学」を批判して「動態社会学」を主張したが、それは社会の進化を自然にではなく人間の意志（規制や保護）に委ねようとするものであった。三宅の訳でも「社会学の術とする所は、公衆の感情の妨害となるべきものを除去し、其流動に利益あるものを強盛にするに在り……今活動社会学に説く所の進歩は、自然の進歩にあらずして人為の進歩なり」（同前）とされ、この時点でスペンサーの社会学を相対化する視座、すなわち自然の進歩に人為を加えて理解しようとする見方を獲得していた点が重要である。

第三　『日本人』記者

一　政教社設立の「同志」

設立の準備

三宅が官途を辞した明治二十年（一八八七）は、第一次伊藤博文内閣によって推進された「欧化主義」政策が頂点を迎えた年であり、四月二十日に伊藤の官邸で開催された仮装舞踏会は、『東京日日新聞』同月二十二日付の記事「伊藤伯爵の仮装舞踏会」によって「一大快楽の夜」と伝えられる狂態を演じた。夏以降、伊藤内閣の施策に対して三大事件建白運動が活発化したが、年の瀬も押しつまった十二月二十五日、日曜日にもかかわらず突如公布、即日施行された保安条例によって、運動に参加するため東京に集まっていた民権派の運動家たちが皇居三里外に追放されることで、「荒涼索莫として敢て一人の能く抗言するものなし」（『自由党史』下）というありさまでその年は暮れた。

このいわば政治的空白期に、言論をもってあえて政府に「抗言」しようとして、三宅をはじめとする学士たちによって設立されたのが政教社であった。明治二十一年になると、月一回のペースで発会に向けた準備会が開催されていた。プロモーター役を務めた杉浦重剛の「備忘録」によれば次のようになる。

一月三十日　政教雑誌会
二月二十八日　新誌会
三月十四日　政教社会（『杉浦重剛全集』六）

「同志」の結集

これらの会合に三宅が出席していた確証こそないものの、後年の回想ながら「明治二十一年、旧哲学館の井上、辰巳、棚橋、加藤、島地、旧東京英語学校の杉浦、宮崎、志賀、菊池、今、杉江諸氏と相談し、一雑誌を発刊するに決定し、紀元節に出さうとして準備が整はず、神武天皇祭に「日本人」第一号を出だした。……「日本人」の名は自分が択び、発行所「政教社」の名は井上円了氏が択んだ」（『自分を語る』）というから、中心となって働いた一人だったとみてよかろう。哲学館については前章で述べたが、東京英語学校は杉浦たちが開設した高等中学校進学のための予備校であり（のちに私立日本中学校）、志賀ら主として札幌農学校出身者が教鞭をとっていた。

政論雑誌の発行

定期刊行される政論雑誌について定めた新聞紙条例に基づいて三月二十一日付の『官報』に政教社と『日本人』の名称が登載されているので、この日をもって政教社の設立日とみなすことができる。社の届出地は京橋区宗十郎町一一番地、書類が東京警視庁に提出されたのは同月十三日であった（『政教社の研究』）。

政教社設立二週間後の四月三日、すなわち神武天皇祭日に機関誌『日本人』第一号が発行された。発行場所は神田区南乗物町三番地、これは理学士吉岡哲太郎が経営する敬業書籍店の住所、第二号からは編輯人志賀重昂の住所である神田区小川町二五番地に変更された。印刷所の熊田活版所も神田区松下町一三番地にあり、すでに学生街であった神田に拠点を置いた出発であった。創刊号以来、警視庁に届け出た同年中に発行した一八冊の一号当たり平均発行部数は、『官報』第一六八五号（明治二十二年二月十四日付）によれば六六七四部であり、大売捌は哲学書院、敬業社、吉岡書籍店の三店、売捌所は沖縄を除く全国に分布していた（同前）。同誌に「同志」として氏名が列挙されたのは三宅のほか一〇名の人々である。

『日本人』創刊の祝宴

雑誌創刊の当日、永田町日枝神社の一角にあった星ケ岡茶寮において、政教社の祝宴が開催された。招待されたのは、前東京大学総理で元老院議官の加藤弘之、文部省編輯局長の伊沢修二、文科大学教頭の外山正一ら学界・教育界関係者、民友社社長の徳富蘇峰、東京電報主筆の陸羯南、報知新聞主筆の箕浦勝人ら言論界関係者に大別される（『日本人』二）。

祝宴は「同志」を代表する形の『日本人』編輯人志賀重昂の挨拶で始まった。この挨拶は同誌第二号に巻頭論説「「日本人」が懐抱する処の旨義を告白す」として掲載されることになる重要な演説で、彼ら「同志」の主義を「国粋保存旨義」と明言し、「国粋」にNationalityのルビを付した（同前）。続いて祝辞を述べた加藤は、いまの志賀の挨拶を聴いて「初めて其旨趣を了解せり」と応じた（志賀家所蔵「「日本人創刊祝宴における演説筆記」」）。創刊号劈頭に掲げられた「同志」連名の「創刊の辞」とでもいうべき一文では、「平生懐抱する処の精神」（『日本人』一）が何かは明示されていなかったのである。最後に挨拶に立った三宅は、「元来政教社は富めるに非ず。然れども其力之限、此席にて呈上せる御馳走よりはまだまだ立派の御馳走を呈上する事は出来るなり」（「「日本人創刊祝宴における演説筆記」」）と、財政的な危惧に対する自信を示しながら、なかばユーモラスに祝宴をしめくくった。

雑誌『日本人』創刊号表紙

『日本人』の論調

こうして始まった雑誌『日本人』の言論活動において三宅は何を主張したのだろうか。

まず注目されるのは、創刊直後の『日本人』誌上で、毎号「国粋主義」の理論化を目指す論説を執筆したのは志賀重昂であって、三宅は「国粋主義」に関する論説はいっさい書いていないことである。管見では創刊約一年後の明治二十二年五月七日付発行の同誌に寄せた論説「伊藤伯著帝国憲法義解を読む」において、この号から「国粋保存」に代わって掲げられた「国粋顕彰」のスローガンをもって「是れ余輩の一意に思慮すべき所なり」(『日本人』二四)と述べている一節を見るだけである。

したがって、三宅が「国粋主義」の理論化には熱心でなかったといわざるをえないが(志賀と三宅の間で執筆の分担があらかじめなされていた可能性もある)、「同志」たちの最大公約数的な主張である「国粋主義」に対する合意は共有していたといえる。雑誌創刊の約二ヵ月後の明治二十一年六月十七日に、東京麻布の高等普通学校で開催された「日本旨義」の演説会に、辰巳小次郎、棚橋一郎、島地黙雷とともに三宅が登壇していたことなども、合意の証左となろう(同前七)。

時事論説を執筆

そのような三宅が、『日本人』創刊直後から取り組んだのは時事論説の執筆であった。署名論説だけでも、「薩長の前途を占ふ」(同前二・三・五)、「維新後政府外の政治家」(同前八)、「三千の奴隷を如何にすべきや」(同前九)、「森文部大臣に望む」(同前一二)、「帝室安泰の為め」(同前一六)、「弾劾の切要なる時あり」(同前一八)、「官吏の辞職は身の為めなり国の為めなり」(同前二〇)、「大日本帝国憲法を評す」(同前二二)と続く。

のちに民友社の記者となる末兼八十吉こと宮崎湖処子は、「画策の時代」から「文章の時代」に変じたとして、『日本人』を代表する記者は志賀重昂と三宅であると書いていたが（『国民之友及日本人』）、実際に主筆格として編集の実務を切り盛りしていたのは、三宅ではなく志賀であった（古島一雄『一老政治家の回想』）。『日本人』が誕生したことで、雑誌界では前年創刊された『国民之友』との間で声価が二分され、表紙のデザインや文体の相違まで両誌の対抗関係が顕在化したのである。

「文章の時代」に変じたとはいえ、言論がときに行動をともなうものであったことは、長崎県で三菱が経営する高島炭鉱の鉱夫虐使をめぐる論争の過程で発生した決闘事件からうかがえる。高島炭鉱の鉱夫の惨状を実地に経験した松岡好一を入社させた政教社は、明治二十一年八月三日付発行の『日本人』第九号を高島炭鉱特集号とし（この号の編輯人のみ松岡が務めた）、三宅や今外三郎らの「同志」が事態の改善を訴える論説を掲載した。それに対して『朝野新聞』紙上で犬養毅が反論を加えると、九月三日付で松岡は犬養に決闘状を、三宅と志賀が介添状を送付して事件に発展したのである。

事件は決闘を禁じる法律問題まで持ち出されて、志賀が折れる形でやがて沈静化するものの、その過程で同年十月三日付発行の『日本人』第一三号に掲載された三宅の「決闘の件に関して犬養毅氏並に新聞雑誌記者各位に質す」では、「議論に於ては一歩も譲り申さぬ覚悟に御座候……未だ遽に降参仕つるわけに参らず候」と、一歩も引かない強気の姿勢を露わにしているのが注目される。そもそもこの事件では、政教社の社会問題への開眼ということが重要になってくるが（佐藤能丸『明治ナショナリズムの研究』）、若き日の三宅雪嶺が相当に負けん気の強い性格であったことが伝わる一コマでもある。

大同団結運動へ

三宅執筆の時事論説のなかでは、第二号から三回にわたって連載された「薩長の前途を占ふ」が止目に値する。この論説では、まず薩長の隆盛も衰微も自然の状勢によるとし、政治の変動は地層の変遷と同じであると述べ、「断じて曰ふ一代限りにて衰微に帰せん」（『日本人』五、明治二十一年六月三日付）と結論する。三宅の薩長藩閥政府に対する批判的な姿勢は明白であり、「一代限り」という予断もなかばその後の歴史が証明することになるが、第一次伊藤博文内閣が黒田清隆内閣に交替し、憲法が枢密院で審議されていた明治二十一年当時、いかなる政治体制の構築、政治勢力の台頭を庶幾していたのか。

三宅が期待した人物は、「維新後政府外の政治家」によれば後藤象二郎であり、後藤を補助する者として板垣退助であった。

> 後藤伯（後藤象二郎）一身にて益々運動するは、伯の膽略才量を表するに足れど、惜いかな多少の瑕瑾あり、補助を求めずして済むべきや、……起きよ板垣伯、起きよ板垣伯、爾の骨を求むる者尠少ならざるべし（同前八、明治二十一年七月十八日付）

すでに前年十月、後藤は三大事件建白運動に蝟集する政客を糾合して大同団結運動の烽火をあげていた。明治二十三年に開設が約束されていた議会と、それに先立つ総選挙を見通した政治運動であった。政教社は後藤が牛耳を執ったこの運動に対して、『日本人』の雑報「後藤伯の巡遊」では、後藤の主義に同感を表明するとともに、「日本全国の所謂有志家なる者は各自が抱持する旨義の為めには力めて小異を大同の犠牲に供し、以て終局の目的を致了せざるべからず」（同前）と、支持の姿勢を鮮明にしていた。同じころ後藤が政教社の「同志」たちを招待したことがあったという（『自分を語る』）。時期が特定できないものの、右の記事が書かれ、後藤象二郎が信越・東北遊説に向かう前とすると、明治二十一年六月から七月前半ごろと推定しておいて大過あるまい。三宅はこの招待を大石正巳あたりの計らいと見ている（同前）。

「どうも変な人」

のちに講談師として名を成す伊藤痴遊は、若き日は自由党・大同団結派の政客の一人であったが、大石と三宅に犬養毅を加えた三人が後藤の帷幄の内にあってさまざまな計に与かっていたと回想している（「大同団結の思出」『我観』三、大正十三年一月一日付、これによれば先の決闘事件なるものもどこまで本気であったのか疑われる）。その当時の三宅は、伊藤だけでなく多くの人に「純な学者のやうな、政治家のやうな所のある。どうも変な人」（同前）と思われていたという。運動に相当深く関わっていたのである。三宅が後年、「世間にてダイドウと発音するも、後藤自らタイドウと発音せり」（『同時代史』二）と書いていることなども、彼と運動との間の距離の近さを示すものであろう。

憲法の解釈

三宅が大同団結運動に関わっていた当時の政治思想は、折しも発布されたばかりの大日本帝国憲法に対する解釈から明らかになる。

論説「大日本帝国憲法を評す」では、憲法を「拝受すべし、双手（もろて）を挙げて拝受すべし」（『日本人』二二、明治二十二年二月十八日付）として、とくに第三七・四一・五五・六四・七三条を列挙して喜ぶべき条文としている。これらが帝国議会の権能を定めている条文であることを見ても、三宅が憲法を立憲主義的な立場から解釈しようとしていたことは明らかである。第五五条は国務大臣による天皇の輔弼を定めた条文である。また、「憲法を公平とするも法律の制定次第、人物の適用次第にて如何様（いかよう）にも為すを得べし」（同前）と述べ、今後の運用が重要であるとしている。

君民共治

さらに、「政党内閣は現はれ難く見へて、案外に早く現はるゝを得ん……薩長の命脈此に尽きん」（同前）と、藩閥政治の終焉と政党政治への見通しまで述べているのである。したがって、「執権者を拘束する能はざるは人民の罪なり、依て以て国家の安寧を保つ能はざるも人民の罪なり、依て以て帝国の光栄を顕はす能はざるも人民の罪なり」（同前）と断言して、人民の自覚を強く求めることになった。論説の末尾で「君民共治」としているのが、生涯を通して三宅の憲法解釈の基軸であったといえよう。

憲法が発布された明治二十二年二月十一日に創刊された新聞『日本』の第三号で、社長兼主筆の陸羯南は「日本国民の基礎定まる」を書き、憲法によって日本の統治権者として天皇主権が明快に定められたことで、今後は明治十年代のような主権の所在や議院の権限をめぐる論争は発生しようがないと述べている（『日本』二月十三日付）。憲法の解釈としては陸羯南の方が正しく、三宅のそれは民権派の政治思想的資産をかなりの程度継承するものになっている。三宅が民権派の流れをくむ後藤象二郎の大同団結運動に深入りした理由の一端は、この憲法解釈に見いだすことができよう。なお、同月十五日に江東中村楼で開かれた『日本』開業祝宴には三宅も出席している（同前十七日付）。三宅と同紙の関係は、その後同紙が雑誌『日本人』と合併する明治三十九年まで続くことになる。

後藤象二郎の入閣

憲法発布の翌月の三月十四日、福島県須賀川で開催された河野広中出獄慰労兼懇親会に（河野は自由民権運動の激化事件の一つである福島事件により収監されていた）、三宅と志賀重昂は旧自由党員の綾井武夫、井上角五郎らとともに参加し、二人は同地の公会堂で開催された学術講演会の弁士を務めた（『河野磐州伝』下、『日本』三月二十日付）。憲法発布の恩赦により、入獄していた旧自由党系の運動家が復帰することで、大同団結運動は複雑な様相を呈してきたのである。そのようなときに、後藤象二郎が黒田清隆内閣に逓信大臣として入閣することが知らされることになった。

三月十九日に開かれた大同団結派の火曜会（前年十月設立。三宅や志賀もその評議員に名を列ねる）の席上、後藤入閣の賛否が問われると、二対三〇で反対が多数を占め、その場で三宅は立って反対演説を試みたのである。生涯「ひどい訥弁」（『哲人三宅雪嶺先生』）であった彼は、その後もしばしば演説会の弁士を務めることになる。このときは、後藤が天皇の大命が降下したのだから入閣はやむをえないと弁解したのに対して、例の伊藤痴遊によれば三宅は次のように抗弁した。

入閣反対の演説

三宅の如きは、直ちに立つて、例の咄弁ながら、奇警の語を連発して、『後藤伯の言ふが如くんば、今後大命の下つた場合には、如何なる事にも意見を言はぬ、といふ事になるが、それは御覚悟の上でござるか』といふやうな、皮肉な事まで言うて、詰責的に肉薄する。（『伊藤痴遊全集』一五、同内容の記事は『日本』三月二十一日付ほかにも見られる）

一方、三宅の自伝によれば、「自分は「勅令で已むを得ず入閣したとあつては、勅令でなくて内閣を去ることがなるまい」といふやうな事を陳べた」（『自分を語る』）という。さらに谷干城の日記によれば、伝聞ながら三宅は「貴君（後藤象二郎）も我輩も皆政党内閣を欲するものなれば勅命〳〵の言成るべく御容捨ありたし」（『谷干城遺稿』二）と述べ、それは『毎日新聞』の記事と同じだという。志賀が戯歌（ざれうた）を唄って場を取りもとうとしたが、座がしらけてしまい退散することになったという（『自分を語る』）。三宅の期待するところが政党内閣であったとすれば、記憶にとどめておかなくてはならない。また彼はこの事件を機に現実政治からは距離を置くようになったとも回想している（同前）。

しかし、三宅をはじめ政教社の「同志」たちは、政治のリアリズムに翻弄されながらも大同団結運動から離れたわけではなかった。後藤象二郎が運動を離脱した明治二十二年春の時点で、大同団結運動はしだいに旧自由党系の人々に専断されるようになってきたことは事実であり、四月三十日に開催された主義綱領起草委員会で対立が顕在化し、五月十日には河野広中ら政社派である大同倶楽部（だいどうクラブ）と、大井憲太郎（おおいけんたろう）ら非政社派の大同協和会（だいどうきょうわかい）に分裂してしまった。

大隈条約改正反対運動

ところが、思わぬ方向から新たな問題が惹起されることになった。四月十九日付の *London Times* 紙に大隈重信外相によって進められていた不平等条約改正交渉の内容がリークされ、それを五月三十一日から六月二日にかけて『日本』が転載したことから、にわかに反対運動が盛り上がることになったのである。反対の理由は、大隈案にある外国人の大審院判事（だいしんいんはんじ）への任用という条文が、我が国の「国権」を損なうという危惧であった。

この反対運動の中心に立ったのは枢密院の元田永孚（もとだながざね）らのほか、分裂した大同二派、谷干城らかつての不平将軍たち、熊本国権派の紫溟会や福岡の玄洋社に加えて、紫冥会の代表佐々友房の残した史料「条約改正に関する朝野の景況」によれば「東京書生社会」と「日本」「日本人」が挙げられている（国立国会図書館憲政資料室所蔵「佐々友房関係文書」）。ここでは、三宅ら政教社のグループが東京の書生社会そのままの形で一つの政治勢力として認識されているところが、すこぶる興味深い。

千歳座の演説会

反対運動は七、八月に最高潮を迎えた。八月十五日には新聞『日本』のグループ（乾坤社同盟）が谷干城のほか浅野長勲侯爵、三浦梧楼子爵らをかついで運動の拠点として日本倶楽部を結成し、同月二十六―二十八日には久松町千歳座における三日連続全国同志連合政談大演説会を開催するなど、大きな盛り上がりを見せたのである。この間、谷の日記によれば、杉浦重剛や高橋健三、陸羯南たち乾坤社の面々は、連日のように会合を重ねて集団で行動していたのに対して、政教社『日本人』のグループは、個人としての参加というスタイルをとった。

すでに七月三日付の『日本人』で「同志」の一人の菊池熊太郎は、「由し「日本人」社中の一人が、何何党に加盟し居るにもせよ、そは一己人としての事にて、政教社の全体は、少しも之れに関係する筈なし」（『日本人』二八）と論じて、政党・政社との違いを鮮明にしていた。政教社の「同志」で三日連続大演説会の演壇に立ったのは、今外三郎のほか辰巳小次郎、杉江輔人、松下丈吉の三名であった。三宅はこの間、目立った行動を示していないようだ。谷干城の詳細な日記にも三月十九日以降は一度も名前が出てこない。それどころか、八月三日付の『日本人』に「小生儀為海水浴旅行致候」という広告を掲載しているのである（『日本人』三〇）。

政教社では、九月三日発行の『日本人』第三二号が発行停止の処分を受けると、『嗚呼条約改正』なる刊行物の発刊を計画する。しかし、『日本』十月十日付に広告が掲載されていたにもかかわらず、刊行の前日付で内務大臣から発売禁止の命令を受け、結局発行できなかった。同書に三宅は「条約改正と党派」の論題で文章を寄せていた（『日本』同月二十一日付）。

大隈条約改正反対運動は、十月十八日に玄洋社員来島恒喜による大隈重信に対する爆裂弾投擲によって改正交渉が無期延期されると、急速に収束に向かった。翌日には『日本人』も解停される。十一月三日には日本倶楽部も解散し、例えば地方遊説に参加した「同志」の一人松下丈吉は「蹶起して政界に進入し、東西に奔走を始めしより、大凡壱年、其間幾多の意外に際会したるを知らず。終に条約改正中止の問題に志を得て、再び旧巣の教育界に復期す（ママ）」（『松下雲処遺稿』）と日記に記して、同月十一日から東京英語学校に出講した。志賀重昂は明治二十三年の年始を地元土佐で迎えるために帰省する谷干城に従い高知まで下ったから、なお谷に期待を寄せていたのだろう。同じころ、三宅のもとを曹洞宗の還俗居士で仏教運動家の大内青巒が訪ねていたはずである。

二　記者三宅雪嶺の誕生

『江湖新聞』主筆

大内の用件は新たな日刊新聞発行計画であった。明治二十三年（一八九〇）の二月一日に初号（創刊準備号）を出し、同十一日から毎日発行された『江湖新聞』がそれである。三宅は請われて同紙の主筆を務めることになったのである。このとき満二十九歳。政教社からは『日本人』の編集部員として入社していた内藤虎次郎と長沢説（別天と号する）が助力することになった。同じ日、徳富蘇峰も国民新聞社を設立して『国民新聞』を創刊したので、雑誌界における『日本人』と『国民之友』の対抗関係は、新聞界の『江湖新聞』と『国民新聞』にも持ち込まれることになったわけである。

「研究」か「評論」か、官途を去ってからの三宅は政教社の「同志」に加わることで「評論」に一歩踏み出したが、新聞の主筆に就任することでさらに一歩「評論」に深入りすることになったといえよう。初号に三宅の署名記事はないが、冒頭の論説と続く数篇の短文が三宅の執筆と推定される。以後毎号、欄外には大きな活字で「言行は摯実を要す」という信条を掲げた。志賀重昂は初号に寄書して「友人三宅君は蓋しカーライル氏を以て私淑する者なり……三宅君、三宅君、江湖新聞紙上に能くカーライル其人の如き言説を発表し、将来の日本にクロンメルの如き、プューリタン派の如き人物を多出せしめよ」（「江湖新聞の発兌に就き予が希望する処の者」）と、『江湖新聞』と三宅主筆の前路を餞した。学生時代から三宅が私淑する英国の文豪カーライルの代表作『クロムウェル伝』に事寄せて、「明治の青年」たちを覚醒せよと呼びかけているのである。

陸羯南の忠言

ところが、同紙第二号（二月十三日付）には陸羯南の「三宅雄二郎氏に与へて新聞記者を辞せしむる書」が掲載され、こう始まっている。「僕足下の新聞記者と為れるを聞くや窃に其の任に非るを恐る丶なり」。三宅は新聞記者に向かないというのである。そして、自分も「新聞記者の材」ではないと告白し、「足下僕と稍々臭味を同くする」ので「足下も亦た新聞記者の材にあらざるや疑なし」と断言する。さらに、今日の新聞記者に要するものとして以下の七点を挙げる。

一に曰く生活は華美なるを要す
二に曰く動止は敏捷なるを要す
三に曰く交際は円滑なるを要す
四に曰く容貌は都雅なるを要す

五に曰く言語は爽快なるを要す
六に曰く応対は軽妙なるを要す
七に曰く文章は婉曲なるを要す

そのうえで陸は三宅に問いかける。「僕私に思へらく足下は僕と共に七具皆な欠く所の人なりと。豈に然らずや」。陸によれば、「今日の新聞記者は所謂る人気商売の一種」であり、三宅が初号以来掲げている「摯実の二字は新聞記者の大敵」だという。

この陸羯南の忠言は、なかば真意に出たものとして、なかば当時の新聞および新聞記者に対する批判として読むことができよう。これに対して三宅は『江湖新聞』次号（二月十四日付）以降「陸実氏に答ふるの書」を連載して、自分は陸の列挙するような「新聞記者」にはならないとして、次のように結ぶ。

仮令江湖新聞は小なるにせよ、陋なるにせよ、暫く鬱結せる感慨を露出するの具と為さんと欲す。

志賀重昂（左）と陸羯南（右）

「直進して大呼すべきのみ」

顧みるなく、伏すなく、直進して大呼すべきのみ。人の聴くと聴かざるとを慮るに遑なし。況や所謂新聞なる者の体面を整ふるに於ておや。（同前二月十六日付）

陸の忠言に接して吐露した右のような三宅の新聞観は、その後長く彼が記者や、ときには主筆として新聞や雑誌に関わっていく際の基本的な姿勢になったといえよう。

四月に入り、愛知県で行われた陸軍大演習の観戦に三宅が出張すると、『江湖新聞』から「言行は摯実を要す」の文字が消えることもあった（四月八日には復活）。八文字の信条への強いこだわりが感じられる。同紙は五月二十八日までは順調に発行されていたが、『日本人』第四八号（六月三日付）「時事日抄」によれば当日発行した第八九号が発行停止処分を受けた。これを機に『江湖新聞』は六月十一日に廃刊、三宅もその直後に退社することになったらしい。第一回衆議院総選挙の直前のことであった。

執筆意欲の昂まり

結果として創刊からわずか四ヵ月余だったにせよ、主筆として日刊新聞の筆政を掌ったことは、三宅の生涯にとって大きな転機を招く出来事であったと考えられる。六月十四日付の『日本』雑報欄に掲載された「与二陸君一陳情書」では、「四月の間、鄙野の紙面多少の刺激ありしこと、足下之を知るならん。僕甚しく愧ちざるなり。敗軍の将時に語るべし。僕指す所あるも、未だ機の熟するを見ず、乞う暫く足下の新聞の一隅を割譲せんことを」と述べ、自ら紙面の提供を求めているのである。実際、以後の同紙上には三宅の四〇〇字前後の短文が連日掲載される。

一方、かつて三宅の針路について心を砕いていた元東京大学総理の加藤弘之が、前年創刊した政論雑誌『天則』の時事欄にも、七月十七日付発行の第三巻第一号から三宅は毎号執筆することになる（『天則』については、田中友香理『〈優勝劣敗〉と明治国家』の第四章参照）。これも短いものはわずか二行という一種のアフォリズムというべき短文がほとんどである。さらに、政教社設立の「同志」辰巳小次郎を主筆に同年十一月十七日に初号を出した『国華新聞』の学術・教育・批評担当記者になり（ただし「西郷南洲伝」を第五回まで連載したところで辰巳とともに退社した）、本拠地の『日本人』も同月二十五日発行の第五九号からは週刊化する。初めての総選挙から十一月二十九日の帝国議会開会という政治日程のなかで、従来にも増して新聞・雑誌メディアが活性化し、三宅の執筆意欲もこれまで以上に昂まっていたといえそうである。

雪嶺と号す

そのようななかで、同年十二月十五日付の『日本』寄書欄に掲載された「兆民羯南の両居士に告ぐ」の署名で、初めて「雪嶺翁」を用いているのが注目される。翌十六日発行の『日本人』第六二号掲載の「伊藤春畝を送る」「一々学人に望む」でも「雪嶺翁」を用いている（翌十七日発行の『天則』第三編第六号の雑録「学生」でも「雪嶺翁」を使用）。おそらく原稿段階での署名としては本拠地の『日本人』の方が先であったろうが、この時期から生涯にわたって使用する「雪嶺」の雅号を使い始めたことは、ことさら重視されるべきであろう。満三十歳にして「翁」というのは、今日の常識では理解しがたいものの、ある心境の変化、新聞・雑誌記者としての自覚が強く意識されたことが〝三宅雪嶺〟誕生の背景にあったのではないだろうか。

大学在学時から、哲学の「研究」か、時事の「評論」かで迷っていた三宅の針路は、ここでさらに一歩後者すなわち「評論」に傾いたように思われるが、そう断言するのはなお早計であるようにも思われる。記者を選びきったわけではないことは、そもそものちの回想によれば第一回の総選挙に立候補する気持ちも少しはあったようだし（被選挙年齢の問題であきらめたらしい。このとき杉浦重剛は当選し、辰巳小次郎は落選している）、伊藤博文から井上毅を介して三宅に衆議院書記官就任の打診があったというのも、精確な時期は特定できないが、おそらくこの前後のことであったと推測される（「政府の恩恵」『我観』改二、大正十三年〈一九二四〉八月一日付では「明治二十二、三年、友人加藤（加藤秀一）（加賀が改姓—引用者）氏が井上毅氏（後に子〈子爵—引用者〉）の旨を齎（もたら）し」たとなっている）。

そのほかにも三宅は、すでに紹介した東京専門学校と哲学館だけでなく、中村敬宇の同人社（どうじんしゃ）や政教社「同志」の中原貞七が校長の成立学舎（せいりつがくしゃ）、棚橋一郎が設立した郁文館（いくぶんかん）をはじめ、高等普通学校その他の教員も兼ね、さらには文官受験予備学会の名誉会員や法政学会協賛員なども務めていた。最後の二者は「文官普通試験通信講義録」で歴史を担当していたこととあわせ、『日本人』誌上で「官吏の辞職は身の為なり国の為なり」と主張していたことと矛盾しかねない。要するにまだ、記者たることと議員や書記官、とくに私立学校の教員であることは、三宅のなかで渾然と同居していたといえよう。

『哲学涓滴』と関連書の発行

政教社設立の「同志」に名を列ね、雑誌や新聞に精力的に論説や短文を執筆していた三宅であったが、並行して哲学関連の著書も出版していた。すでにウォードの『動態社会学』を訳出・刊行していたことは前に述べたが、その後も刊行順に挙げると、明治二十二年一月には『論理学』（三宅雄二郎口述・利光孫太郎編輯、横田敬太発行。東京専門学校の講義録であろう）、同年十一月には『哲学涓滴』（文海堂）、翌二十三年九月には前年とはまったく別内容の『論理学』（文学社）、さらに哲学館講義録として同年十一月から翌二十四年十月印刷出版の『希臘哲学史』（三宅雄二郎講述、哲学館）、発行年月不明の『近世哲学』（三宅雄次郎（ママ）講義・田中泰麿筆記）などの書物が陸続として上梓されたのである。

このうち『哲学涓滴』は、ベーコンからヘーゲルに至る西洋哲学史の概説書であり、緒論第一章は明治二十二年七月三日付発行の『日本人』第二八号に掲載されていた。前述したように、大隈条約改正反対運動が最高潮を迎えようとしていたタイミングである。内容は凡例に明示されているとおり、いずれもドイツの観念論哲学者であるA・シュヴエーグラーとK・フィッシャーの『哲学史』から材料を取ったものであり、両書が東京大学時代にフェノロサの哲学史講義のテキストになっていたことをあわせて考えると、自己の哲学の出発点を探るための習作と位置づけられる（『政教社の研究』）。

明治二十四年は、第一議会における軍備拡張予算案をめぐる藩閥政府たる山県有朋内閣と衆議院で過半数を占める民党の対立で幕を開けた。立憲制の確立と反藩閥の立場を掲げてきた雪嶺と『日本人』は、「第二維新」の実現を目指し政府と議会双方をときには叱咤し、ときには激励する議論を展開してきた。前年暮れの週刊化以来「依然として国粋顕彰」を旗幟に掲げ、一月二十七日付発行の第六八号が、おそらく巻頭社説「衆議院の豪傑奚ぞ軍人の心を収攬せざる」（前年来行動を共にしてきた谷干城や三浦梧楼ら反山県系の将軍連と、衆議院内の民党との連携を提議していた）によって発行停止処分を受け、次号の発行は約二ヵ月にわたって許されなかった。

この間に書かれたのが『真善美日本人』（三月三日付発行）であり、続く四月七日付発行の『日本人』第七一号による発行停止処分中に書かれたのが『偽悪醜日本人』（五月三十日付発行）であった。『真善美日本人』冒頭凡例の「自国の為に力を尽くすは、世界の為に力を尽すなり、民種の特色を発揚するは人類の化育を裨補するなり、護国と博愛と奚ぞ撞着すること有らん」の一節によって、かつては「真に明治二十年代のナショナリズムの遺した古典といわれるべき作品」（鹿野政直「ナショナリストたちの肖像」）と評価されてきた二著であるが、それまで「国粋主義」について目立った発言をしてこなかった雪嶺の思想的見地が形を変えて示されることになった著作であるとみることができる。

「国粋主義」の総括

二著に結実する雪嶺の「国粋主義」思想は、すでにこの年の新年号に該当する『日本人』第六五号の巻頭社説「新年に際し日本人の地位を論ず」（無署名、ただし雪嶺執筆と推定）において明らかにされていた立場を敷衍したものとして読むことができる。

> 夫れ「日本人」と称する此の冊子に於て、余輩が従来満天下の志士と相語りし所の者は何如。嚮には国粋保存といひ、更めて国粋顕彰といふ、皆日本人が特有せる性格稟質を発揚して、謂ゆる日本人をして自から知るの明を具へしめ、全世界の文明に於て負担すべき一職分を尽さしめんとするなり。

さらに、同年三月九日付発行の『天則』第三編第九号の時評「日本国日本人」でも、「日本人が大に其の特能を伸べて、白人の欠陥を補ひ、真極り、善極り、美極る円満幸福の世界に進むべき一大任務を負担せるや疑ふべからざるなり」と論じていた。これらを受けて、『偽悪醜日本人』の末尾では次のように主張する。

> 我れや国を開て欧米と交通せしより僅に三十年、所謂世界文明後進の国土なれば、所謂先進文明の国たる欧米の新事物を容るゝに急なるは勿論なりと雖も、而も静か

に二千年来の発達を稽査するに、風俗習慣、礼文芸術、他人と交際するに於て敢て甚だしく恥るにも及ばざるなり。大凡社会の事物たる、他を模倣せんよりは、自国固有の特質を発達せしむるの優たることあり。蓋し我国固有の風俗たる、奚ぞ悉く抹殺すべきものならんや。……模倣の極りや、只だ国をして劣等なる欧米とならしめ、民をして劣等なる欧米人とならしめ、以て欧米国民中の賤劣なる種族を増加するに過ぎず。嗚呼是れ果して天地を育載せる造化の希望なるか。

当時の日本を世界文明の後進国と認めながらも、先進国の欧米を模倣するのではなく、自国固有の特質を発達させてゆこうというのである。この一節は、明治二十一年に雑誌『日本人』を創刊して以来の、政教社による「国粋主義」の主張の雪嶺なりの総決算として読むことができる（長妻三佐雄『三宅雪嶺の政治思想』）。

「国粋主義」の終焉

しかしながら、これ以降、政教社の「同志」たちが「国粋主義」を語る場面はほぼ見られなくなる。『真善美日本人』を評した『女学雑誌』第二五七号（三月二十一日付発行）が「曩に侠骨隊列して国粋論を喝破したる面々も、今は何となく旗色さめ気に見ゆる折柄、三宅君独り雄志勃々たりと云ふべし」と述べているように、雪嶺の著書はむしろ久しぶりに現われた「国粋論」として読まれたのである。『日本人』第七二号（五月二十六日付発行）の無署名社説「攘夷的精神」では、「今や西洋尊崇の熱気頗る退き、国美を重じ、国粋を重ずるの風、朝野の間に勃起せしも、細かに其の由りて来る所を探究すれば、憮然たるもの豈に決して鮮少なりとせんや」と、なお警戒の念を示している。だが、明治二十四年になると、すでに述べたような極東に「欧洲的一新帝国」（『世外井上公伝』三）を造出しようとする第一次伊藤博文内閣当時の「欧化主義」の風潮はもはや退き、かの鹿鳴館（ろくめいかん）も同二十三年には華族会館に貸し下げられていたのである（払下は同二十七年）。

アジアへの転回

「国粋」に代わって政教社の筆鋒を染めたのは、「亜細亜」をめぐる議論であった。すでに前年終わりごろから『日本人』誌上にはアジアに関する論説が現われるが、その傾向は年が改まると加速化したようにみえる。背景には、第一議会における山県首相の施政方針演説で「主権線」の「守禦」に加えて、より積極的な「利益線」の「防護」を訴え、我が国の主権を守るために朝鮮半島を支配下に置くべきだと主張したこと（明治二十三年十二月六日）、ロシアでシベリア鉄道建設が起工されたこと（同二十四年三月二十九日）、稲垣満次郎（いながきまんじろう）の著書『東方策』第一編が刊行され（六月二十二日付）、にわかに「東方問題」（Eastern Question）がクローズアップされてきたことなどがある。この間、五月十一日には来日中のロシア皇太子に対する刃傷（にんじょう）事件である大津（おおつ）事件も発生している。

『日本人』第七一号（四月七日付発行）の無署名社説「朝鮮の存亡と日本」では、「嗚呼朝鮮半島は、亜細亜のバルカン半島なり」として、「朝鮮の存亡は亜細亜の安危に関し、而して之れを得るものは覇となりて雄飛し、取らざるものは奴となりて雌伏せん」という見通しを述べている。

これらを受けて『日本人』は六月二日付発行の第七三号で廃刊し、新たに『亜細亜』なる雑誌を刊行することになった（しかし、従来三宅の著作とされてきた明治二十三年の『日本人』に三回にわたって分載された「亜細亜経綸策」が、大陸浪人のはしりとでもいうべき尾本寿太郎の著作であることは『明治の青年とナショナリズム』で論じた）。

なお、雪嶺の『日本人』二著の巻首の凡例には、内藤虎次郎と長沢説に口授・演述して文字化したもので、全体の責は雪嶺にあるが、文字の責任は二人が負うものであると明示されている。これをどのように考えたらよいであろうか。

そもそも雪嶺の文章は、後年の『日本及日本人』の題言（一頁の巻頭言）や野依秀市の『帝都日日新聞』に一日おきに連載されたエッセイなどは自分自身で筆記したが、その他は基本的に口述筆記されたもので、筆記者としては当初は内藤や長沢、彼らが他紙の記者として自立すると八太徳三郎や稲垣伸太郎ら雪嶺側近ともいうべき古参記者、晩年は事故で早世した長男勤の未亡人美代子や、孫で中野正剛の第四子泰雄などの身内が、その役を務めたという。

問題はこの口述筆記が「代筆」に当たるのかどうかということである。

従来もとくに内藤湖南との関係において、論者によっては雪嶺の思想のオリジナリティに疑問を呈する向きもあったが、一方で雪嶺は新聞や雑誌の校了ぎりぎりまで文章に手を入れるので文選工泣かせであったという証言もあり（『一老政治家の回想』）、これによれば自身の文章への強いこだわりが感じられる。戦後の昭和二十五年、かつて政教社の同人であった寒川鼠骨（正岡子規門下の俳人）が日本新聞時代の三宅を、「無遠慮に改められるので、組版の方でも校正係の方でも迷惑千万で、困る〳〵と蔭で不平をこぼすが、翁（三宅雪嶺）の真剣味な推敲に対し、面と向つて不平を言い得るものは無かつた」（「雪嶺翁追憶」戦後『日本及日本人』一―三）と回想している。

また、明治三十年に雪嶺の名で刊行された『冒頓』（政教社）について、晩年の雪嶺を知る柳田泉は「実に痛快な書で、文学者としての先生（三宅雪嶺）の大きな心胸を、この位自由に縦横に開いて示したものはない」（『哲人三宅雪嶺先生』）と評しているが、内藤湖南直門の宮崎市定（京都大学教授）によれば「いま実際に『冒頓』の内容を検討すれば、雪嶺の風貌は殆んど認めることが出来ず、全編が湖南の運筆に間違いないという感じを受ける」（『独歩吟』）とし、検討の結果、湖南作は「明白」だとしている。

最近では高木尚子による、内藤湖南の側から、主として父宛書簡を使用してこの代筆問題に斬り込んだ研究が注目される（高木智見『内藤湖南』）。これらをふまえると、あまり細かい用字・用語法にこだわって雪嶺の論説に分析を加えていくことの意味は乏しいものの、論説の趣旨や内容の一貫性、あるいは中長期的な主張の変化に見られる思想の変容を検討するうえで、雪嶺記名の文章の価値はいささかも減じるものではないと断じることができる。本書の以下の叙述も、このような基本的姿勢で進めたい。

三　南洋巡航と花圃との結婚

政教社の雑誌『亜細亜』は明治二十四年（一八九一）六月二十九日付で創刊された。引き続き週刊で発行されたが、それまでの『日本人』と大きく違うところは、当初、編輯人に志賀重昂、発行人に今外三郎、そして印刷人に三宅雄二郎という、政教社結成の「同志」が名を列ねたことである。

翌三十日付の新聞『日本』は、「学士の肩書さへある人々が政治的雑誌に署名して法律上の責任を負ふなどは条例ありて以来の珍事なるべし」と評した。いうまでもなく、政論を掲載する新聞や雑誌は新聞紙条例の規制を受けたが、それに加えて例えば刑法上の官吏侮辱罪などに問われると、編集人や発行人が起訴・収監される可能性もあるため、多くの場合、社の事務員や給仕などを言い含めたうえで編集人などに据えておくのが、当時の新聞・雑誌界では常識になっていた。つまり、学士である「同志」が名を列ねるということはきわめて異例であり、彼らの言論活動に対する強い覚悟がうかがえる。

また、前月すなわち五月二十八日付の新聞『国会』の社告「国会新聞拡張広告」には、「健筆を以て世間に聞ゆる文学士三宅雄二郎氏を特別客員に請嘱し、論説に従事せらるゝこととなり、……東洋の「タイムス」たるの名に負かざらんことを期す」とあるように、雪嶺の「健筆」には大きな期待が寄せられていた。

比叡便乗の経緯

そのようなときに、忽然と湧き起ってきたのが、雪嶺が海軍の練習艦「比叡」に便乗して南洋を回航するという話であった（以下、『明治の青年とナショナリズム』）。この南洋巡航については、自伝や伝記でもほとんど触れられることがなく、そもそもどうして「比叡」に便乗することになったのかという経緯が一切わからない。

したがって、以下は周囲の状況からの推測にすぎないが、第一に、雪嶺の関心としては、すでに述べたように、日本の「国粋」から人類文明に対する日本人の貢献へと視圏が拡大しつつあり、同年七月七日、東洋諸邦および南洋諸島の講究を目的に設立された東邦協会の評議員に就任していることである。しかし、この南洋巡航は東邦協会からの派遣ではないようである。

第二に、雪嶺に南洋行を促し、実際の交渉に当たったのは志賀重昂だったらしく、雪嶺はいわば背中を押される形で出発したように思われることである。ところが、雪嶺の便乗は容易には決まらなかったようで、志賀が筆政を掌る『国会』は、「比叡」解纜（かいらん）の四日前の九月十六日になってようやく次のような社告を掲げた。

「文学士、特派」

今回軍艦比叡遠洋巡航致候に就ては、本社は文学士三宅雄二郎氏を特派致候に付、其途中の紀行、観察、所論等は続々本紙上に掲載すべし。

この記事によれば、雪嶺の南洋巡航は国会新聞社からの「特派」ということになる。

翌十七日付の『日本』は「文学士、特派」なる雑報を掲げ、そのなかで「昨日の三宅君は文学士を鼻にせず、特派を殊栄とする男に非ざりしが、今日の三宅君は南航の為めに一変せし歟（か）」と述べ、前日の『国会』の記事を揶揄している。雪嶺本人は出発まで黙して語らず、志賀の認識は必ずしも雪嶺とは一致していなかったのか、羯南（実際の執筆は古島一雄あたりか）の皮肉が雪嶺の思いを代弁していたのか、出発後の雪嶺が『国会』に記事を寄稿していないことを見ると、「文学士、特派」は雪嶺の意に染まなかったと考えられる。

外務省外交史料館に残る記録ファイルによると、雪嶺に旅券が発給されたのは右の記事と同日の十七日、つまり出発の三日前のことであった。旅券の渡航地欄は「比叡艦ニ便乗　南洋地方」となっていた（『海外旅券下付（付与）返納表申達一件』）。

比叡の航路

南洋巡航日程表

地　名	到着日	出港日	碇泊日数	備　考
品　海（品川）		9月20日		
北緯26°26′ 東経149°2′ マリアナ諸島東海域	10月 3日			颶風に遭遇 船体破損
北緯18°57′ 東経147°50′	10月 5日			グアム島へ向かう
グアム島	10月 8日	10月17日	9日	スペイン領　修理
ニューブリテン島	11月 1日	11月 7日	6日	ドイツ領
ブリスベーン	11月21日	12月 5日	14日	イギリス領
シドニー	12月 9日	12月29日	20日	同上　邦人30余
メルボルン	1月 4日	1月21日	17日	同上　邦人20余
ニューカレドニア島	2月 5日	2月10日	5日	フランス領 邦人600余，広島丸で到着
ニューギニア島	2月22日	2月25日	3日	
スル島	3月 8日	3月11日	3日	
マニラ湾	3月15日	3月22日	7日	スペイン領
香　港	3月26日	4月 2日	7日	
品　海	4月10日			

出発の前々日の十八日午後六時から、神田の開花楼で送別会が開催された。発起人は外山正一、坪内雄蔵、井上哲次郎、井上円了、今外三郎、志賀重昂、鈴木萬次郎の七名、幹事は志賀で、要するに政教社と東京大学文学部の人脈であった。

慌ただしく「比叡」艦上の人となった雪嶺であったが、防衛省防衛研究所が所蔵する旧海軍省文書のなかに残る報告書によって航海の日程を示せば表のようになる（明治二十五年『公文備考』

三、演習・艦船上)。この報告書は、帰国後に森又八郎艦長から樺山資紀海軍大臣に提出されたものである。

そもそも「比叡」は、呉鎮守府に所属する鉄骨木皮構造、帆走汽走併用の練習艦で、明治十一年に英国で巡洋艦として建造され、排水量は二二五〇トン、全長六七・一メートル、最高速力は一三ノットであった(海軍有終会編『幕末以降帝国軍艦写真と史実』)。今回の航海目的は、海軍兵学校卒業生の練習航海である。同乗者には、のちの日露戦争で「軍神」となる広瀬武夫少尉、少尉候補生のなかには昭和初期に海軍大臣となる安保清種、軍令部長となる加藤寛治らがいた。

実は当初、「比叡」の予定航路にオーストラリアは入っていなかった。同地が寄港地に加わった経緯が、「比叡」の航海のもう一つの目的を教えてくれるであろう。外務省外交史料館の別の記録ファイルによれば、メルボルン駐在の日本外務省名誉領事A・マークスから、同年七月八日付で榎本武揚外務大臣に宛てて、オーストラリアでは連邦国家建設の動きのなかで東洋人排斥の傾向が見られるので、軍艦をもって示威行動をする必要があるという機密信が送られてきたのを機縁としていたのである(『帝国練習艦隊関係雑纂』)。一連の交信のなかで「「兵力」示威」の原文は「show of "force"」となっていた。

雪嶺の南洋巡航が、十九世紀最後の国際政治のリアリズムのなかで敢行されたことは確かなのである。シドニー寄港時、アメリカの探検家で晩年は英国下院議員になるH・スタンレーの演説を雪嶺は直接聴いたという（『初台雑記』）。当時の南洋は、欧米列強による植民地獲得の最後の角逐場となっていたのである。

では、雪嶺は南洋で何を見て、何を獲得したのだろうか。前述したように、この間、本拠地の『亜細亜』にも、彼を「特派」した『国会』にもほとんど記事を送らなかった。それら数少ない記事と同乗者が送った書簡や逆に日本から送られた書簡などによって、南洋航海中の雪嶺の様子を航路順にうかがってみよう。

颶風に遭遇

第一に、出航後間もない十月三日から五日にかけてマリアナ諸島近海で台風に遭遇し、帰国後『国会』に投じた「題図」なる記事によると、「忽ち波濤山嶽を崩すが如く落来り、艦体傾くこと六十九度。噫嘻、比叡艦遂に覆没せんか」（明治二十五年五月十五日付）というときに、雪嶺の頭に去来したのは「死」と「生」、「真善美」と「宇宙」、「意識」と「夢幻」などの問題であった。このときの体験は、出航前から独自の哲学体系の構築を模索し始めていた雪嶺に大きな痕跡を残すことになったと考えられる（後述）。

同乗の海軍士官によって書かれ、記事に掲げられた図がある。「比叡」は修理のためグアム島にしばらく停泊することになった。

南洋の雪嶺

第二に、そのグアム島から同乗者の一人が『国会』に送った記事によると、雪嶺は

颶風に遭遇した「比叡」（三宅立雄氏所蔵）
カッターボートが流されているのがわかる

「上陸して土人の茅屋に入り、只管土人と交際して、打ち笑みながら此輩もヅルキ奴になりたる哉と謂ひつゝ、且つ日に椰子の実の汁を啜り、檸檬其他の柑類を喰ひ余念なき様」（同年十二月三日付「三宅雄二郎氏の状況」）だと伝えられた。そして「マダ何にも書くことがない」と言って、書簡すら認めなかったという。

第三に、メルボルン滞在中の雪嶺の手許に届いたと推測される志賀重昂の書簡によれば、『亜細亜』や『国会』の発行部数や同志をはじめ関係者の動向、さらには国内の政治状況などが詳しく報じられていたことである。例えば十二月九日付の書簡よれば、同志たちの様子は次のように伝えられている。

棚橋（棚橋一郎）氏は依然。辰巳（辰巳小次郎）氏は東京市水道布設中止にヤツキとなりて到る処にて演説中にて候。昨今は熱の沸騰点に達し居れり。井上（井上円了）氏無異、陸（陸羯南）氏如旧、宮崎（宮崎道正）氏亦然り。

三宅宛志賀書簡の挿絵
（三宅立雄氏所蔵，流通経済大学三宅雪嶺記念資料館提供）

杉浦氏（杉浦重剛）は教育之外は他に関せずと、世上之問題に一切無関係……（三宅家所蔵、流通経済大学三宅雪嶺記念資料館寄託）

この書簡に描かれている南洋における雪嶺を茶化した志賀による戯画（ぎが）が上図である。高利貸（氷菓子すなわち「Icecream」）から逃れて「Happy」というわけである。

総じて雪嶺の南洋巡航は、内地との綿密な連絡のもとに行われたが、本人は実地の観察を重んじ、それを記事にすることには慎重だったといえよう。

六ヵ月を超える航海から帰国した雪嶺が東京湾に入ると、東京上空が朦々たる煙に覆われているのが見えた（三宅談「『日本人』と『日本新聞』」『宮崎道正伝』）。明治二十五年四月十日の神田大火である。焼失範囲には、政教社と関係の深い熊田活版所、書店・版元の敬業社、東京英語学校が含まれる

（『日本』同年四月十一日付）。この火災の状況は、「書生の巣窟を一掃して尽くし……焼出されの書生諸君は、僅かに持出したる赤ゲットに科業の書物幾分をか包みて、己がじし駿河台、麹町、仲猿楽町等へ避難せしにぞ」（同月十二日付『東京日日新聞附録』）と伝えられている。政教社は、設立の物的基盤と支持基盤を二つながら失ったのであった。

実はその前後、『亜細亜』は第二回総選挙当日の二月十五日に発行した第三四号の記事により発行停止処分を受け、編輯兼発行人の畑山芳三（呂泣と号する）は罰金と禁固刑を受けることになり、五月二日まで次号を発行できなかった。帰国した雪嶺は「評論」の本拠地を失っていたのである。

これ以降、政教社設立の「同志」たちは、あるいは教育界に（杉浦重剛、松下丈吉、中原貞七、井上円了、加賀秀一）、あるいは実業界に転じ（杉江輔人、菊池熊太郎）、今外三郎は結核で死去した（明治二十五年三月二十七日）。すでに名前を挙げた内藤湖南、畑山呂泣、長沢別天ら「罔両窩同人」を自称する、設立時の「同志」たちより若干若く学士の称号を有さない第二世代の社員たちが編集の実務を担うようになると（他に浅水南八や後藤忘言ら）、政教社の組織に変化の様相が顕著となってくる。元来、政論雑誌の発行は学士たちの生活を支えるには、あまりに利益が薄く、かつ不安定だったのである。雑誌の発行も、日清戦争後まで試行錯誤としか言いようのない状況が続く。

変貌後の政教社は〝志賀・三宅二頭制〟とでも呼ぶべき体制で、『亜細亜』第六一号（明治二十五年十月十七日付発行）の表紙からは、ついに創刊号から続いていたトンボ（＝あきつ＝秋津洲＝日本の象徴）の絵がなくなり、同二十六年四月十五日発行の『亜細亜』第二巻第三号からは、表紙に「三宅雄二郎執筆　志賀重昂執筆」と明記するようになって、組織の変貌を広く読者も知ることとなった。

田辺花圃との結婚

南洋から帰国した雪嶺は、私生活のうえでも大きな転機を迎えることになる。田辺龍子（本名たつ、花圃と号する）と結婚することになったのである。同年十一月十九日に小石川植物園で披露宴を開いた（後年の『婦人之友』五―五に花圃の日記が紹介されている）。

花圃は、幕臣出身で外務大書記官・駐清代理公使を経て元老院議官を務めた田辺太一（蓮舟と号する）の長女で、明治元年に東京と改称される前の江戸で生まれた。女子師範学校附属高等女学校などで学びつつ中島歌子の歌塾「萩の舎」で和歌を習い、雪嶺たちが「国粋主義」を標榜する言論活動の対抗価値に据えた「欧化主義」の象徴である鹿鳴館の夜会に出席したこともある、いわば名家のハイカラな令嬢である。

二人の間を取り持ったのは、キリスト者で明治女学校校長にして『女学雑誌』を主宰する巌本善治と、『小公子』の翻訳で知られる若松賤子の夫妻であった。雪嶺の自伝によれば、南洋航海に出発する前に巌本から花圃との結婚を持ち出され、帰国後に明治女学校の廊下で顔を合わせたのがお見合いであった（『大学今昔譚』）。花圃は一時、明治女学校に生徒として在籍していたことがあったし、『女学雑誌』の記者を務めていた時期もあった。巌本と花圃の父田辺太一は、苦界の女性を救済する全国廃娼同盟で行動をともにする間柄であり、明治二十三年ころから雪嶺もこの運動に関係し、明治女学校に出入りしていたことなどが、巌本夫妻が雪嶺と花圃の双方を知り結婚をもちかける契機となったのだろう。

『藪の鶯』

花圃は名家のハイカラな令嬢というよりも、明治二十一年六月、坪内逍遥の推薦のもと『藪の鶯』（金港堂）という小説を発表したことによって、すでに広く世に知られる存在であった。今日でも女流小説家の草分けとして評価されている。

『藪の鶯』は鹿鳴館の夜会の場面から描き出される。主人公は篠原子爵家の令嬢浜子、その友人が女学校の同窓で花圃その人が仮託されている服部浪である。全体の結構は、浜子の兄で洋行帰りの勤（のちに誕生する雪嶺と花圃の長男の名前となる）、文学士で大学助教の宮崎一郎とその妹、官員の山中正とその妻貞をはじめ一〇名以上の登場人物が織りなす群像劇であり、下田歌子などは実名で登場し、それぞれのモデルの特定も不可能ではない逍遥好みの写実小説である。一方で、軽佻な欧化主義への批判も書かれている。なかでも、浪が女学生たちとの会話のなかで次のように語っているのは、それから四年後になる雪嶺と花圃の結婚を予言しているようにも読める。

サウネー。私しは文学が好ですから。文学士か何かの処へいつて。御夫婦ともかせぎにするワ。

雪嶺との結婚は、花圃にとって夢あるいは理想の実現という側面もあったといえよう。ともに文名の高かった二人の結婚ということで、当時の新聞は挙って婚礼について伝えた。例えば十月三十一日付の『読売新聞』は、「当世の奇丈夫」と「女流随一の小説家」の結婚で、「一対の好夫婦」が誕生するだろうと報じている。

両家の実情

もっとも雪嶺の回想によれば、お互いもっとよいところから相手を選ぶべきだと言われたらしい。すでに紹介したように、雪嶺は兄や友人の借金の連帯保証人として高利貸に返済を迫られる立場にあったし、花圃の方も、父太一の借金が嵩（かさ）んで生活苦に陥り、亡兄太郎一（たろかず）の一周忌を営む費用を捻出するために『藪の鶯』を書いて三三円二〇銭の原稿料を得たというから、双方ともに金銭面では苦境にあった。

太一と同じ時期に元老院議官であった西周の明治二十二年の日記（国立国会図書館憲政資料室所蔵「西周関係文書」）には、たびたび借金を申し込む太一に対して、ついには「田辺太一、又拾円の無心を申越す。之を断る」（四月九日条）という事態に至った経緯が記されている。いつごろのことか、柳橋（やなぎばし）や吉原（よしわら）の芸者は田辺太一の席に侍らないことを「恥」

とするほどであったという豪遊ぶりが、窮乏の理由の一つだったろう（乙骨太郎乙「回顧六十余年」『日本及日本人』六六六）。

樋口一葉の観察

結婚後の二人は番町の田辺家の近くに新居を構え、間もなくして田辺家に同居することになった。二人の結婚について中島塾の後輩樋口一葉は次のように書き残している。

三宅雄次郎といへば世にはたゞ木のはしなどのやうにおもひて仙人とさへいふめり、さるをこの君のよにめづらしきまで才たかきをむかへたまふなる、猶たゞ人にはあらずとて目をおどろかす人々多し、（「道しはのつゆ」十一月十一日条）

世間では雪嶺を「木のはし（木端）」すなわちつまらないもの、もしくは「仙人」つまりは浮世離れしたもののように言うが、一方では才能にあふれる花圃を妻に迎え「たゞ人」ではないという評判で人々を愕かせているというのである。ついで十二月二十六日に、用事で花圃を訪ねた一葉は、たまたま居合わせた雪嶺と対座したときの様子を、「彼れにこと葉なし、これに詞なし、初対面は窮屈なるものにてはては困じて次の間に入られぬ」（「よもぎふにつ記」）と記した。さすがは一葉の筆というべきか、沈黙の重圧に耐えきれず隣室に逃れた雪嶺の姿を想像させられる。

「有力な生涯の内助者」

花圃との結婚は雪嶺に、明治八年に金沢を出て以来一七年を経て、東京における健康で明るい家庭生活をもたらした。一葉のいう「才たかき」花圃を迎えたことで、晩年の二人を知る伝記作者柳田泉によれば、雪嶺にとっては「有力な生涯の内助者」（『哲人三宅雪嶺先生』）を得たということになろう。家政もしだいに整い、結果として五人の子どもにも恵まれ、書簡の代筆など交際上の補助にとどまらず、社交的な花圃のおかげで雪嶺の周りには多くの人が集まるようになった。

さらに、田辺家の関係で旧幕臣の内務省地理局長・初代中央気象台長を務めた荒井郁之助、外務省通商局長・ハワイ総領事を歴任した安藤太郎、琵琶湖疏水を開鑿した京都帝国大学教授の田辺朔郎、赤坂離宮の設計者で宮内省御用掛の片山東熊などと親類になったことは、雪嶺の反藩閥の姿勢とも関わり、晩年に「同時代観」を執筆する際の歴史観にも影響を及ぼすことになったのではないかと思われる。岳父田辺太一は、旧幕府外国方出仕者でつくる昔社の盟主であった（以上、原田朗『荒井郁之助』、逢坂信忢『荒井郁之助伝』、西川正治郎・山田忠三『田辺朔郎博士六十年史』ほか）。

四　雪嶺哲学の原型

南洋巡航から帰国後の雪嶺が取り組んだことの一つが自身の哲学の構築であった。「我観小景」の連載は、明治二十五年（一八九二）八月二十九日付発行の『亜細亜』第五四号から約一年ぶりに再開された。題して「死」。用語も内容も難解な文章であり、政論雑誌にはふさわしくないテーマであるようにも思われる。これらを南洋巡航前の同誌上に掲載していた分と合わせて、『我観小景』（政教社）として上梓したのは結婚の前月、十月十三日であった。

「敢て哲学全体に就て、縦（ほしいまま）に私見を加え、諸（これ）を大方に質（ただ）さん」とする同書は、まず哲学を定義したあと、「我」にとって最も身近な覚醒と夢幻という観念をめぐる考察に死を介在させて、身体と「宇宙」にはともに心意があるとし、それらの物体も滅を免れないという構成になっている。人の身体が死によって元素に分解するように、「宇宙」の勢力も永久に存在することから類推して、「宇宙」と人類の関係については、次のように述べていることが雪嶺思想の展開上重要であろう。

> 人類は実に宇宙に生れて宇宙に死する者たり、其思想も宇宙と共にする者なれば、人々の思惟する所に従ひて起る所の勢力は、何処（どこ）かに相伝へて遂に消滅するの期あるべからざる也。斯（こ）の絶大なる宇宙も已に能く活動して心意を有す、（『我観小景』）

学生時代からの思索が一つの帰結を迎えようとしていた。こうした考え方の基礎に、自然科学の成果である元素論やエネルギー保存の法則があることはいうまでもない。自由や平等、真善美などの諸価値も、死後の世界でのみ絶対的なものになるという。

同書に対しては、例えば『哲学雑誌』には元良勇次郎の、『六合雑誌』には大西祝の書評が掲載されたほか、『亜細亜』第五八号（九月二十六日付）にはまだ連載途中の段階ながら得能文の書評が載っている。得能によれば、三宅の所説にはショーペンハウエルと荘子の影響が見られるという。

前に述べたように、学生時代の三宅はフェノロサの哲学講義に触発されながら、多くは図書館における独学でカントからヘーゲルに至るドイツ観念論哲学と、イギリスの哲学者スペンサーの哲学原理の融合を目指していた。それらに加え、『我観小景』における、とくに宇宙論の展開から考えると、卒業後に接したと思われるロッツェの哲学の影響と、後述するような翌明治二十六年に刊行される『王陽明』に結実する陽明学研究が結合されたところに、雪嶺哲学の原型の形成を見ることができる。『日本人』の創刊以来生活の中心になっていた時事の「評論」に対して、大学卒業時に選択に迷った「研究」の領域がなお確保されていたのである。

『我観小景』の世界

柳田泉は「『我観小景』は、いわば大著『宇宙』を小形にちぢめたもの」（『哲人三宅雪嶺先生』）と評したが、前者では「我」を基点に「宇宙」を類推するという思考方法を示している。これに対して、やがて明治四十二年に刊行される『宇宙』（政教社）では、逆に「原生界」とされた「宇宙」を基点とする「渾一の要求」が「副生界」とされた人類社会の各段階（国際―国家―家族―個人）へと向けて求心的に作用しているとみることができる。こうした「我」と「宇宙」の間を双方向に移動する視座の獲得は、彼の言論活動を生涯の終わりちかくまで規定する思考方法のダイナミズムを保証するものとなった。

このような『我観小景』の骨格は、実はすでに前掲の「題図」において示されていた。台風の風波に翻弄される「比叡」艦上で死を意識したことを述べたあとに、次のようにいう。

> 死にして果して人事の終局ならんか、生命の価値幾何かある。死や、死や、是れ何者ぞ。知るを得たり、死は我が諸事の正鵠とする所、自由を愛し、平等を好むも、生ては制限を免れず、差別を免れず、唯だ死して万種の制限を破却して茲に真の自由を得、諸般の差別を離脱して茲に真の平等に達す、悠々たる天地の事死して然る後ち完し。（『国会』明治二十五年五月十五日付）

雪嶺は、死を意識することによって初めて、「真の自由」と「真の平等」が理解できたというのである。

『王陽明』

ついで明治二十六年十一月二十八日、雪嶺は政教社から『王陽明』を出版した。本書第二で紹介したように、大学卒業直後に孔子と老子の比較論を学術雑誌に投じたことはあったものの、その後は本書の刊行まで王陽明はおろか東洋思想に関する文章を発表したことはなかった。刊行後も例えば、明治四十一年二月二十三日の贈位先哲祝典大会で中江藤樹について講演し、同年四月二十六日の第二回孔子祭典会講演会で「日本に於ける孔子教」（『諸名家孔子観』）について演説するなど、乞われて語ることはあっても、自ら論じることはほとんどないテーマといえる。同年九月の丁酉倫理会では「今時孔子や孟子の言葉を引いて来ても人は読みやしない」（三宅雪嶺『壇上より国民へ』）と発言している。

巻頭の「ことはり」によれば、『王陽明』も畑山呂泣、長沢別天、浅水南八によって筆記されたものであるが、「予が以て錯誤の責を逭るゝこと能はざるは勿論なり」と記しているので、『真善美日本人』『偽悪醜日本人』の二著より以上に三宅自身が文責を負うという意識が高いように感じられる。要するに、晩年まで見通しても本書は雑誌などに初出をもたない、その意味では書き下ろしというべき数少ない著書なのである。それだけに内容もさることながら、執筆意図は何だったのか、内在的な動機づけを問いたい。

構成と内容

本書は全体が「伝」「教学」「詞章」の三部から成り、巻末には王陽明の詩文が五〇頁にわたって掲載され、さらに陸羯南による跋文「王陽明の後に題す」が付されている。その跋文では、「友人三宅雪嶺は有識の士なり、広く欧人の学を究めて其の目を東洋の古書に曝し、時に前人未発の説を立つること多く、近ごろ王守仁の言行を評選して題して『王陽明』といひ、刊して以て世に公にせんとす」と紹介されている。しかし、どこを見ても執筆の動機に類することは書かれていない。

内容として注目すべき点は二点ある。一つは儒教の理論的到達点を三宅が学んできた西洋哲学の立場から評価しようとしている点である（小島毅『近代日本の陽明学』）。例えば、王陽明に先んじる朱子を客観的観念派としてシェリングに比定し、朱子を批判した陸象山をもって主観的観念派としてフュヒテ、ヘーゲルになぞらえ、陽明をショーペンハウエル、ハルトマンの位置に置いている。ついで、「心即理」「知行合一」「到良知」と順に説明し、陽明の「良知」をカントの「理性」、ヘーゲルの「理法」、ショーペンハウエル、ハルトマンの「意志」と類似するものだといい、これを社会に応用すると「激烈なる社会主義」に至る可能性も否定できないとする。

もう一つは、王陽明の「一生の任ずる所は、人の良知を開て、世の迷蒙を啓発するに努めたり」という実践的な部分を評価したことである。陽明が唐虞三代（古代中国の堯・舜の治世に夏・殷・周を併せた泰平の時代）を理想としたことは儒教の範囲内のとどまるものだが、陽明がこの理想の世を実現するために、一生を捧げて奔走した点を称揚する。さらに、自分の力が弱いため、世の衰勢を挽回することができず、しかも自らは身を退いて悠々自適し、人情の軽薄を冷視することができなかった陽明の心は、社会の木鐸として発言し行動する三宅の共感するところではなかったか。

〈近代陽明学〉の鼻祖

本文の最後で中江藤樹以来の日本の陽明学を概観し、とくに大塩平八郎以降、西郷隆盛や高杉晋作など「維新前身を挺して立てる者は、多く陽明良知の学を修めり」と評価した点にも注目すべきだろう。

要するに明治維新の変革思想としての陽明学という、今日でも比較的耳朶に馴染みやすいシェーマであるが、近年の研究ではこれを藤樹や熊沢蕃山の陽明学とは別の〈近代陽明学〉と理解し、近代ナショナリズムの一環として新たに唱えられた「国民道徳」としての〈陽明学〉であると結論づけている（荻生茂博『近代・アジア・陽明学』）。それによれば、三宅の『王陽明』は、井上哲次郎の『日本陽明学派之哲学』（明治三十三年）や高瀬武次郎の『日本之陽明学』『王陽明詳伝』（明治四十一年）に先鞭をつけ、陽明学会の設立や雑誌『陽明学』刊行の気運を招来するなど、その後誕生する「日本思想史」という枠組みの一つの柱になっていくという。さらに、井上の〈近代陽明学〉は梁啓超を通して清末の中国にまで影響を与えたとされ、東アジアにおける近代「国民国家」形成の「主体的なエトス」を提供したとする（同前）。

書評と改訂版

雪嶺の『王陽明』に「国民道徳」形成の側面を見いだすことは難しいように思われるが、同書が維新以降の我が国において王陽明について書かれた最初の書物であった可能性が高い。したがって、多くの書評が寄せられることになった。

そのうちの一つは、『国民之友』第二一一号（明治二十六年十二月十三日付）に掲載された山路愛山(やまじあいざん)の手になるものである。それによると、「予が渇望を慰むるに足らざりき。予は実に君の書に於て失望せり」と、冒頭から手きびしい。何が山路を「失望」させたのか、一つは歴史上の陽明を明らかに認識していない点、もう一つは陽明派の儒教における地位を明晰にしていない点である。山路の関心が史論にあり、この年一月の『文学界』に「頼襄(らいのぼる)を論ず」を書いて、「文章即ち事業なり」と揚言していた愛山には、雪嶺の哲学的な筆致は不満に感じられたのかもしれない。

さらに、三宅雪嶺としては他に例のないことだが、『王陽明』の改訂版を出しているのである（中野目徹「三宅雪嶺による『王陽明』の訂正増補」）。改訂版は明治二十八年四月二十一日に哲学書院から刊行された（印刷所は初版と同じ熊田活版所）。初版と較べると約二〇頁分増補されており、地図や挿画を別としても「ヘーゲルの心即理」「社会主義」など注目すべき部分もある。新たに付された巻頭の「例言」では、「伝と史とは同一視すべからず」として、「本書の著者は動(やや)もすれば時勢万能を称して英雄豪傑を無能力とする者」と述べ、明らかに右の山路愛山の書評を意識した反論を展開している。

「第二維新」の志士

『王陽明』の執筆意図は何か、結局は推論によらざるをえないが、明治二十四年以来、「評論」の対象がアジアへと拡大したとき、雪嶺のなかで東洋思想への関心が高まり陽明学の読み替えがなされたということであろう。加えて『王陽明』刊行の翌十二月、徳富蘇峰によって『吉田松陰』（民友社）が上梓されているのも、「第二維新」の主体意識の形成という意味で、執筆動機において関連があろう。

のちに日本新聞社員となる鈴木虎雄（豹軒と号する）は、当時東京府尋常中学校に在学する十六歳の少年であったが、明治二十七年二月十九日付の書簡で家郷の兄に、『王陽明』を読んだ感想を「大に感ずる所あり、社会には我が心より外に一物なき事之なり……弟は飽く迄心即理の説を固執仕候」（筑波大学附属図書館所蔵「鈴木虎雄関係史料」）と書き送り、第一高等学校に進学すると自己の専門を「漢学」と定め、明治三十三年に東京帝国大学文科大学の漢学科を卒業する。

なお、以上と関連して「生家の家学たる陽明学への深い傾倒」（渡部清「三宅雪嶺研究」）という指摘もあるが、本書の第一でも述べたように「家学」と言い切る根拠はない。

五　対外硬運動と日清戦争

再び政治の季節へ

明治二十五年（一八九二）八月八日、第二次伊藤博文内閣が成立すると、雪嶺たち政教社による政府批判の言論活動は再び活性化した。一週間後の八月十五日付で刊行された

『亜細亜』第五二号の巻頭社説「今回の内閣」では、伊藤内閣を「黒幕総出」とし、前松方正義内閣による選挙大干渉の結果誕生した国民協会との関係が新内閣の去就を決するだろう、と述べている。

翌二十六年に入ると、政教社では『亜細亜』を改刊、第二巻として月二回発行に改めた。その第一号に掲載されたのが「和親か破砕か」である。同論説で雪嶺は、すでに対立を強めていた自由党と改進党が「和親」して政府に対処することを暗に求めた。大同団結運動に深く関わっていた四年前の民党合同による政党政治の実現という政治的初心は、雪嶺のなかでなお維持されていたといえよう。以後この年九月まで続く『亜細亜』第二巻第二号以降の巻頭社説「日本人」欄は、三〜五本の論説が掲載されるものの、すべて無署名となる。

「罔両窩同人」の銷夏

明治二十六年夏の雪嶺の様子をうかがうことのできるのが、『亜細亜』「罔両」欄に「罔両窩同人」こと畑山呂泣、長沢別天によって連載された同人一同による湘南〜箱根清遊の記録「湘南放笑録」「函嶺白雲録」である。

それによれば、七月十九日から畑山のほか長沢、後藤忘言、浅水南八、奥山木公らの第二世代の面々に加え三宅、志賀重昂らが遊泳を楽しみ、翌日は酒匂河口の貸別荘スタイルの旅宿松濤園に向かった（同誌二―八、同年八月一日付）。三宅も湘南では「日暮の激潮に先後を争ひ」て泳ぎ（「肥大なる」志賀は泳がなかったという）、松濤園へは三宅と志賀は人力車で、他の同人は徒歩で移動したという。三宅と志賀の二人を「先生」として立て、編集の実務を彼らより少し若い畑山や長沢たちが担うという変貌後の政教社の姿を示している。

ついで同月末から八月初めにかけて同人は箱根に遊んだ。三宅を除けばみな独身、管見では政教社の同人がこのような夏を過ごすのは、これがただ一度のことであった。

『日本人』再刊

ところが、同人帰京後の同年九月十五日付発行の『亜細亜』第二巻第一一号は発行停止処分を受け、同年十月九日には政教社の所在地を鎌倉の雪ノ下九一番地に移して再び『日本人』を刊行することになった。その改刊の辞にいう。

始め「日本人」屢停止の厄に遭逢し、加ふるに禍殃荐りなるを以て、「日本人」の名称大鬼小鬼の忌む所なりとし、改めて「亜細亜」となす、而して禍殃依然として却て加ふるあり。惟ふに狂愚の悛むべからざる、名称の能く厄を払ふ所以にあらず、乃ち蘇生して当年の「日本人」再び玆に現出す。

誌名を変更しても厄禍は払えないので、『日本人』を再刊して『亜細亜』も並行して刊行するとしている。この第二次『日本人』では、再び発行兼編輯人に志賀重昂、印刷人に三宅雄二郎が名を列ねた。覚悟のうえの再刊といえよう。しかし、実際は東京神田区錦町（にしきちょう）三丁目一番地の政教社で雑誌の発行をしていたらしく、十一月二十七日付で志賀は横浜地方裁判所から新聞紙条例違犯により罰金三〇円の宣告を受けてしまう。

再刊『日本人』の巻頭社説「日本人」欄はいずれも無署名だが、第一号の「雑居派と非雑居派」では、「四千万の衆を以て、建国二千六百年の久しきに亘り、人種を同ふし、歴史を同ふしてる邦国にして、雑居を許容したる為めに亡ぶるなどとは、余り言ひ甲斐なきの甚しきにあらずや」と述べ、対外硬派（たいがいこうは）の非内地雑居論の主張とは一線を画する姿勢を示した。

『日本』に執筆

このころ、陸羯南から雪嶺に新聞『日本』への執筆を促す書簡が送られた。『陸羯南全集』では明治二十五年と推定されている十一月十三日付の書簡がそれで、そのなかで陸は「亜細亜も解停に相成り、定而（さだめて）御多用ならん。此際に申上兼候へ共、紙上余り索莫（さくばく）に御座候間、何か御立筆被成下度（なしくだされたし）」（「亜細亜も解停」の一節から筆者は明治二十六年と推定）と、出稿を慫慂（しょうよう）しているのである。

先に述べたとおり、三宅は明治二十三年六月に『江湖新聞』を離れたとき、自ら『日本』への執筆を陸に依頼したことがあったが、その後の紙面に署名論説などは見あたらない。しかし、これ以降、「かきながし」や「井観（せいかん）」といった連載が雪嶺閑人の名で書かれるようになり、洋行中をのぞいて明治三十九年まで継続することになる。

対外硬派の一翼

ここで目を政界に転じてみよう。雪嶺は、翌明治二十七年八月一日の日清開戦まで、政府の対外方針と対議会方策に鋭く対立する議論を展開し、ときには実際の運動にも関わっている。その立場は、全国同志新聞雑誌記者連合（同盟新聞）の一員としてのものであった。

かつて大隈条約改正反対運動のなかにその端緒が見られる同盟新聞の主張は、はじめは言論の自由を圧迫し新聞社の経営に甚大な影響を及ぼす発行停止処分の廃止を求める新聞紙条例の改正であった。明治二十六年になると、第二次伊藤博文内閣の条約改正をめぐる外交方針（「開国主義」あるいは「開国の国是」といわれた）に対抗する「外交刷新」「対外硬」の主張を加え、同年十月に改進党や国民協会などいわゆる硬六派（こうろっぱ）が大日本協会（だいにほんきょうかい）を結成すると（雪嶺も発会式に出席。同年十二月二十九日に解散を命じられる）、同盟新聞各社はそのスポークスマン役を務めることになる。さらに、政府が硬六派の議会戦術に対抗して度重なる停会や解散で応じると、国民に対する「責任問題」あるいは「責任内閣」の要求として これを捉え、反政府的な論調で同盟各紙誌の紙面を統一する。

これまで一連の対外硬運動を政治史の問題として論じるなかで（酒田正敏『近代日本における対外硬運動の研究』、小宮一夫『条約改正と国内政治』）、政教社を含めた同盟新聞の動向は十分に取り上げられてこなかった。

政教社でこの対外硬運動に中心人物の一人として加わったのは志賀重昂であった（『政教社の研究』）。警視庁の「探聞」（現在でいえば公安部の調査資料）は、明治二十七年春にかけて同盟新聞では『日本』の陸羯南と、大隈重信の委嘱を受けた『国民新聞』の徳富蘇峰が奔走し、志賀が「物代」に就任したことを探り出していた（国立公文書館所蔵、自明治十九年至同三十一年『公文別録』内務省）。同盟新聞は七月二十日、警視庁から解散を口達される。

一方雪嶺は、同年一月二十五日付の『日本』に「外尊内卑」を書いて、「苟くも愛国を以て居る者は断じて内を卑み外を尊ぶべからず」として、具体的には政府と政府を支持している自由党を批判していた。しかし、あくまでも現行の立憲制度と憲法を擁護する立場を示すものであった。

> 今日の立憲制度は西邦に模擬せし者として、彼等が輸入物の主要なる者に数ふる所なるべけれど、該制度は実に外尊内卑の徒の与て力なき物なり。憲法は欽定なれども、現に立憲政治を看るは洵に幾多の有志家の屈せず撓まず運動したるが為めならずや。

志賀重昂はその後、同盟新聞の代表として対外硬派の運動全体の中心に立ち続け、第四回総選挙の中央選挙本部として結成された中央政社の常議員となるなど、「記者」の立場を逸脱して「政事家」に一歩近づいた（『書生と官員』『明治の青年とナショナリズム』）。

戯作『馬鹿趙高』

『日本』の記事を丹念に拾っていくと、雪嶺はこの時期、四月六日の同盟新聞の会合、同二十一日の金玉均演説会（登壇）、同二十二日の対外硬八派（衆議院の硬六派に貴族院の三曜会・懇話会と同盟新聞を加えた八派）連合懇親会、五月八日の全国同志大懇親会（発起人に名を列ねる）、同十三日の同盟新聞大懇親会、同十五日の海外遊歴同志大懇親会、六月十一日の東邦協会総会（評議員に再選）、同十三日の金玉均（暗殺）事件協議会などに参加していた。

しかし、雪嶺は終始運動の中心に立つことはなく、四月十七日には古代中国秦朝の宰相で鹿を馬と言いくるめた趙高を戯画・戯文で描いた『馬鹿趙高』を出版している。趙高に時の内閣総理大臣伊藤博文をなぞらえていたことはいうまでもない。作中の趙はいう、「上全権を御委任あらせられ、高一人かく秦の命運を維持せんとす、実に非常の能なくてはかなはず、秦あるは高あればなり、高に背くは秦朝に背くも同じ」と。

同書には多くの書評が寄せられ、前年まで雪嶺も関わっていた新聞『国会』は「政教社と聞けば不平党の団合なり、雪嶺閑人と云へば政教社中随一の不平家、善く罵り善く嘲る、冷嘲熱罵の哲理に於て殊に上乗なる者と謂ふべし」（『亜細亜』二―一四の広告記事）と評した。「政教社中随一の不平家」三宅雪嶺という世評が定着しつつあった。

朝鮮半島視察

こうして明治二十七年夏には、伊藤内閣と対外硬派の対立が極点に達しつつあるかに見えたが、七月に入ると雪嶺は東邦協会からの派遣という形で、畑山呂泣をともない風雲急を告げる朝鮮半島を視察することになった。

このときの朝鮮半島視察に関しては自伝でも言及されることがなく、帰国後も関連する発言を一切していないので事情がはっきりしなかった。ところが、少年時代に金沢で雪嶺と同窓だった奥田頼太郎の遺稿集に収録されている日記七月八日条に「東邦協会より三宅雄次郎氏来る」（『松坡遺稿』）とある。奥田はたまたま仁川郵便局長として現地に赴任しており、視察中の雪嶺が彼を訪ねたことが記されている。

また、『戦国写真画報』によると、東学党視察のための新聞記者団の一人ということになっていたようだ（中川未来『明治日本の国粋主義思想とアジア』）。雪嶺は回想のなかで、東邦協会から「特派」の形で行ったが、「協会から金をもらわず、郷里の富豪小西（特定できない―引用者）から旅費をもらった」（『大学今昔譚』）と書いている。

この時期になると、長年の朝鮮半島支配の主導権をめぐる日清間の角逐は一触即発の段階に達していた。明治十八年に締結された天津条約に基づき両国が出兵を開始すると、同二十七年八月一日にはついに宣戦布告がなされて日清戦争が始まった。開戦後、国内では一気に挙国態勢が整い、政治的にも第二次伊藤内閣への対外硬派の攻撃も止み、言論界も戦意高揚を謳う論調に支配されていった。『亜細亜』第三巻第三号（明治二十七年十月二十一日付）の無署名社説「帝国の拡大」では、「帝国の版図は東洋の平和を維持するに不足なり、東洋の平和を維持せんが為めに帝国の拡大を主張す、而して機は今日にあり」と断言している。その一方で、第二次『日本人』第二巻第一八号掲載の長沢別天「漢学者を養成せよ」では、「排清的精神の盛んなる、今日の如きは前代未曽有」としながらも、「漢士の古文明其のものに至りては、太(はなは)だ研究すべき価値あるもの」(明治二十八年二月三日付)と主張していた。つまり、明治二十四年ごろから顕在化しつつあった政教社のアジア論は、当時の言葉でいうと東亜盟主論から東亜同盟論までの間を往還していたといえるだろう。

すでに二十七年三月一日付『日本』から連載が始まっていた「禦辺録(ぎょへんろく)」で、雪嶺は「郷国」すなわち郷土と国家の関係を論じて次のようにいう。

郷里よりして以上、之と関連せる州郡、之と関連せる国土、夫の同一の人種を有し、同一の言語を有し、同一の風俗態度を有し、尚ほ既に同一の変遷を経過し来て今現に同一の運命に際会しつゝある民族の地は、亦其の人衆を牽引し結束すること至て強大なり(同月二十四日付(二))

かなり典型的な近代国民国家的な領土観を示し、それで中国を論じようとして万里の長城の構築まで説き及んだ(三)で「禦辺録」を中絶せざるをえなくなった。こののち昭和期まで、中国を論じる際に国民国家の枠組みとして捉えることが困難だという雪嶺の認識は、この時点に胚胎していた。

他方、日清戦争の主要な争点であり、戦場でもあった朝鮮半島について雪嶺は、先の視察の成果をふまえて新聞『日本』に連載した「朝鮮不振の原由（上）」で、朝鮮は衰微したのではなく、はじめから盛んだったことはなかったのだと述べ、同月八日付の（下）では、他邦の民族が進歩した制度文物をもって移住して来たならば、必ずや大いに盛昌を迎えるだろうとするが、現状では土地を略奪するのはともかく、「其人を掠めんとするも、掠むるの価値なし」とまで極言する（同二十七年十一月四日付）。これ以後永く続く朝鮮民族への蔑視観は、このときすでに彼のなかで発芽していた。

第四　洋行とその前後

一　「思想の独立」と「一貫の気風」

下関条約と三国干渉

明治二十八年（一八九五）は戦勝ムードで明けた。三宅雪嶺は、新聞『日本』の元旦号に寄せた論説「月章国衰へて日章国盛なり」で、「我は支那の腐敗を責め、而して自らは益々戒むるなり、我は支那の疾病を癒し、幷せて世界を健全にせんとする者なり」と述べていた。雪嶺は、日清戦争を文明（日本）と野蛮（清）の戦争と見る、当時の識者の間で一般的だった思考の枠組みのなかにあった。

同年四月十七日に、全権の伊藤博文首相・陸奥宗光外相と清国北洋大臣の李鴻章との間で調印された下関講和条約によって、日清戦争は一応の終結を見たが、それに対して露・独・仏による遼東半島還付を促す三国干渉が行われた。遼東還付は、例えば徳富蘇峰を「精神的に殆ど別人」（『蘇峰自伝』）にしたというが、前後の言論を見るかぎり雪嶺は冷静に受け止めたらしい。一方、台湾での戦闘は続いており、雪嶺の兄恒徳もそのなかで戦病死するが、日本は総督府を置いて植民地支配を開始する。明治三十年になると、清国からの賠償金二億両を基に金本位制に移行するなど、世界に伍する小帝国としての形を整えていく。

「嘗胆臥薪」

日清戦後における雪嶺の発言でまず注目されるのは、『日本』の同年五月十五日付に掲載された「嘗胆臥薪（上）」である。この論説で彼は、三国干渉の受諾はやむをえないとしながらも、次は清国よりも強大なロシアに勝利する覚悟をもたなければならないとし、「今回の蹉躓は実に国民をして斯に感悟する所あらしめしなり」と論じた。二十七日付の「嘗胆臥薪（中）」では、「嘗胆臥薪の念それ何人の懐をか去らん」として、シベリア鉄道開通前に英・仏などと同盟してロシアを攻略する可能性にまで言及する。

しかし、「臥薪嘗胆」のスローガンを自家薬篭中のものとし、増税と軍備拡張を軸とする戦後経営を推進しようとしたのは、戦前から引き続き政権担当に意欲を燃やす第二次伊藤博文内閣であった。したがって、「嘗胆臥薪（中）」の末尾で雪嶺は、「『嘗胆臥薪』の語亦既に外政の失を幇助するの良口実と為り畢ぬ」と慨嘆して、連載を二回で中絶せざるをえない口惜しさを滲ませた。

日清戦後の言論は、東アジアを中心とする世界情勢を見きわめながら内政と外交を関連させて議論することが求められるようになったのである。

第三次『日本人』

ところが、すでに前章で述べたように、政教社の『日本人』は定期的に刊行することすらできない状態に陥っていた。それにともなって発行部数もしだいに減少し、その結果として社の財政事情は相当に悪化していた。政教社の内実を示すのが、次のような同年四月二十六日付の三宅宛志賀重昂書簡である（三宅家所蔵、流通経済大学三宅雪嶺記念資料館寄託）。

謹啓　過般陸氏（陸羯南）より東海堂へ云々の義は、昨日詳細なる計算を送付致置候。然らば若し同堂にて若干之出金をなし、合資本のものと相成り候様の義なれば、別紙御参考に供し候間、此れにて政教社在来の注入資本を定め度と存候に付、御意見相伺候。

匆々拝具

四月二十六日　志賀生

三宅大兄侍史

陸羯南の仲介による大売捌所の東海堂からの出金で、何とか乗り切ろうというのである。さらに踏み込んだ資金繰りの実際は不明だが、同年七月五日、態勢も新たに創刊されたのが第三次『日本人』であった。爾後、明治四十年一月号から新聞『日本』と合併して誌名を『日本及日本人』と改めるまで、この『日本人』が雪嶺の「評論」の本拠地となる。

文壇三名士

そのころの三宅雪嶺を、徳富蘇峰、志賀重昂とともに「文壇三名士」の一人として紹介したのは、博文館から発行されていた『少年世界』の第一巻第二〇号（同年十月十五日付）であった（このなかから雪嶺だけを取り出したのが口絵写真である）。同誌の読者として想定されていた当時の中学校レベルの少年たちにとって「文壇」――ここでは言論界を指していると思われる、つまり新聞・雑誌の「記者」として言論活動に従事することが彼ら少年世界の一つのキャリア・モデルになりつつあったことを示している。

明治二十八年一月、『少年世界』と同じ博文館から「雑誌界の革新を企て」（大橋新太郎「太陽の発刊」）て創刊されたのが、「総合雑誌」の嚆矢とされる雑誌『太陽』であった。ほどなく毎号一〇万部に達する同誌の登場は、さまざまな意味で『日本人』や『国民之友』をはじめとする既存の諸雑誌の発行と読者層に大きな影響を与えた。雪嶺も創刊一年半ほどの間、『太陽』にほぼ毎号筆を執ることになった。

進歩党合同運動

政教社が第三次『日本人』を創刊したころ、志賀重昂は日清開戦直前から引き続き対外硬派の中心に立ち、第二次伊藤内閣に対する反対運動に取り組んでいた（「在野党合同問題の顛末」同誌三―一五、明治二十九年二月五日付）。

志賀が末広鉄腸らとともに対外硬派の交渉会に臨んだのは、日清講和直後の同年四月三十日のことであった。六月に入ると、東京芝の愛宕館に集会する同志は政友同志会

（愛宕館有志）と呼ばれるようになったが（国立公文書館所蔵、自明治十九年至同三十一年『公文別録』内務省）、同月十九日には志賀をはじめとする幹部が芝警察署に出頭を命じられ、集会及政社法により会合を禁止される（『日本』同年七月二日付）。

志賀はこのとき、従来の「記者」の立場から「党人」の立場へ自身の軸足を移動させつつあったといえよう。九月には新潟に向かい、『新潟新聞』の主筆を務めつつ同県内の進歩党合同運動のオルガナイザーとして十一月一日には越佐会の結成に成功する。同じ時期、雪嶺も新潟の『東北日報』の客員記者に就任する。志賀は十二月に帰京すると、翌二十九年三月一日の硬六派（立憲改進党・東洋自由党・国民協会・同盟倶楽部・政務調査会・大日本協会の対外硬六党派からなる）による進歩党結成まで中心に立って活動し、同党では非議員ながら常議員・幹事に就任した（『書生と官員』『明治の青年とナショナリズム』）。

「昔の志士と今の政客」

志賀が現実政治の世界に接近しつつあったとき、雪嶺はいかに我が身を処していこうとしたのか。「嘗胆臥薪（中）」では、「今日は頓に理論時代を過ぎて実行時代に入りたるの観あり」とし、みだりに「放論」することへの躊躇も示している。学生時代から志向していた「評論」すなわち「記者」の立場も、時代社会の変転とともに政治のプレーヤー（「党人」「官吏」）との間で峻別を迫られる局面が近づいてきていたのである。

雪嶺は、『立憲改進党々報』第四四号（明治二十八年七月三日付）に「昔の志士と今の政客」

なる論説を寄せ、「彼の志士が徳川氏に大政返上を促せしが如く、今の政客が薩長氏に内閣退譲を望むは理なしとせんや、且つ又資格なしとせんや」と、改進党への期待を述べた。決して進歩党合同運動の埒外にいたわけではなかった。

第三次『日本人』創刊号の巻頭の無署名論説「『日本人』の改刊」は、「言論文章」も「一箇の事業」であり、前年来、実際に活動してきたと揚言する。この時期の『日本人』は、巻頭の「日本人」欄は無署名の論説を掲げ、続く「論説」欄は改進党系を中心に対外硬派に属する政客に誌面を提供している（『政教社の研究』）。

そのようななかで、同年十月五日発行の第七号「批評」欄の「面棚偶語（三）」では、「せつれい」の記名で次のように論じている。

人の思想の独立せるや否やは、其の政府に対する判断にて知らる、政治の論評は思想の試金石なり、他の論評の勝劣は多く之より割り出さるべし。

すなわち「政治の論評」が「思想の試金石」なのであり、「思想の独立」は「政府に対する判断」によって知られるというのである。雪嶺における「評論」と「政治」との関係は、進歩党合同運動との関わりのなかで従来より一層自覚的になってきたといえよう。それが確立するのは、後述するように対外硬派が政権与党となる第二次松方正義内閣、第一次大隈重信内閣のときであると思われる。

「第二維新」の実現

進歩党合同運動が最終段階に入りつつあった明治二十九年初頭の政治的課題を、雪嶺は『太陽』第二巻第一号（同年一月五日付）「政治」欄で「責任は立憲政道の骨髄、責任なければ憲政なきなり」と論じ、「国権未だ外に伸びずして、憲政将に内に壊れんとす」と述べ、内閣の議会（国民）に対する「責任問題」が重要であるという立場を示した。この年の前半期、雪嶺は『太陽』「政治」欄の主筆として毎号執筆している。

一方、進歩党結成から三日後の同年三月四日付『日本』の論説「所謂第二維新」で雪嶺は、「第二維新は亦必ず根本的改革ならざる可らず、決して枝葉的改革に止るべからず、責任内閣と自主的外政との実行は固より大務なり」という考えを示すが、日清戦前の対外硬運動の主張であった「責任内閣」「自主的外交」に加えて、「国民と共に国家全体の開発に着手」してこそ「第二維新」を達成できるとした。ここで雪嶺は、進歩党の「宣言書」にもあった「第二維新」に呼応し、憲法発布・議会開設期、日清戦前の対外硬運動期に続き、三たび「第二維新」＝薩長藩閥退場と民党勢力への政権移譲の実現に期待する姿勢を示したのである。

進歩党と雪嶺

ついで同月九日付の同紙に「論説」として掲載した「嗟進歩党」で雪嶺は、「君等今にして観ん、進歩党の速成は必ずしも得策にあらざりしことを」と述べ、「進歩党は一着を誤りぬ」と断じた。同年四月五日付の『太陽』第二巻第七号「政治」欄の「進歩党の地位」でも、「進歩党の成れるは早きに過ぎにき、……新政党の準備として窮屈ならざる大倶楽部を設け上下賢愚の差別なく自由に出入せしむるの便を作ること時に取りての得策に非ざりしか」と述べて、進歩党結成が拙速であった点を難じ、代案として雪嶺が抱いていた「大倶楽部」構想を提示したのである。政権奪取のための野合政党よりも、同志が集う倶楽部という組織論は、かつて大同団結運動に参画して以来、新聞雑誌同盟への関与などに見られるように、雪嶺の好んだ運動形態であった。

「奇なる政界」

　進歩党は成立したものの、四月十四日に伊藤博文首相は自由党総理の板垣退助を迎えて内務大臣とし、内閣のさらなる延命を図った。これを見た雪嶺は、『太陽』第二巻第八号（四月二十日付）「政治」欄に「奇なる政界」を掲げて、「今の政界の如く錯繆厖雑なるは蓋し多からざるべし、実に紛々として名状すべからざる者あるなり」と政界の混乱ぶりを歎じた。伊藤の「変通主義」により政界が「政治思想」によって推移するものでなくなったこと、具体的には、明確に与党に転じた自由党の「自由主義」「責任内閣」、国民協会の「国権主義」「自主的外交」と野党である進歩党の「二大政綱」（「責任内閣」「自主的外交」）が重複、錯綜し、「政治思想」の面では与野党を差別化することができないことをもって「奇なる政界」としたのである。

　このあと雪嶺は、『太陽』に執筆せず『日本人』に立て籠もることを次のように「公告」した。

『日本人』来月を以て改刊満一年に相成、七月より大に更新之約有之（これあり）。就ては手順相整候迄、一切他の雑誌に寄稿仕兼候。　三宅生

（『日本人』二二、同年五月二十日付）

背景には『太陽』が毎号「不偏不党」を掲げていることに、すでに現実政治からの「思想の独立」を意識していた雪嶺が論説を寄せる場として飽き足らない思いを抱いていたこともあったかもしれない。「思想の独立」と「不偏不党」は似て非なるものだからである。

第二次松方内閣

さしもの第二次伊藤内閣も、大隈重信に対する入閣交渉に板垣内相が異を唱えたことで閣内不一致となり、明治二十九年九月十八日に第二次松方正義内閣が成立することになった。大隈は外務大臣として入閣し、この内閣は世上松隈（しょうわい）内閣と呼ばれる。

第二次松方内閣の誕生に、雪嶺周辺の人々は深く関わっていた。すなわち、内閣書記官長高橋健三（前・大阪朝日新聞主筆）は、かつて政教社で編集を担当したのち『大阪朝日新聞』に転じた内藤湖南をともなって、日本新聞社長の陸羯南の自宅に二晩籠もり、新内閣の「政綱」を起草したのである（内藤湖南「思い出話」『大阪朝日新聞』昭和二年〈一九二七〉一月五日付）。明治二十九年十一月には、志賀重昂が常議員・幹事を務める進歩党が松隈内閣

『万朝報』の挿絵
（明治34年12月17日付）

支持を表明した。翌三十年三月、第一〇通常国会の閉会間際に成立した新聞紙条例改正によって、かねてより三宅、志賀、陸らが中心となって運動してきた発行禁停止全廃同盟の主張を受け入れて、進歩党の主張の一つとなった『日本』や『日本人』のような政論新聞・雑誌の、行政権による発行禁止・停止処分の廃止が実現すると、進歩党員の各省次官・局長・勅任参事官、各県知事への任用が政治日程に上ってくる。

「井戸塀」といわれるような井戸と塀を除いて財産を費消してしまうこともあったかつての自由民権運動家、あるいは「社会の木鐸」を自認しながらも「無冠の帝王」と呼ばれることもあった新聞・雑誌記者たちが、一躍勅任官に躍り出る機会が到来したわけであるから、進歩党周辺では自薦他薦を問わず任官を求める「猟官熱」が沸騰することになった。

党報主務の職分

進歩党員の登用は、大隈が大臣を務める外務省と農商務省を中心に行われ、同三十年八月二十八日、志賀も農商務省山林局長（勅任官二等）に任命され従五位に叙された。

志賀はそれに先立ち、同年五月一日付で創刊された『進歩党党報』の主務に就任していた。創刊号には、陸羯南の「政界の技術及批評」と雪嶺の「与党報主務論職分書」が掲載されている。このうち陸は、志賀が「政界の技術家」の位置に立ったのに対して、それとは別に「批評家」が存在すると述べている。一方、雪嶺は次のように論じて、志賀に「党の輿論」とは別に独自の「主張」をすることを求めた。

足下は虚心坦懐以て党の輿論を聴納すべきも、又徒らに衆に従ふべき者にあらず。既已に委任せられたる上は、必ずや自家の是とする所を掲げ非とする所を抑へ以て衆を同化せんとする有らん。足下の主張冀くば党報に因りて聞くを得んか。

一貫の気風

しかし、社員や社友が時の内閣と深く関わっていることは動かしようのない事実なのであるから、社の主張と政府の政策との関係について問い質す者がいたようである。

政教社では志賀の局長任官のあと、『日本人』第五〇号（同年九月五日付）に無署名の論説「一貫の気風を養成せよ」を掲げて、「論議者」（批評家・言論人）と「実行者」（政治家・官僚）の別を立て、「当路者の弊失を認めて、而して之を責む、則ち已れ之に代りて局に当れば、必ずや前に主張したる所に拠りて謂ふ所の弊失を矯革するは、事のまさに然るべき所とす」と論じ、「実行者」に転じた志賀のような者がかねてからの主張を変じることを戒め、末尾に次の一文を掲げて結んだ。

> 『日本人』は自ら本領の在るあり。一、二の社員の官吏と為るも、二、三の社友の政府党と為るも、毫末(ごうまつ)も変更するある莫(な)し。……今後と雖も猶ほ依然として独立独行し、依然として勇往直進し、依然として弊政を弾劾し、依然として陋俗(ろうぞく)を打撃せん。官癖、吏臭、我に於て何か在らん。乞ふ事実の有無を誌上に徴せよ。

無署名とはいえ、この時期の政教社はすでに雪嶺と二、三の若手社員だけの小さな所帯になっており、『日本人』に残留することになった雪嶺が「独立独行」と「一貫の気風」を掲げる同誌で、「論議者」すなわち「記者」としての立場を強く意識し、学生時代から標榜してきた「評論」のスタイルを確立したと見なすことができる。加えて、『亜細亜』以来、三宅と志賀の二枚看板で言論活動を続けてきた政教社が、志賀の第二次松方内閣における局長就任によって、大きな構造変化を始めたことは確かであろう。

二 「一国の特性」を模索

「宇内的日本人」

前節ではもっぱら日清戦後の国内政局の推移と雪嶺の言論の関係をみたが、同じ時期において、雪嶺の議論のもう一つの柱であった日本・日本人論として結実した「国粋主義」の主張は、いかなる展開を示すのだろうか。

日清戦争に勝利した日本では、三国干渉に見るとおり、少なくとも東アジア情勢に関して直接欧米諸列強と対峙しなければならない国際関係に突入したことを受けて、思想的にも「世界主義」の主張がなされるようになった。例えば、異色のクリスチャンとして知られる松村介石は、第三次『日本人』の創刊号（明治二十八年七月五日付）に寄せた「宇内的日本人」で「国粋主義」を批判して次のようにいう。

> 今日は最早や欧洲心酔の日本人にてあらしむべからず、然ればとて又国粋保存の日本人にてもあらしむべからず、寧ろ宇内的の日本人たらしめよ。……日本人をして欧洲にのみ心酔せしむべからず、欧洲にのみ心酔せば猿猴とならん、然ればとて又国粋保存にのみ熱心ならしむる勿れ、国粋主義にのみ熱心せば偏局不遍の頑僻者とならん、

松村はこの論説で「国粋主義」がもはや偏屈な頑固者の考え方であると述べ、結末では読者に「宇内的文明の一大新国を形成」することを求めている。

また、日清戦後の『日本人』誌上にしばしば執筆することになる田岡嶺雲は、改巻第五号（同年九月五日付）に寄せた「東洋的新美学を造れよ」のなかで、「西欧文物崇拝は既に過去に帰し、国粋保存の論も亦事古りて、今や将に国粋発揮より東亜文明発揮に入ら

むとする也」と述べて、日清戦争に勝利することでもはや政教社が結成されたころの「欧化主義」と「国粋主義」の対立構図は過去のものであることを明言した。

田岡をはじめ雑誌『江湖文学(こうこぶんがく)』によった笹川臨風(ささかわりんぷう)、白河鯉洋(しらかわりよう)らは、雪嶺たち政教社設立の「同志」より約一〇年遅れて日清戦後に帝国大学文科大学の国史科や漢学科を卒業した新しい世代の青年たちである。彼らが「国粋主義」を過去のものとしながらも、政教社の主張であるアジア主義の側面に対する同調によって第三次『日本人』に筆を執ったのに対して、彼らと同世代ながら「国粋主義」を否定して「日本主義」を主張したのが高山樗牛(たかやまちょぎゅう)であった。

高山樗牛の登場

高山は、明治三十年に『太陽』の「文芸」欄主筆に就任すると、文芸批評家の立場から国民性情に基づく国民文学の旗幟を鮮明にすることを「発道の辞」として掲げ(「我邦現今の文芸に於ける批評家の任務」)、ついで「日本主義」を主唱する。

日本主義とは何ぞや。国民的特性に本(もとづ)ける自主独立の精神に拠りて建国当初の抱負を発揮せむことを目的とする所の道徳的原理、即是(これ)なり。

そもそも国家の真正なる発達は国民の自覚心に基かざるべからず。……吾等の所謂日本主義は、決して夫の偏に己を樹てて他を排せむとする、狭隘なる主我的反動と日を同うして論ずべき者に非ざるなり。(「日本主義を賛す」)

「日本主義」を道徳的原理だと論じている点では政教社の「国粋主義」と違いがあるが、国民の自覚心を基礎とし、排他的な反動思想ではないとしている点では、むしろかつての「国粋主義」の主張と共通していたといえよう。

「日本主義」の理論化

しかし、翌年になると、高山は「国粋主義」との違いを際立たせることで「日本主義」の理論化を図ろうとする。『太陽』第四巻第一〇号（同三十一年五月五日付）に掲載した「国粋保存主義と日本主義」がそれである。この論説で高山は、「国粋主義」が「日本主義」の先駆をなしたという点で一定の功績を認めるものの、結局のところ「国粋」の何たるかを明示できず、外来勢力に対する反動思想にすぎなかったという。「国粋主義」は「幼稚なる独断論」「主我的盲動」として退けられ、「日本主義」が「国家主義」と「研究的態度」において称揚される。かつての政教社の「国粋主義」が国家よりも民族（人種）としての日本人や社会を議論の対象としていたのに対し、帝国大学移行後の個別学問（より精緻な哲学や宗教学、社会学など）を学んだ新世代による分析的な「日本主義」の主張を正当化しているのである（長尾宗典『〈憧憬〉の明治精神史』）。

「非国醜保存」

こうした高山の主張に対して、雪嶺は『日本人』第四八号（同三十年八月五日付）に「所謂世界主義と所謂国家主義」（文末に『真善美日本人』の一節が引かれているので著者を雪嶺と特定）を、同第九二号（同三十二年六月五日付）に「非国醜保存」（文中にかつて『真善美日本人』と『偽悪醜日本人』を刊行したことが書かれているので雪嶺の執筆と特定）を書いて反論した。前者では「真の世界主義は真の個国主義にして、真の個国主義は真の世界主義たるべきなり」と「世界主義」と「国家主義」を相互補完的と見る立場を示し、後者ではそれまでの政教社での思想活動を総括して次のように述べる。

> 本社初め国粋保存を倡道（しょうどう）して起ち、後ち更に国粋顕彰を倡道し以て此に継ぎたりぬ。世界に国する者が各々一国の特性を具有し、之を発揮し之を成達するは、即ち世界全般の進歩する所以（ゆえん）の途にして、世界に元素が多き丈け其れ丈け多く進化の行はるべきは必然の理たり。

「一国の特性」を発揮

先述したように、雪嶺は設立当初の政教社で「国粋主義」の理論化を中心となって担当したわけではなかった。とはいえ、日清戦後の新しい世代の青年である高山樗牛の挑戦を受けることで、雪嶺が大学時代に受容し『真善美日本人』で展開した社会進化論的な発想に基づく「一国の特性」の発揮が「世界全般の進歩」に資するという「国粋主義」思想の原理的な発想をなお把持していたことを、はしなくもこの論説で示すことになったといえよう。だが、『日本人』誌上で「国粋主義」が語られるのはこれが最後であった。創刊から一〇年、一つの思想の枠組みの結末を画するときが到来したのである。

こうして日清戦後の政教社では「国粋主義」は語られなくなったが、それが「一国の特性」に依拠する日本・日本人論や日本文化論、さらには「支那保全論」などの立論の背景に定着していくことになる。

新国字論争での主張

一つは、新国字論争における主張である。雪嶺は学生とその後の「学生的官吏」の時代から、かなの会や羅馬字会と関わりをもち、『羅馬字雑誌』にも寄稿していたほどである。日清戦争後に再度盛んになった新国字論の中心に立ったのは、明治二十七年にドイツから帰国して帝国大学文科大学博言学科の教授に就任した上田万年であった（長志珠絵『近代日本と国語ナショナリズム』）。やはり雪嶺よりは十歳ほど若い世代に属する。

上田の主張は、日本語の表記を表意文字である漢字を減らし音声文字（phonetic system）であるローマ字に代えてゆこうというものであった（「新国字論」）。それに対して雪嶺は、『太陽』創刊号に「漢字の利害」を書いてそのような主張に反対の立場を示す。第八号（明治二十八年八月五日付）の「文学」欄に寄せた「漢字利導説」では次のようにいう。

漢字を廃したりとて、其の比例を以て有益なる知識が普及すべしとは思はれず、而して有益の書と名くべきものを購読する階級の人は、漢字廃止令の出ればとて、祖先の思想を窺ひ、東亜の思想を得んが為め、猶ほ旧に依て一と通り漢字を学ぶべきなり、漢字廃止の事は思ふほどの洪益あらざるべきか。

そして「当代の状態にては、漢字は勢に於て廃すべからざるなり」と結論する。雪嶺が漢字廃止に反対した理由は、祖先の思想すなわち我が国古来の文献の読解に漢字の修得が不可欠だというだけでなく、日清戦後という時代状況のなかで「漢字の利は東亜思想を得、東亜政略、東亜商略を扶くるに在り、随て漢字記習(ママ)の旁ら漢文を学ばんことを要す」という点にあった。右のような主張からは、この直後にアジア主義者たちとともに東亜同文会を結成する端緒を読み取ることができよう。

絵画をめぐる子規との論争

もう一つは、日本新聞社員であった正岡子規との間で行われた当時の日本の絵画をめぐる論争である。そもそも雪嶺は、岡倉天心からの明治三十一年九月二十九日付の書翰(三宅家所蔵、流通経済大学三宅雪嶺記念資料館寄託)で、日本美術院賛助員への就任を委嘱されており、同時代にあって「日本美術」に対する造詣が深い者と位置づけられていた。

論争は、新聞『日本』明治三十三年一月二十四日付二面の「論説」欄に、雪嶺が「我国の絵画に就きて」を掲載して、「我が日本人として為すべきは、日本画といふ者を世界の絵画界に寄与するにあり」と述べ、岡倉天心らの日本美術院での試みを称揚しつつ、洋画の技法を取り入れることにも積極的姿勢を示したことを発端とする。翌日の同紙に升こと正岡子規が筆を執って、「多少の疑無き能はず」と前置きし、「画師は政治家に非ずといふ事だけは一言し置かざるべからず。画師は多く絵のために絵をかく者にして、日本を表示するなどいふ政治家的の考を有する者に非ず」と応じた。雪嶺が絵画の技法や機能的な側面に注目しているのに対して、子規は俳句や短歌の実作者らしく芸術至上主義的な立場を示したように見える。

二十六日付の同紙に雪嶺は「我国の絵画に就きて(再)」を投じて、こう論じる。

所謂日本画は欧人と競争するの必要なく、其れのみにて世界一とし得るも、その世界一とは浅田宗伯(あさだそうはく)の世界一を誇りしに類し決して立派なる事ならず、之を如何にすべきかは実に困難なる問題とす。

雪嶺は、「日本画は欧人と競争する」必要はないが、漢方医の浅田を引き合いに出して日本画が西洋で認められていないことの改善を図ることは難しいという。これに対して二十八日付の同紙で子規は再応し、雪嶺の意図が「今日我国の運命こゝに在るを謂へりとの事」を了解したうえで、洋画の技法を無暗に摂取することには、あくまでも反対の意思を示す。

「人生の両極」

雪嶺は結核(脊椎カリエス)のため「病床六尺」の生活を余儀なくされている正岡子規に同情を寄せ、見舞いのため子規庵に足を運んでいる。明治三十一年にはカメラを持参して子規の近影を残したほか、翌三十二年には雪嶺が高浜虚子(たかはまきよし)に献じた雌雄の鶉(うずら)が子規の手にわたり、子規はそれを写生している(山上次郎『子規の書画』)。

明治二十九年の『日本人』に、雪嶺は「人生の両極」(全七回)を連載する。第二四号

（明治二十九年八月五日付）に掲載された予告では、次のように述べている。

> 時局変化の兆（きざし）あるを以て、内政外政論客多くは実務と実勢とを説くに急なるが如し、……迂疎（うそ）なる余輩（よはい）は時に世間の称する空理空論を説道して、悠揚（ゆうよう）として人世を稽（かんが）ふるも、亦太（はなは）だ不可ならずと信ずる也。

内外多事の折柄、あえて「空理空論」を説くのだとされている。第一「引」では、個体から国家に及ぶ人類の生活＝「人生」の目的として「進化主義」と「快楽主義」と「実利主義」が挙げられるが、その目的に到達する方法として「進化主義」の考え方があるという。しかし、社会階級の分断化が進めば「社会主義」に至るやもしれず、宗教に走り来世を渇仰（かつごう）する者も現われる可能性もあり、いずれにせよ「人生」は「両極より観視すべき」ものだという（第二五号、同年同月二十日付）。「両極」の概念は「積極」と「消極」、「発動」と「吸収」などに展開し、この論説の趣意を甚だわかりにくくしているのだが、「社会主義」への肯定的評価が際立っている。

「優勝劣敗」と社会問題

第五「両極の関係　下」では、「優勝劣敗」の原則によれば政府は強者として弱者である人民を支配するというが、これは逆に新たな強者による政府の転覆を正当化することにつながってしまうという（第二九号、同年十月二十日付）。第六「社会に於ける両極」では、さらに踏み込んで「全社会の力を綜合して巧みに之を活用せんことは、蓋し将来に於ける社会主義の政府に求めざるべからず」（第三〇号、同年十一月五日付）と述べる。

日清戦後社会のなかで、労働問題を含む社会問題は深刻化の様相を見せ始め、明治三十年二月には「学理と実際とに拠り社会問題を研究する」ことを目的に社会問題研究会が結成され、三宅や陸羯南も評議員に名を列ねた。同三十四年五月には階級制度の全廃や土地と資本の公有を理想として掲げる社会民主党が結党された（横溝光暉『日本社会主義運動史講話』、赤松克麿『日本社会運動史』、『初期社会主義研究』）。思想的にいえば、明治の社会主義は一八九〇年代後半の社会問題と社会改良の波のなかから生れたのであり、思考様式の次元でその誕生を促したのは社会進化論が教える世界の大勢であって、その行き着く先が「社会主義」ということになる（松沢弘陽『日本社会主義の思想』）。

先に紹介したように、雪嶺は高島炭鉱の鉱夫虐使事件に対して同情を寄せ、それをきっかけに犬養毅との間で決闘事件まで起こしていた。彼の思考が「社会主義」に向かうことには必然性があったのである。そのような雪嶺の社会主義への態度を反映してか、すでに早く『亜細亜』第一巻第三七号（明治二十五年五月二日付）には無署名ながら内藤湖南執筆と推定される「社会主義を執れ」が、第二次『日本人』第一〇号（同二十七年三月三日付）以降には長沢別天の「社会主義一斑」が連載されていた。日清戦後の第三次『日本人』になると、幸徳秋水や片山潜、樽井藤吉らもしばしば筆を執っている。「政教社系の思潮と社会主義の関わりは深い」（荻野富士夫『初期社会主義思想論』）といわれる所以である。

朝鮮への干渉

「人生の両極」は最後の第七「列国における両極」で、国家より大きな国際関係に説き及ぶ。国と国との関係も個人や社会と同じだとして、一国の体面を備えることができない国に対しては、これを亡ぼすことでかえって国民の福利向上につながる場合、そのような国を潰滅させるのはやむをえないと論じる。国内が乱れて組織を一新することができない国に対する他国の干渉は、むしろ正当の義務に属するとして、トルコと朝鮮の例を挙げる。

　とりわけ朝鮮は、列国に対して独立対峙すべき国力を有せず、それゆえ外国に対するときは、他の外国に力を借りる必要があるとする。しかし、ロシアや清国による従来の干渉は不適切だと断じ、朝鮮に対する日本の干渉に含みを残す。こうした主張は、前引の「非国醜保存」で「世界に国する者が各々一国の特性を具有し、之を発揮し之を成達するは、即ち世界全般の進歩する所以の途」だと述べていたことと矛盾しないだろうか。

　同じ時期、『太陽』第二巻第五号（明治二十九年三月五日付）の「政治」欄に掲載した「朝鮮の政情」で雪嶺は、朝鮮の現状は「我国の上世より中世に至るの間に類し、藤氏の末年と比較するに、文化の程度略ぼ相若き」と位置づけ、「我が秘法を以て朝鮮を起し、仁術の光栄を東洋に輝かすは、実に大国民の職分なり」と結論する。「秘法」「仁術」の具体的な意味こそ語られてはいないものの、およそ一〇年後に強行される朝鮮併合を批判する視点はここからは出てこないであろう。

哲学者とは

『哲学雑誌』第一三二号（明治三十一年二月十日付）掲載の「哲学者とは何ぞや」（前年十一月同会で講演）では、哲学者を歴史的に概観して、ヘーゲルまでは哲学は学問の第一位を占め、諸学がこれに従うような傾向もあったが、その後も哲学者を輩出しているにもかかわらず、軽んじられているのはなぜであろうか、と哲学者自身の責任を問う。

> 今日の哲学者は批評比較に忙殺せられ、此積極的解釈を忘れたる者の如く、例せば倫理問題の出づれば、諸哲諸賢の説を列挙して、而して自から判断せず、最後の断案を繹ねらるれば、則ち唯だ究竟原理まで推究せざる間は之を明言するを得ずと言ふのみ、其他一切の人生問題、社会問題、国家問題等に対しても、皆同一筆法を以て答ふるなり。

要するに、哲学者が先哲の学説を整理するだけで、自身の判断を示さないことを非難している。そのうえで、哲学者の任務を「哲学者は社会に在て斯の比較上合理的の解釈を与ふるの任務あるものなり……社会の波瀾に動揺せられず出処進退総べて自己の意志に頼るを得べき地位に居るを適当とす」とした。『哲学涓滴』以来、社会と密接する姿勢が一貫していたといえよう。また、「毀誉褒貶は顧るべきにあらず、唯だ瑣々たる小問題を追求して之が解釈に努むるは、啻だに必要の存する所たらざるのみならず、又哲学者の品位を墜落するの恐あり、これ戒めざるべからざるなり」と述べ、小問題ばかりに拘泥する当時の哲学者を批判している。時事の「評論」だけでなく、「更に多く年月を要する者」とされる「研究」の領域は、引き続き雪嶺のなかに残っていた。

「第二維新」が唱えられたとき、改めて雪嶺が取り組んだ対象が西郷隆盛であった。すでに内村鑑三は、明治二十七年に刊行した『代表的日本人』(英文)で西郷隆盛を取り上げていた。雪嶺が期待を寄せた隈板内閣がわずか四ヵ月で瓦解したあと、明治三十一年十月二十日付刊行の『太陽』第四巻第二一号「歴史と地理」欄に彼は「西郷隆盛上」を寄せた。そこでは、イタリア統一運動の英雄であるガリバルジーとの比較で西郷を論じ、「思想粗雑」ではあるが「破格の政治家」であって、「西郷は理の動的なる者、ダイナミックなる者か」とする。最後に、「西郷もガリバルヂーも、共に勢に恵まれたる無くはあらざるなり。勢の為めに勝てば、勢の為めに或は敗れん、成功と失敗とありて、此に始めて人物の真価を明にすることを得んか」と論じ、すべてを「勢」に帰する見方を示していた。

しかしなぜか「西郷隆盛　下」は『太陽』誌上に書かれることはなく、翌三十二年の

『日本人』に三号にわたって連載された。このうち雪嶺の西郷観が全面的に展開するのは『日本人』第八六号（同年三月五日付）に掲載された「第四　勢力空しく散ず」であろう。冒頭「国家の事、其の成るや勢に因る、夫の所謂英雄豪傑の士は実に其の成らんとするの勢を活用するに過ぎず」と、やはり「勢」を重視する英雄観を展開した（長妻三佐雄『公共性のエートス』）。

西郷と「勢」の関係については次のようにいう。

西郷は居常大事を以て自ら任ずる者、瑣々たる細事の如きは特に意に介せざる所、海内大に乱るゝの時、乃ち兵を将て其難に赴くか、否らずんば大に兵を海外に動かすの時、乃ち進んで其労に当らんとは実に平素の期する所にして、又た嘗て自ら明言せし所なり、之を外にしては事一に勢の向ふ所に任かすのみ、苟も大勢の向ふ所已れに要あれば則ち此に応じて動き、要無くんば則ち止まる、是れ洵に其志なり、

西郷の志は「勢」にしたがって挙動を決することだったという。これよりのち、雪嶺は多くの人物論をものすることになるが、歴史において人を動かすものは「勢」であり、いずれ『同時代史』に結実する近代史叙述を貫く歴史観も「勢」と人が織りなす壮大なドラマであった（『明治の青年とナショナリズム』、フランソワ・ジュリアン『勢　効力の歴史』）。

「勢」の歴史観

議会開設にともない「第二維新」が叫ばれていたころ、『国華新聞』（明治二十三年十一月

十七日付）に「南洲先生伝」を執筆したことは前に述べた。だがこのときは、「第一回小引」のみしか残っていないので確証は得られないものの、「勢」が人を動かすという歴史観はまだ現われていなかったと思われる。のちの『同時代史』につながる「勢」の歴史観は、日清戦後の時期に立ち現れたと考えられるが、それは西郷隆盛を論じるなかで形成されたといえよう。

三　初期政教社の終焉

政教社の移転

明治三十一年（一八九八）一月二十三日、政教社の編集部にあって同二十四年以来八年間にわたって三宅や志賀重昂を支えてきた畑山呂泣が肺結核で死亡した（第三次『日本人』六〇、同年二月五日付）。加えて、進歩党の幹部である志賀がいよいよ政界での活動に時間を割かれるようになると、雪嶺の周囲は閑散とした状況であったと推測される。

そのような政教社が同じ神田区でも、駿河台南甲賀町八番地から雉子町三二番地に移転したのは、『日本人』第六九号を出した明治三十一年六月二十日から、第七〇号を出した七月五日までの間であった。雉子町三二番地とは日本新聞社の住所であり、その社屋の二階の一室が政教社の編集室となったのであった。この移転以降、政教社と日本新聞社の一体化は自他ともに認めるところとなった。

二年後にはなるが、明治三十三年十二月調製の「日本新聞社職員俸給手当一覧」（弘前市立郷土文学館所蔵）なる史料によると、社長の陸羯南の月俸が一五〇円、客員の雪嶺のそれが七〇円、正岡子規が四〇円となっていて、政教社の分として香川悦次（怪庵）三〇円、八太（徳三郎と推定）一五円と記されている（中野目徹「弘前に寄贈された陸羯南関係史料」）。つまり、政教社員の俸給もすでに日本新聞社の職員の俸給のなかに組み込まれていて、一括して支払われていたことがわかる。

隈板内閣成立

政教社の移転と同じ時期、明治三十一年一月十二日に成立したばかりの第三次伊藤内閣が自由党との提携問題の紛糾で瓦解した。六月二十二日に自由党と進歩党が合同して憲政党が結成されると、伊藤博文は大隈重信と板垣退助の両名に大命を降下するよう明治天皇に求め、同月三十日、我が国で最初の政党内閣として第一次大隈重信内閣が誕生したのである。これを見た政党嫌いの山県有朋は七月二十六日付の「親近者」宛書簡で「明治政府の落城」と浩嘆せざるをえなかった（『公爵山県有朋伝』）。

志賀がこの隈板内閣で外務省勅任参事官に任官したのは翌七月の十三日であるから、その直前のことであろう、「政教社の二階」で次のような会話が交わされていたという。

一日政教社の二階で同人相会す。志賀の素振り甚だ浮々たり、雪嶺窃かに紙片に

『直参』（ママ）の二字を書して志賀に与ふ、蓋し、これ一種の辞令にして、君は最早政教社を去ても宜い時だの謎なり。（五斗兵衛『大愚三宅雪嶺』。著者は元日本新聞社員）

もとより戯作記事の一節ながら、その場に居合わせたかのような場景が描かれている。

勅任官へのこだわり

では、雪嶺が勅任官へのこだわりがまったくなかったのかといえば、そうではなかったと思われる。明治三十二年の臨時博覧会事務局鑑査官任命をめぐって『読売新聞』が伝聞として報じた記事には次のようにある。

△三宅雄次郎（ママ）氏は林（林忠正）事務官長より鑑査官たるべき交渉を受けたる時問ふて曰く、今度の鑑査官は勅任待遇なりやと。交渉員否と答へて別れしが、後全然之を辞退せり。外山（外山正一）博士評すらく、美術の鑑査をするに勅任も奏任も要た話ぢやない……今此語の三宅が口より出でんとはと。（同年八月二十四日付）

雪嶺のなかでは、新聞・雑誌界において一〇年来雁行してきた志賀や徳富蘇峰が勅任官となっているのであるから、たとい鑑査官であってもいまさら勅任待遇以下では沽券に関わるという意識があったのであろう。

東亜同文会

隈板内閣が旧自由・進歩両党の確執によってわずか四ヵ月で空中分解することが明らかとなり、元老会議で後任首相に山県有朋が推された明治三十一年十一月二日、当時政界の新人と目された近衛篤麿を会長とする東亜同文会が発会した。これはまさに「東方問題に関係ある諸団体の合一」（滬友会『東亜同文書院大学史』）であった。別言すれば、明治十年代から叢生したアジア主義を奉じる団体が大同団結した恰好である。すでに同年春に陸羯南や池辺三山らと東亜会（事務所は政教社内に置かれた）を結成していた雪嶺は、同年六月に荒尾精を中心に、近衛を擁して組織された同文会との合併交渉にも深く関わり、次のような発会決議の起草委員にも選ばれている（『近衛篤麿日記』二、『近代日本における対外硬運動の研究』）。

一、支那を保全す
一、支那及朝鮮の改善を助成す
一、支那及朝鮮の時事を討究し、実行を期す
一、国論を喚起す（『東亜同文会会則』）

「支那保全」の主張

「支那保全論」と総括される同会の主張は、この時期の雪嶺の対中国観を示すものとみてよいであろう。すなわち中国の独立を保持したうえで日中の密接な経済関係を構築し、もって欧米列強のアジア政略に対抗しようというのである。有力な会員には谷干城、犬養毅、佐々友房らがいた。陸羯南は幹事長に就任しているが、雪嶺は幹事に選任されていない。

国民同盟会

明治三十二年、憲政党分裂後の国内政治と、中国民衆の間の排外意識に端を発する義

和団事件による東アジア情勢の流動化という局面において、雪嶺が「勢」に乗じた英雄による現状打破を考えたとすれば、このとき彼の視野に入っていたのは近衛篤麿と大隈重信の二人であったと思われる。とりわけ近衛に対しては、すでに『精神』第五六号の「近衛公の行為（上）」で、「近衛公は齢尚ほ壮なるも、名望至て高くして、妨碍誘引並び至りしなるべし、例に依らば須らく因循に流るべきに毅然として立つこと彼の如し」（明治二十八年六月一日付）と述べ、大きな期待を寄せていた。

東亜同文会は、先の発会決議に見るように「支那保全」のための助成・討究・喚起を行う団体であって、実際にこの年から政府の補助金を受けて教育や文化活動を開始していた。そこで、現実政治への対応のための団体として近衛を中心に河野広中、犬養毅、佐々友房らによって新たに結成されたのが国民同盟会であり、同年九月十一日の発起準備会に雪嶺は発起人の一人として参加している（『近衛篤麿日記』三）。同会は設立当初、「非政社的無組織的」にして、しかも「有形有名の団体」（『国民同盟会始末』）として同志者が集会したもので、すでに述べたように雪嶺はこのような組織による運動を好んでいた。

一方、明治三十二年から伊藤博文は模範的政党の結成を目指して地方遊説を始めており、星亨率いる憲政党（旧自由党系）がこの動向に呼応して新党結成の合意に達したのは翌三十三年六月一日のことであった。憲政党分裂後、憲政本党（旧進歩党系）に属して幹部となっていた志賀重昂は、伊藤が直接自宅を訪ねて誘引したこともあり、同年九月十五日に創立大会を開いた立憲政友会に入党することになったのである（後藤狂夫『我が郷土の産める世界的先覚者志賀重昂先生』、『明治の青年とナショナリズム』。後藤は志賀の秘書であった）。

ほぼ時を同じくして誕生した両会は、ロシアへの強硬姿勢を鮮明にする国民同盟会に対して、政友会が九月十八日に「国民同盟会の行動は外交上国家に不利なるもの」という決議を行うなど、「相敵視するの状態」（『河野磐州伝』下）に立ち至った。そして国民同盟会には雪嶺が、政友会には志賀が参加することにより、政教社誕生以来同社を中心となって支えてきた二人は、「相敵視」する団体に属することになってしまった。

「世を誨ひらるる学校」

このころの雑誌『日本人』について、雪嶺と同じ金沢の出身で、帝国大学の選科で哲学を専攻して、当時は京都府立尋常中学校の教頭職にあった山本良吉（のちに京都帝国大学学生監や武蔵高校校長を歴任。上田久『山本良吉先生伝』）は、『日本人』第一一九号（明治三十三年七月二十日付）に投稿した「理想より見たる我新聞紙」において次のように評している。

「日本人」が「日本」とよく似合ひたる所のあるはいふまでもなく、高潔独立といふ事は両者が共通の長所にして、無造作無頓着てふ事は亦共通の短所なるべし。「日本」は其一派が自己の意見を発表する機械にして、「日本人」は雪嶺先生が世を誨ひらるる、学校なり。

『日本人』は雪嶺の個人雑誌としての色彩を強くしたのである。さらに当時の雪嶺を「今の世にて、最も古の哲学者の風ある者」とし、「先生の眼は動植物の最小よりして宇宙外の大に及び、事物を解するすべての時元空元の範囲を脱す」と捉えていた。

一方、明治三十四年十一月十八日付の『万朝報』は「当今の新聞記者」と題する連載記事の二番目に雪嶺を論じて（ちなみに一番目は福地桜痴）、「世、先生を仙人と云ひ、変物と云ふ、然れども先生は、仙人にもあらず変物にもあらず、博識の学者として、篤行の君子として、健腕の記者」だとして、さらに「『日本人』及び『日本』に掲ぐる所の議論皆な穏健にして切実、聴く可く、行ふ可し」と評した。

足尾鉱毒事件

この時期の雪嶺の活動で注目しておくべきものの一つに、足尾鉱毒問題への関与が挙げられる。そもそも古河鉱業が経営する足尾銅山の鉱毒問題は明治八年ごろから発生していたが、同二十四年に栃木県選出の代議士田中正造によって議会で取り上げられると問題化した。同二十九年になると、被害民や田中らの運動を支援する動きが東京の新聞・雑誌記者、キリスト者、学生たちの間で広がり、翌三十年三月には被害農民が大挙して東京まで押し寄せた。新聞『日本』でこれを取り上げた福本日南は、論説「足尾銅山鉱毒事件」（同年三月五日付）で、「現政府にして万一猶ほ前政府のごとく冷々澹々此の事件を藐視せば、吾人も亦二千人の先頭否群馬栃木埼玉荊木（茨城）四県数百万人の先頭に立

田中正造との関係

大隈重信・田中正造らとの集合写真
（三宅立雄氏所蔵，流通経済大学三宅雪嶺記念資料館提供）
前列右から２番目が田中，以下順に左隣が三宅，大隈，新渡戸稲造

ち、鼓を鳴らして之を中央の政府に問ふ所あらん」と威嚇した。

雪嶺はその後一〇年以上にわたって、鉱毒調査会や救済会の会員に名を列ね、田中らの運動を支援し続けた。運動が下火になったあとまで妻の花圃とともに、遊水池とするため廃村となった谷中村（やなかむら）に足を運んでいる。日記や書簡によると、田中は上京するとしばしば赤坂の三宅家を訪ね、例えば明治三十六年十月八日付の三宅宛書簡では、演説会に登壇することを依頼したうえ、「正造の見る処（ママ）よれば誠に国家の内部は亡びて今は殆（ほと）んど乱世に候」（『田中正造全集』一六）

と述べて、鉱毒問題が「亡国」につながることを訴えている。田中は三宅家に寄ると三、四時間も被害状況について説明し、「家族のものと一所に同じ机で飯もたべた」（柴田三郎『義人田中正造翁』）。同四十年になると、田中の依頼により三宅や島田三郎らはいわゆる「一坪地主」として谷中村の土地を購入し、土地収用法の執行に対抗しようとしたが（同前所収、三月二十七日付三宅宛田中書簡）、六月二十九日には残留民家屋の強制破壊が行われた（荒畑寒村『谷中村滅亡史』）。

しかし、雑誌『日本人』が、かつての高島炭鉱鉱夫虐使事件のときのように、特集号を組むようなことはなかった。

明治三十四年四月二十六日、博士会の推薦により雪嶺に文学博士号が授与された（『官報』五三四二）。同時に授与された者に、大家としてはかつての明六社員で日本弘道会会長の西村茂樹、ともに国学者の小杉榲邨と木村正辞、若手としては高等師範学校教授の三宅米吉、東京帝国大学教授の萩野由之らがいる。柳田泉によれば「先生の学殖、文章、人物が、学会、文壇、輿論から認められた結果といってよい」（『哲人三宅雪嶺先生』）とされる。夏目漱石が「学位を与へるのは名誉の為だと云ふならば無理に与へねばならぬ理由はあるまい」（「〔学位問題に就いて〕」『漱石全集』二六）との理由から博士号を辞退（拒否）したのはそれよりちょうど一〇年後の明治四十四年だが、雪嶺の場合について香川怪庵の

「風聞録」は次のように伝える。

田口鼎軒（卯吉―引用者）曰く、三宅君は博士は辞退するほどの価値もないと言はれたが、なか〳〵そうでない、文部省の秘書を借覧する特権を得らると。（『日本人』一四四、明治三十四年八月五日付）

「辞退するほどの価値もない」とは雪嶺らしいが、これよりのち多くの新聞・雑誌論説の記名の肩書として「文学博士」は生涯使用される。

四 世界旅行

旅費の出所

博士号の取得から一年と経たない明治三十五年（一九〇二）の初めになると、雪嶺の洋行がささやかれ始める（以下、『明治の青年とナショナリズム』）。同年一月二十九日付の『読売新聞』は「三宅雄二郎氏の外遊」というベタ記事で、「来三月中旬を以て欧米漫遊の途に上る」と報じている。おそらく前年から雪嶺洋行のことは計画され、その情報は新聞雑誌界で共有されていたのであろう。実際に東京を出発したのは同年四月十二日であった。

三宅に洋行を促し、旅費の工面の仲立ちをしたのは陸羯南であったようだ。雪嶺の自伝には次のようにある。

陸羯南が旧司法省法学校の同窓生で金沢人なる河村、桜井等と話し合ったことがある。……この人等の知合で京都に藤原といふのがあり、自分が早稲田に授業した頃に学生であつた。……何かの話の折に自分を洋行させてはといふことになり、陸からどうだらうと言ひだした。（『大学今昔譚』）

文中の「河村」は司法官の河村善益、「桜井」は神戸の弁護士桜井一久でともに司法省法学校明治十七年卒業。「藤原」は京都の木綿問屋藤原忠一郎で、雪嶺が講師をしていた東京専門学校に明治二十三年に入学し、このときは父源作の遺した莫大な財産を相続していた（橋本正志編『橋本源作翁伝』、『読売新聞』明治三十四年十一月二日付）。同じ時期にヨーロッパに留学していた夏目漱石が文部省の官費、鳥居素川が朝日新聞社からの派遣であったことと較べると、洋行の目的を自由に設定できる便宜があっただろう。

洋行の目的

その目的については、出発の翌日付の新聞『日本』に雪嶺の署名入りで掲載された社説「遊歴に就き」では次のように述べられている。

近来外国に往く者、外国より返る者、遽に多きを加へ、外遊といふ事は殆んど一の流行と為りたるが、図らず予も亦た自ら其の圏内に入れる形あり。然るも彼の人々は皆な恐らく確実の目的を有するもの、……予は此と違ひ、頑鈍迂闊にして陋巷に蠢動するの偶々師友に憫まる、所以と為り、孜々営々として労すべき忙々急々の時代に意の向ふがまゝに遠遊することを教へられたり。

要するに、洋行が珍しくはなくなった当代、諸友の好意により「意の向ふがまゝに遠遊」しようというのである。したがって、随時の報告も保障しないと宣言している。同じ紙面の「社告」では、「君が特得の観察に依て作らる、特得の文章が我が日本の紙上に登るの日を読者と共に待つものなり」という期待が書かれているものの、明治二十四、五年の南洋巡航のときと同様、結果としてその期待は裏切られることになる。今回の洋行中の文章が『日本』に掲載されることはほとんどなく、帰国後の雑誌『日本人』に断続的に連載されたあと、政教社から『大塊一塵』として刊行されたのである。

田辺太一の書簡

もっとも、元外務省高官の岳父田辺太一が、旧幕臣の出身で当時は駐英公使であったいわば後輩外交官の林董（はやしただす）に宛てた四月十三日付の便宜供与依頼状が、外務省外交史料館への寄贈資料のなかに残っている。それによると、「今般三宅雄二郎事、太西観光之為渡英仕候処、原来一介之書生、全然私之旅行にも御座候へ共、到処知音（ちいん）も不多（おおからざる）に付、御地罷出候節者可然（しかるべく）垂青（すいせい）御扶翼」（林—書簡—六二）を願うとしている。ここでは、「一介之書生」とされた雪嶺の洋行は、「観光」を目的とするまったく私的な旅行とされている。

出航

四月十六日、神戸から日本郵船のボンベイ（ムンバイ）航路「広島丸」（三二八三トン）に乗

洋行日程表

年	月日	事項
明治35年（1902）	4月12日	東京出立，14日神戸着
	16日	神戸出航，17日馬関着
	18日	馬関出航
	23日	香港着，シンガポールを経て
	5月 2日	コロンボ着
	16日	ボンベイ着，インド国内旅行（シムラ等）
	7月 3日	ボンベイ出航
	9日	アデン着，スエズ運河を経て
	14日	ポートサイド着，マルタ沖で和歌を詠む
	19日	マルセーユ着，リヨンを経て
	26日	パリ着，中村不折と会う
	8月 1日	ロンドン着
		この間，各地見学，日本人会出席，観艦式陪乗等
	11月15日	ロンドン出立
	23日	ベルリン着，鳥居素川と会う
	12月上旬か	セント・ペテルスブルク着
	7日	モスクワ着，明石元二郎大佐と会いオデッサを経て
	15日	コンスタンチノープル着，ソフィア，ブダペストを経て
	22日	ウィーン着
	27日	ベルリンに戻り越年
明治36年（1903）	1月28日	ヴェニス着，ローマ，ナポリを経て
	2月 9日	パリ着
	25日	パリ出立，ベルギーを経て
	3月 1日	ロンドンに戻る
	4月初旬か	アメリカに渡る
	5月	カリフォルニア州サンタローザに長沢鼎を訪問
		カリフォルニア大学でルーズベルト大統領の演説を聴く
	16日	サンフランシスコ出航，ハワイを経て
	6月 3日	横浜帰港（4日上陸）

雪嶺・花圃往復書簡を中心に，新聞『日本』掲載の消息，その後の雪嶺の著作等から情報を集めて作成した．

船して始まった雪嶺の旅程は表のように推移した。なかでも、インドのボンベイと英国のロンドン、仏国のパリに比較的長く滞在している。およそ一年にわたる旅行中の動静や心中は、前述したように新聞・雑誌上からはうかがえないが、三宅家から流通経済大学三宅雪嶺記念資料館に寄託されている妻の龍子（花圃）に宛てた雄二郎の二〇通の書簡（几帳面なペン書き）と、逆に龍子が雄二郎に宛てた三〇通の流麗な墨書の書簡（おそらく持ち帰ったのであろう）によって知ることができる。

　このうち、インドに長く滞在することになった理由は、当初から訪問地として想定していた南アフリカへの便船を待っていたためである。そもそも雪嶺は、出発前から南アフリカで勃発したイギリスとオランダ系住民の間のボーア戦争と、その立役者であったセシル・ローズには多大の関心を抱き、『日本人』第一〇九号（明治三十三年二月二十日付）に論説「現世界の偉男子ローズの思想」（掲載時には無署名。のちに三宅雪嶺『大塊一塵』に収録）を書いていた。帝国主義の最前線と見なされていた南アフリカの視察は、当初から重要な目的の一つとなっていたのである。しかし、結局便船の都合がつかず、直接ヨーロッパに向かうことになった。

インドの印象

　雪嶺は『日本』に寄せた「印度の酷暑」（七月二十四日付）のなかで、「印度人の怠慢、懶惰（らんだ）、運動嫌い、寝好き、進為の気性に乏しきは、気候に化せられしこと其の多きに居るべく、此の如き熱国は吾人の久しく安んじて居るべきに非ず」と記した。滞在中をボンベイ「山の手」の日本郵船社宅で過ごした雪嶺の視線は、自ずと植民地支配者側のそれになってしまい、インドの民族や文化への配慮はまったく見られない。従来の中国観・朝鮮観ともまた異なったインド観を示すことで、雪嶺のアジア主義というものはさらに複雑な様相を帯びることになったといえよう。

「概ね予想の通り」

そのボンベイでは、入れ歯が抜け、時計を失くすなどのアクシデントはあったが、七月七日には出港し、スエズ運河を経由して同月十九日には仏国マルセイユに到着した。この経過を報告する同月二十五日付の龍子宛書簡では次のように報じられている。

……西洋に足を容れて以来何の奇もなく概ね予想の通り又は一、二割劣り候へど料理は本場丈け流石に候、材料は同じくとも味の附けやうは西洋軒（築地精養軒カ）等の到底及ぶ所に無之候……

ヨーロッパの第一印象として重要な一節といえよう。西洋文明なるものも、遠い日本で思っていたほどではないというのである。西洋料理とその材料の比喩は、雪嶺の文明観を知るうえで意味があろう。いずれにせよ、同じ時期にロンドンに滞在していた夏目漱石の「神経衰弱」も雪嶺とは無縁である。

花圃からの消息

のちに『日本及日本人』の表紙を担当することになる洋画家で書家の中村不折とは、

パリで邂逅したものの慌ただしくフランスを過ぎ、雪嶺がロンドンに到着したのは八月一日のことであった。以後、三ヵ月半を同地で過ごし、ついで十一月十五日から翌年三月一日までのおよそ三ヵ月半をドイツ―ロシア―イタリア―フランスなどの大陸旅行に費やし（鉄道事務官の内藤彦介・小林源蔵と同道。ベルリンでは日本新聞社から大阪朝日新聞社に移った鳥居素川と会っている）、それから約一ヵ月は再びロンドンに滞在することになった。

雪嶺宛花圃書簡の挿絵
（三宅立雄氏所蔵，流通経済大学三宅雪嶺記念資料館提供）

その間にも、龍子からの書簡は頻々と届く。それは、総選挙の結果から子どもたちの様子、知友の噂話から同居する甥の恒方（昆虫学者。当時は東京帝国大学学生）の結婚相手のことまで、『藪の鶯』の作者の筆は饒舌そのもので、この夫婦の日常会話の様子を彷彿とさせるものがある。八月中の発信と推定される書簡では、恒方の相手が銀行家の娘であることが龍子の気に入らない様子で、「先

方は金銭の人故此もとの如き書物連中とは不承知の事と大方察せられ候」と書かれている（この結婚は成立せず、恒方は後年、加藤弘之の姪の安子と結ばれる。作家三宅やす子である）。雄二郎も十月二十四日付の龍子宛書簡で「若い時の自由結婚は後悔ありがちと存候」と書き送っている。十一月中旬ごろ発信と推測される龍子の書簡の末尾には、図のような留守家族団欒の絵が描かれている。二人の間には二男三女が生れ成長しつつあった（明治二十七年生まれの長女多美子〈たみ〉、二十八年生まれの長男勤、二十九年生まれの次女小枝子〈さえ〉、三十一年生まれの次男当次、三十四年生まれの三女淑子〈よし〉）。

ウィンザー城の雪嶺
（三宅立雄氏所蔵，流通経済大学三宅雪嶺記念資料館提供）

自由主義対帝国主義

一方、雪嶺はロンドンで、ヨーロッパを観察するための独自の方法の獲得に手応えを感じつつあったようだ。『日本』紙上に三回にわたって連載された「雪嶺の書翰」には次のようにある。

小生事最初外遊を以て挿絵の実物を観る如く心得、無暗矢鱈に飛び廻りて見物すれば善し、精しきは帰りて書物を読めば分ると為し丶が、倫敦に入り漸く日を経るに随ひ、少くも数月間此処に落ちつくの必要を感じ申候、（十一月五日付）

つまり、腰を落ちつけて観察する必要に気づいたというのである。世界の中心であるロンドンで、新聞雑誌を読みながら「生命」ある出来事の発生や変化をつかみ取ろうとすると、「自由主義対帝国主義は当代第一の好題目」であり、戦争はもはや帝王どうしの戦争ではなく、成り上り資本家の戦争という様相を呈している、と判断できるという。さらに、「小生事未だ別段に思想の変ずるを覚えず候へど、東に在りて西を想ひし時を省みるに、頗ぶる西に粗なりやの感なきにしも非ざる」、と西洋に対する理解の不足を反省している。

夏目漱石との違い

前に挙げた夏目漱石は、妻鏡子宛明治三十五年三月十八日付書簡のなかで、ロンドンでは「少しも交際をしない」（『漱石全集』二二）と記し、前年三月十六日の日記に「只西洋から吸収するに急にして消化するに暇なきなり、文学も政治も商業も皆然らん、日本は真に目が醒ねばだめだ」（同前一九）と書き込んで日本の近代化批判に視線が向かっていた。それに対して雪嶺の場合、その西洋観察はある意味で健康的、むしろ英国を中心に展開する国際情勢の現実をキャッチしようとする「記者」としての目線が勝っていたように見える。同時に、ロンドンや郊外の都市のインフラを東京と比較して「進むに根柢あり素養あり」（『日本』明治三十五年十一月二十日付）、あるいは雑誌 *Edinburh Review* が一〇〇周年を迎えたことを評して「何でも根性骨(こんじようぼね)の堅きが貫く候」（同前十二月二十五日付）と述べるなど、英国文明の根拠の確かさとよき保守主義の伝統に考慮が及んでいたことがうかがえる。

アメリカを経て帰国

こののち、大陸旅行中の書簡のほとんどは絵葉書であり、明治三十六年四月と推定されるアメリカ合衆国渡航後の書簡が残存しないので、これらの国々に対する三宅の感想は帰国後の論説によるしかない。他方、龍子からの書簡の内容で気になるのは、明治三十五年十二月十三日付で「八太氏(八太徳三郎)政教社につき困惑」、翌三十六年二月十七日付で「日本新聞社の経済混乱」と、政教社と日本新聞社の維持の困難さを伝えていることである。

明治三十六年五月十六日、雪嶺は東洋汽船「日本丸(にほんまる)」に乗船してサンフランシスコを出港した。横浜に到着したのは六月三日であった。帰国第一声は同月二十日付発行の『日本人』第一八九号に掲載された「洋行といふ事に就きて」であった。このなかで彼は、「単に洋行せりといふのみにては以て何事をも言ふべからず。必ず其の人の従事する所を観ざるべからず」として、洋行の成果を今後の言論活動に活かそうとする意気込みを示した。ついで七月に入ると新聞『日本』に「日本人の散布」を連載し、八月以降になると『日本人』誌上に毎号、西洋諸国の社会と日本の社会の比較論を掲載する。それらの論説をまとめて一書にしたのが『大塊一塵』であった。

　こうした著作からうかがうことのできる洋行の成果とは、まず、日本人とは何かという年来の課題を再確認し、日本人が世界人類に果たしてゆくべき役割に関して一定の見識を得たことであろう。すでに論じたように、政教社結成当時の雪嶺の関心は、「国粋」とは何かを追求することには向かわず、やがて『真善美日本人』と『偽悪醜日本人』という日本人論として結実する文化ナショナリズム的な色彩の強いものであった。それが『大塊一塵』所収の「日本人の性質」では、「一言にして日本人を評するは思はざるの甚だしきもの、若し評して当らんことを求むる、更に仔細に考察するを要す」と、きわめて慎重な見方を示すようになっている。

　次に、それまで南洋地域と朝鮮半島の一部しか実際に視察したことのなかった雪嶺が、インドや欧米諸国を日本との比較の対象として実見し、旅行者の視線にせよ各地の現状を肌で知ったことである。雪嶺は当時の世界にあって文明化の度合いを観察すると、英国と仏国が一番で、これに次ぐのが独国であると判断した。なかでも英国を「秩序成立し、保守の極殆（きわみほとん）ど頑迷に陥るとはいへ、其の国人は皆な大に自由を得、絶へて業務を妨げられずとして可」と、問題点もふまえて高く評価した。そして、「我が現状の渾沌たるは固より猶ほ幼稚なるの致す所、更に秩序を成立せしむるを要し、更に過去との連絡を確固ならしむるを要す」と、日本の現状を手きびしく批判するが、単なる西洋文明の受容ではだめで、「秩序」と「自由」に加え「過去との連絡を確固」にすると述べ、「国粋主義」の基本的立場を堅持しているのを見ることができる。秩序がいまだ確立しない間は文明というものも真の文明ではないと考える雪嶺にとって、日本だけでなく当時のアメリカ合衆国もまた、「進歩の最中にありて而も調和を得ず、或るものは急劇に進歩し或るものは依然停滞するの致す所」（『大塊一塵』）とされた。

五　日露戦争と『日本』退社

帰国後の雪嶺

洋行から帰国後の三宅雪嶺は早速、国内の政治運動に関わっていく。雪嶺も設立発起人の一人であった国民同盟会は、彼が洋行に出発した直後の明治三十五年（一九〇二）四月二十七日に解散していた。雪嶺が帰国したとき、かつて対外硬運動を担った人々や新たに運動に参画した人々は、およそ二年後の日比谷焼打事件の直前に講和問題同志会に結集する七つの団体にまとまりつつあった。このうち近衛篤麿を中心とする対露同志会が設立されたのは明治三十六年八月九日で、十月五日には全国大会を開催した。

また、雪嶺にとっては郷里の後輩で、同じ本多家中でもあった戸水寛人をはじめとするいわゆる帝大七博士たちは、同年四月に近衛とともに南佐荘グループを構成し、六月十日に政府に対して建議書を提出した（公表は二十四日）。同年十二月十日になり、やはり近衛を中心に桜田倶楽部が結成されると、雪嶺もその協議員に名を列ねることになったのである。他の協議員には陸羯南、ともに国権派の衆議院議員である大竹貫一や神鞭知常、戸水ら帝大七博士らがおり、幹事には日本新聞社員だった五百木良三、のちの鉄道大臣小川平吉らがいた（『近衛日記』、『近代日本における対外硬運動の研究』、宮地正人『日露戦後政治史の研究』）。

近衛篤麿への期待

ところが、これら一連の動向は近衛の意向と存在を中心点として展開したとはいえ、すでに難病に侵されていた近衛は病床にあって実際の活動に携わることなく、明治三十七年一月二日に没してしまう。若き日における「評論」活動の当初より反薩長藩閥を旗幟に掲げていた三宅にとって、自身と同世代で元老とは出自を異にする近衛への期待には相当大きなものがあった。死の直後には、高い身分にかかわらず「世態人情に通ずる」人物で「総べての人と交はることを得、名門を以て誇れる事あらず」（三宅雪嶺『偉人の跡』）とその人柄を評したが、後年になると次のように述べて早すぎた死を悼んだ。

確かに政界に於ける一中心を形づくり、年一年其の輪廓を大にする勢あり。若し存命せば、清浦内閣流産後、大隈内閣よりも近衛内閣を見たるべし。……近衛は担がれて平然、鶏鳴狗盗にまで担がるゝは、他の事は暫く措き、首領とし生れ出でたりと謂ふべし。（「半百年生死録」『日本及日本人』七一四、大正六年九月二十日付）

長期にわたる桂園時代を経たのちの論評とはいえ、第二次大隈内閣の代わりに近衛内閣の出現を想定している点など、雪嶺の近衛への期待というものはリアリティをもった政治構想としてあったことがうかがえる。それだけに近衛篤麿の死は、この時点における三宅の政治構想にとって大きな挫折であり、その後の政治評論における影響も小さくはなかったであろう。

日清戦後の三国干渉に端を発し、その後の満洲におけるロシア軍の撤退問題を直接の原因とする日露両国の対立は、もはや武力による以外の解決方法がない段階に達していた。ロシアとの開戦に踏み切らない第一次桂太郎内閣の外交政策を厳しく糾弾したのが雪嶺たちの対露強硬論であったが、明治三十七年二月十日の宣戦布告によって国内世論は「挙国一致」でまとまることになった。開戦直後に刊行された『日本人』第二〇五号（同年二月二十日付）の巻頭には、「敵国外患に対して国人皆な兵たるべきもの、常備軍は既に起ち、国民軍次で起つべき、老少婦人亦た斉しく起つべし」と、あたかも総力戦の覚悟を促すかのような一文が三号活字で刷り出され、論説「征露役は彼の禍心を打壊す」（無署名）では冒頭、左のように述べられていた。

> 我が日本帝国の露国と砲火相ひ見（まみえ）るに至れる、我より観れば、時機の後れしが為めに損せる尠少（せんしょう）ならざれど、猶ほ未だ大に後れたりとせず、寧ろ国勢の発展と永遠の平和との為めに慶賀すべし、

露西亜分割論

雪嶺も日露開戦を待ち望んでいた一人であり、開戦直後から持論の露西亜分割論を展開していた。『日本人』第二〇七号（同年三月二十日付）に掲載された「露西亜分割は如何に行はる」（『太陽』九―九に掲載され、『大塊一塵』に収録された「露西亜分割」の論旨との比較から雪嶺の執筆と推定）では、「我が日本と交戦せる結果、連敗して愈々（いよいよ）起ち難きに至らば、早晩必ず大なる変動に逢ふを免かれず」として、ロシア分割の具体的可能性をドイツ・オーストリア・フランス・イギリス・スウェーデン・アメリカの順に検討し、日本については次のように見通した。

> 日本は先づ歴史上の順序として樺太（からふと）を占有すべく、更に沿海州（えんかいしゅう）より西方何れかに亘る一帯の地を領有するの寧ろ当然なるべきも、若し列強にして多く得る所ある、我も亦た随ひて多くを得べければ、時宜に拠り清国の北境に沿ひて西方に拡延し、以て貝加爾（バイカル）湖畔に及ぶも可なり。（同前）

後年のシベリア出兵を彷彿とさせる主張だが、雪嶺が主張するロシア分割の根拠は

「露帝国の分割は文明の上に利すること大、延いて世界の進歩に益すること大ならん」（同前）という確信であった。

六月十二日、三宅は海軍が準備した「満洲丸」に乗船して日露戦争を観戦することになった。これは、貴衆両院議員代表のほか、欧米の駐在武官をはじめ内外の新聞・雑誌記者に戦地の状況を実見してもらい、日本軍に有利な世論を喚起することを目的に計画されたものである。海軍側の接待員には、のちに海軍大臣となる財部彪や東郷平八郎の伝記作者となる小笠原長生らが当たり、貴族院議員では侯爵黒田長成、子爵曽我祐準ら、衆議院議員では田口卯吉、小川平吉、大竹貫一ら、内国新聞社から三宅雪嶺（日本新聞社からの派遣）のほか報知新聞社の石川安次郎（半山と号する）、万朝報社の山県五十郎ら、さらに同年三月一日に投票が行われた第九回総選挙で落選した志賀重昂も乗船していた。

この観戦を記念して明治三十八年一月三十日付で出版された『満洲丸観戦紀念』（関西写真製版印刷合資会社出版部）なるＢ５判のグラビア本によると、六月十二日に横須賀を抜錨した「満洲丸」は、瀬戸内海─玄界灘を経て六月二十二日に仁川港着、ソウルでは韓国皇帝に謁見し、ついで大連湾口まで進んで、折から警備中の連合艦隊旗艦の戦艦「三笠」に東郷平八郎司令長官を表敬して帰国の途に就き、七月十九日に長崎に帰着した。ロシア軍艦の出没や濃霧に悩まされた航海であったが、記者を代表して東郷長官に激励文を捧読したのは雪嶺であった。このときの乗船者による満洲丸記念会はその後も毎年開催され、少なくとも昭和十一年（一九三六）までは記録がある（『婦人之友』三〇―一二、昭和十一年十二月一日付）。

言論の自由

新聞『日本』も、開戦後は連日の戦争報道により発行部数を伸ばしていくが、例えば二月十四日付第六面の広告欄には、『週刊平民新聞』第一四号の発行広告が掲載されていて、そこには「戦争に酔へる日本国民よ、公等少しく我平民新聞に来つて戦争の罪悪と悲惨と愚劣と損失とを見ずや、平民新聞は社会主義の見地に立ち絶対の非戦論を主張する者なり」と謳われている。このような異質な価値観を容認する緩やかさが日露戦争当時の言論統制の実といえよう。同時期に早稲田大学教授で政治学を講じていた浮田和民は、『日本人』（第四二二号、明治三十八年十一月五日付）に寄せた論説「言論の自由」で、「国民各自の覚醒より来れる言論尊重即ち是れ」と論じているが、後年、とりわけ太平洋戦争開戦後の言論統制とは大きく違っている。

「強国の仲間入り」

明治三十八年になると、奉天大会戦や日本海海戦の勝利により、日本は有利な条件でポーツマス条約を締結するが、賠償金が取れないなど講和条件をめぐる国民の不満から惹起した日比谷焼打事件は、大衆の政治的登場を印象づけることになった。雪嶺によれば、「強国の仲間入りし国家として大に誇るべき位置に上つたと同時に一国を標準とせず、世界を標準とし、世界に於ける人類として如何にするが最も幸福なるかを考ふる傾向を生じた」(三宅雪嶺『明治思想小史』)という。つまり「評論」のうえでも、「世界の日本」という視点が求められるようになった。「第一等国」という意識が醸成されたのである(『日本人』四二六、明治三十九年一月一日付)。

そのことは、明治四十年一月一日付発行の改題された雑誌『日本及日本人』創刊号巻頭に寄稿した「我が日本人の職分」によれば以下のようになる。すなわち、かつて『真善美日本人』の巻首に掲げた「自国の為めに力を尽くすは世界の為めに力を尽くすなり、民種の特色を発揚するは人類の化育を裨補するなり、護国と博愛と奚ぞ撞着することあらん」という一節を冒頭に引いて(これをもって雪嶺の執筆と推定)、「日本帝国は決して爾かく小弱ならず、日本の民族は決して爾かく劣等ならず、優に白人と競ひ、世界に為すこと有るに足るべし」と断言するのである。そうしたうえで、現代において優劣を競うべきは兵力よりもむしろ「文明的要素」であるとして、「吾人は同胞国民と共に……世界に向つて日本の敬重すべきの独り兵力ならず、尚ほ他にも多く之れ有るを知らしめんと欲す」と結論する。これ以降の雪嶺の「評論」が「文明的要素」をめぐってなされることを予測させるものである。

南極探検後援事業

そのような「文明的要素」として「白人と競ひ、世界に為すこと」の一例が、明治四十三年十一月に白瀬矗（しらせのぶ）陸軍中尉らによって企てられた南極探検事業の後援活動であった。大隈重信を会長とするこの事業に、雪嶺は副会長として積極的に関わり、探検旗も雪嶺のデザインによるものだという（『白瀬中尉の南極探検』）。同年七月十五日付の『日本及日本人』第五三七号「競争中の南極探検」では、白瀬らの試みを「心ある者、助けざるべけんや」と述べている。同四十五年六月二十日に白瀬らの「開南丸（かいなんまる）」が帰国すると、雪嶺らは芝浦（しばうら）桟橋まで出迎え、翌日の大隈邸での帰朝報告会にも臨んだ。その後も雪嶺は開南探検協会の副会長に就任し、はるか後年の昭和十五年十月二十五日に開催された座談会で、かつての南洋巡航が南極探検への興味につながったと語っている（『開南』三）。

南極探検隊の探検旗
（武田康宏氏所蔵，白瀬南極探検隊記念館提供）

『日本』連袂辞職

一方で、日露戦争の終結は、雪嶺の「評論」の足場の一つであった新聞『日本』にも大きな変革をもたらした。このことについては、すでに諸書で論じられている（有山輝雄『陸羯南』、松田宏一郎『陸羯南』)。要するに慢性的な経営不振に加えて出資者であった近衛篤麿の死や陸羯南の病勢(結核)悪化が加わり、明治三十九年になると前日本銀行理事の伊藤欽亮に経営権を譲渡するという話が現実化する。当初は筆政に関与しなかった伊藤がしだいに記事の内容にまで容喙するようになり、それに怒った社員が雪嶺を押し立てて会計係や小使までが連名で辞職するに至った。『読売新聞』はこれを「思想上の問題」と伝えた(明治四十年一月一日付附録)。すでに述べたとおり、明治三十一年から政教社の編集室は日本新聞社の社屋の二階に間借りしており、両社の一体化が進んでいたのである。

事件のきっかけは、『日本』同年六月二十五日付巻頭に伊藤欽亮名義で掲げられた「謹告」における「七月一日以後は余の全力を挙げて其経営に従事せんとす」との宣言に端を発し、その後の経緯は同年十二月二十日付発行の『日本人』第四四九号(『日本人』としては最終号)に掲載されている無署名の「『日本及日本人』と改題する所以」に縷々記されている。それによれば、十一月末に至って伊藤による古島一雄編輯長解任の申し出があったのに対し、雪嶺をはじめ旧社員にとって、伊藤による経営は『日本』の看板に泥を塗り、また『日本』の旗幟を汚がすものであり、同年末をもって須崎黙堂を除く旧社員全員が退社し、『日本人』と合流して明くる明治四十年一月から『日本及日本人』と誌名を変更することになったのである。古島の回想によれば、誌名は雪嶺の発案であったという（「政教社回顧座談会」『日本及日本人』三五九、昭和十三年四月一日付）。

この間、伊藤欽亮が自分の草した「財政論」を『日本』の社説欄（すなわち「日本」欄）に掲載することを求めてきたのに対して、雪嶺はそれを「峻拒」したこともあったという（八太徳三郎「三宅氏と日本新聞」『日本人』四四九）。雪嶺にはこのとき、島田三郎が主宰する『東京毎日新聞』への入社の勧誘があり、本人の意も相当動いたらしいが、陸羯南の引き留めもあって踏みとどまったらしい（長谷川如是閑『ある心の自叙伝』）。『万朝報』や『東京朝日新聞』からも誘いがあったという。こうして、日露戦後から大正期における雪嶺の「評論」の本拠地は『日本及日本人』となったのである。このとき、人物評の名手鳥谷部春汀（とやべしゅんてい）が同年一月一日付の『太陽』第一三巻第一号「人物月旦」欄で、「三宅博士にして其の理想を実行せむとせば、日刊新聞よりも寧ろ定期発行の雑誌を利用するを優（まさ）れりとす」と評したのは、雪嶺の「評論」の本質を穿った見方といえよう。

第五　『日本及日本人』主筆

一　「敵なき記者」として

三宅雪嶺主筆

先述したとおり明治四十年（一九〇七）、雑誌『日本人』は『日本及日本人』と改題され、ここが雪嶺の言論の本拠地となったが、同四十五年から大きな変化が見られる。それは同年一月一日付発行の第五七三号から、表紙右上に「三宅雪嶺主筆」と明記されるようになることである。『日本及日本人』は、当初は日本新聞社から移籍した多くの記者・社員を擁していたが、例えば同四十年に丸山幹治（号は侃堂）が『京城日報』に招聘され（同四十二年には大阪朝日新聞社に転籍、この年三宅夫婦の媒酌で結婚）、翌四十一年には長谷川如是閑が大阪朝日新聞社に移るなど、しだいに雪嶺を中心とする体制に移行した。

政教社の陣容

政教社で雪嶺を支えていたのは、八太徳三郎（号は霞山）と稲垣伸太郎（木蒡）のほか、主として会計を担当していた井上亀六（藁村）であり、東京帝国大学を卒業した三井甲之や江戸時代研究家の三田村鳶魚、ロシア研究家の大庭柯公らは社外員の扱いであった。

京都帝国大学文科大学長

日本新聞社からの移籍組では司法省法学校以来の陸羯南の同志であった国分青厓が漢文（「評林」）欄を、正岡子規門下の河東碧梧桐が「日本俳句」を守っていた。大正五年（一九一六）一月六日の三田村の日記では、「社中」としてほかに衆議院議員に当選した古島一雄、寒川鼠骨らの名が（『三田村鳶魚全集』二五）、『日本及日本人』第六九六号（大正六年一月一日付）の新年祝詞では彼らに加えて雑賀博愛（鹿野と号する）の名前も挙がっている。

雪嶺は『日本及日本人』に巻頭一頁の「題言」のほか、論説二本に加え、後述する「原生界と副生界」などの原理的思索の系列に属する文章一本を毎号執筆していた。同誌は月二回の発行であるから、かなりの健筆ぶりといえよう。加えて、年に三回発行される特別号は七〇〇頁からときには一〇〇〇頁に及ぶ厚冊で、それには特集テーマに関する長文の論説を寄稿するのが常であった。

ところが、『日本及日本人』が創刊された同じころ、雪嶺にはまったく別の生涯が提示されていた。明治三十年に設置された京都帝国大学が同三十九年に文科大学を新設する際に、雪嶺にその学長就任を打診してきたのである。自伝ではやや唐突に「自分が京都帝大文科の学長を断はつたのは、官吏を断念したと同意義を以てした」（『自分を語る』）と語られるが、その間の事情は左のようであった。

三十八、九年、友人上田氏（上田万年ヵ）が京都帝大に文科を設けるに就て学長になるやうにとの

話があり、数日後、木下（木下広次）総長が勧誘に来たことがある。（「政府の恩恵」『我観』改二、大正十三年八月一日付）

『京都大学百年史』や『京都大学文学部の百年』の関連する部分を読んでも三宅雄二郎の名前は出てこないが、回想が具体的であるから学長就任要請は事実としておこう。かつて政教社員として雪嶺を支えた内藤湖南はこのとき東洋史講座の講師に着任し、翌年教授に昇格している。雪嶺が『日本人』に「原生界と副生界」の連載を始めて二年ほど経った時点で、彼の「研究」の領域に対する一定の評価が存した証左といえよう。

「朝野貫目番付」

この時期の雪嶺の社会的位置づけを教えてくれるのは、「朝野貫目番付」（憲政記念館所蔵、明治四十二年と推定）なる当時の朝野で活躍する人物を相撲の番付に見立てた史料である。東の方（朝）の大関に伊藤博文、西の方（野）の大関に大隈重信を配するこの番付で、雪嶺は西の前頭の二段目にあって「敵なき記者として」との評言が付されている。

同じ明治四十二年、雑誌『太陽』が「新進二十五名家」の投票を読者に求めたとき、「理想的記者」の第一位に選ばれたのが雪嶺であった（同誌一五―九、同年六月十五日付）。そのような雪嶺の読者とは、いかなる人々であったのか。

読者たち

政教社を設立し『日本人』を創刊した当初、投書などから判断して、読者は書生や官員、地域の指導者層など相当程度に漢文と英語のリテラシーの高い者たちであったと推定される（『政教社の研究』）。それはこの当時も同様で、例えば第五〇八号（同年五月一日付）に現れる本郷在住の小川廉太郎によれば、帝国大学の学生で『日本及日本人』の購読者でない者はいないという状況だったという。いちいち根拠は示さないが、学生時代の久米正雄（文学者）や大内兵衛（経済学者、東京帝国大学教授）、辰野隆（仏文学者、同前）らも愛読者であった。やや意外な人物としては財界人で大臣を歴任する小林一三（慶応義塾卒業）も雪嶺の愛読者であったという（『帝都日日新聞』昭和二十年〈一九四五〉十二月二十五日付掲載の追悼文では、自分は「雪嶺先生崇拝者」だとまで語っている）。古着の行商を生業とする直木三十五（早稲田大学卒業）の父親は『日本及日本人』を購読・愛蔵していたというし、第四八七号（同四十一年七月一日付）に投書した栃木在住の愚仏生なる人物は、かつて早稲田の学生であり三宅講師の社会学の講義を聴講したことがあるというから、慶応や早稲田の学生にも読者は広がっていたのだろう。

日本青年会

新聞『日本』の読者で組織された日本青年会は、読者会として『日本及日本人』に継承された（山本武利『近代日本の新聞読者層』、新藤雄介「明治三〇年代前半における新聞『日本』愛読者団体の位相」）。彼らによる愛読者親睦会には雪嶺もしばしば足を運んだ（例えば『日本及日本人』四八六、明治四十一年六月十五日付）。雪嶺が『日本人』の中心に立った明治三十年、社告で「天下の剛健なる人士に相見ゆ」（同誌三―五七、同年十二月二十日付）と宣言していたが、誌名が『日本及日本人』と変わり通算七〇〇号を迎えた大正六年になっても、「敢て内容を低下して低級の読者を求めず」（同年三月一日付）という立場を堅持した。

一方で、大正期になると、地方在住の亜インテリ層にまで、雑誌の読者は広がりを見せるようになってきた（水谷悟『雑誌『第三帝国』の思想運動』）。この時期以降、雪嶺の読者層が広がったのも事実であろう。昭和期に入ると多くの中学校国語読本用教科書に彼の文章が採用されるようになった。筆者所蔵の三宅雪嶺『向上発奮世渡りの道』（学究社藤谷崇文館、昭和三年三月十日付発行）の見返しには印判で「賞」とあり、福島県伊達郡小国村の青年訓練所生徒の名前が書いてあるので、何かの賞品として恵与されたのであろう。地方の農村青年にまで雪嶺の声は届いていたことになる。

『中央公論』の三宅雪嶺論

明治四十一年には『中央公論』第二三巻第一二号（同年十二月一日付）が「三宅雪嶺論」の特集を組んだ。このなかで建部遯吾（社会学者、東京帝国大学教授）は「先輩の一人として仰ぐ人」「真に逸事以上の人物」と評しているほか、『日本人』以来の投稿者である田岡嶺雲は、「翁（三宅雪嶺）には此衒気といふ事が微塵もない、翁の渾身唯樸である、従て誠である、翁は渾然たる誠の権化である、翁の一行一動は皆翁の天真より直に発露したる自然である」と述べ、ある宴会の席で雪嶺が姉崎嘲風と議論の末に組打ちの喧嘩をしたことを伝えている。井上哲次郎も談話を寄せて「文章も思想もあの人はずつと昔から三宅流で一貫して居る人」と語った。また、「匿名氏」を名乗る投稿者は、「此人の今日の立場といふものは所謂ジョーナリスト即ち記者であつて、絶えず時事問題を批評することを本職として居る人」と断じ、また「哲学者の哲学論として読まるゝのではなく記者の書いた哲学論として充分読者に面白く読まるゝやうに書きこなす力を持て居る」としている。

雑誌『成功』の評価

さらに、雑誌『成功』第一五巻第五号（明治四十二年三月一日付）に「当代新聞界の人傑」を書いた長田偶得なる人物は、当時第一流の新聞記者として「吾人は猶予なく島田沼南（三郎）、三宅雪嶺二人を推さん。……雪嶺は峻潔澹宏な高士、樸疎の外皮に、聡慧の血を蘊み、毎に着眼の精度透徹を以て長を見る」と評した。雪嶺は明治三十九年末の『日本』退社後、新聞に筆を執ることは少なくなるが、ここでいう「新聞界」は政論雑誌も含むもののことであろう。同じ『成功』の第二〇巻第一号（同四十四年一月一日付）に「骨相より観たる活動的人物と徳望的人物」を投じた城南隠子を名乗る人物は、「三宅博士も何処となく徳望の具つた貌で、窮々如々として少しも気取つた点のないのは、如何にも何んとなく其の人の大さが窺はれる」と持ち上げている。

野依秀市との出会い

雪嶺の「敵なき記者」としての声望が高まったとき、二人の雑誌主宰者が執筆を求めて彼の許を訪ねた。一人は野依秀市であり、もう一人は羽仁もと子である。

このうち野依は、慶応義塾系の三田商業学校を卒業して、明治四十年、三宅たちと入れ違いに広告担当として日本新聞社に入社し、同四十一年に雑誌『実業之世界』を創刊していた。野依が、大隈重信の紹介状（服部時計店創業者の服部金太郎とも）をもって雪嶺を訪ねたのは、明治四十二年の三月中旬であった（『三宅雪嶺先生を語る』。同書の別の箇所で「明治四十二年の秋」と書かれているのは、おそらく記憶違い）。それは、同年三月二十八日に『実業之世界』創刊一周年を記念して先輩青年連合演説会を開催するにあたり、雪嶺に弁士としての登壇を依頼するため赴いたときである。以来、両者の間には深い結びつきができ、同年五月一日付発行の『実業之世界』を皮切りに、同年九月以降は毎号筆を執ることになる。当初は野依本人が、ついで白柳秀湖が口述筆記者を務めたという（同前）。

のちに野依は、著名人や企業を標的にネガティブ・キャンペーンをしかけ、脅迫罪で二度までも刑事罰を受けて入獄するなど、悪い評判が先行し「ゴロツキ」呼ばわりされることもあった。伝記作者の柳田泉によれば、雪嶺が野依の「人物を愛したのと、元気な野依氏が他に対してはいろいろときかぬ気の振舞いを示しながら、先生（三宅雪嶺）の学徳には無条件で心服する態度で接し、その意見、その筆に対して絶対の自由を約束したので快く寄稿をしたものである」（『哲人三宅雪嶺先生』）としている。「書斎的哲人」三宅と「街頭的愚人」野依の協働は、「雪嶺の哲人的超然性が野依の世俗的攻撃性に絶妙な安定感を与えていた」（佐藤卓己『天下無敵のメディア人間』）との指摘もある。実際、『実業之世界』に掲載された文章は、後述するように『世の中』以下の一般向けの著書となって、雪嶺が読書界で広く受け入れられる条件を整える効果があった。

羽仁もと子の来訪

もう一人、明治四十一年から雑誌『婦人之友』を発行する羽仁もと子が、三宅邸を最初に訪ねたのは、前身の『家庭の友』を創刊した同三十六年より少しあとのことだったと思われる。そのときは妻の花圃に原稿を依頼するためであった。後年の回想によると生れたばかりの説子（同三十六年生まれ）を負ぶって赤坂時代の三宅邸を訪問したのが最初だという（「編輯室日記」『婦人之友』三七―九、昭和十八年九月一日付）。

『婦人之友』は羽仁吉一・もと子夫妻の手により、戦時中も含めて現在に至るまで毎月発行され、大正十年に設立された自由学園、昭和五年に発足した全国友の会（雑誌愛読者の会）といわば三位一体の関係を維持しつつ、「思想しつつ、生活しつつ、祈りつつ」というスローガンを掲げて活動を続けてきた。そうしたなかで、娘の説子によれば雪嶺は「私の父と母にとっては思想家評論家として一つのよりどころ」（『妻のこころ』）というべき存在であった。

雪嶺が『婦人之友』に毎号筆を執るようになるのは、誌面の刷新が図られた明治四十四年六月一日付発行の第五巻第一号からであった。「編集部より」には、「三宅雪嶺博士は、毎号「婦人之友」のために、様々の家庭問題、婦人問題についてお話し下さる筈で御座います。何卒御熟読下さいませ」と書かれている。以後は毎号四、五頁ほどの文章を載せ続け、昭和期に入るとそれは二頁程度に減少するが、敗戦後の座談会記事まで続くことになる。本書でしばしば参照している自伝『大学今昔譚』も、当初は昭和十一年の同誌に連載されたものであった。

新聞『我観』の挫折

なお、この時期のメディア関係で忘れてならないのは、大正三年に三宅を中心に政教社から日刊新聞を発行する計画があったことである。題号を『我観』という。『日本及日本人』第六二二号（同年一月十五日付）の巻頭には一頁大の広告が掲載されていて、それによると「二月十一日紀元節初号発行」と書かれている。

ところが同人の一人である三田村鳶魚の日記によると、二月五日条に「我観二、三頁を刊出せしむ、此成績甚だ妙ならず……已むなくば延期すべし」、翌六日条には「雪嶺翁より活字面白からず、延期しては如何と通報あり」（『三田村鳶魚全集』二五）とあって、その後はこの件が再度日記中に現れることがない。二月十一日付発行の『日本及日本人』巻末には「『我観』発行延期」という同日付の社告が載っていて、延期の理由として雪嶺の健康問題を挙げている（後述）。

その他の新聞・雑誌関係

つまり、日露戦後から大正期にかけて、雪嶺は『日本及日本人』（月二回刊）を本拠地に、新聞発行計画は挫折したが、『実業之世界』と『婦人之友』（ともに月刊）をいわば両翼に言論活動を展開し、そのほか、滝田樗陰が編集長を務める『中央公論』にしばしば論説や人物論を掲げ、『太陽』『新公論』『中学世界』などの一般誌や少年向け雑誌、『哲学雑誌』『丁酉倫理講演集』などの専門雑誌にも執筆した。花圃が主宰した『女性日本人』や中野正剛の『東方時論』に論説を寄せたことはいうまでもない（後述）。新聞では、ともに日本新聞社出身の池辺三山が主筆を務めた『東京朝日新聞』や同じく鳥居素川が創刊した『大正日日新聞』などに筆を執ったほか（池辺一郎・富永健一『池辺三山』、新妻莞『新聞人・鳥居素川』）、明治四十三年以来『読売新聞』の賛助員に名を列ねた。

次に、これら諸媒体上で展開された雪嶺の言論活動の具体相を、「研究」の系列に属する原理的な思索と、「評論」の系列に属する時事的な発言という順に探ってみたい。

二 『宇宙』と『世の中』

「原生界と副生界」

前述したように日露戦後の明治末期になると、記者・ジャーナリストとしての雪嶺の声価は最高点に達していた。そのような雪嶺が、『中央公論』の「匿名氏」がいう「記者の書いた哲学論」として執筆したのが「原生界と副生界」以下、「研究」の系統に属する原理的思索を表明するための著作であった。執筆動機の背景には、あるいは、前述した京都帝国大学文科大学長就任の可能性ということもあったかもしれない。

雪嶺がのちに『宇宙』として上梓する「原生界と副生界」の連載を『日本人』誌上で開始したのは、日露戦争直後の明治三十九年（一九〇六）一月二十日付発行の第四二九号からであった。連載一回目の「本誌に分載する所以（ゆえん）」と題する一文は、刊本『宇宙』には収録されなかったからか、これまで注目されることがなかったが、執筆動機と連載の経緯とがうかがえる重要な文章である。それによれば、執筆動機としては明治二十五年に刊行した『我観小景』の延長線上にあること、すなわち雪嶺にとって「学理の討究」ともいえる「研究」の系統に属する仕事と意識されていたのである。ついで、掲載誌については、我が国の雑誌には堅くるしい議論を分載するのに適当なものがないものの、可能性としては『日本人』と『哲学雑誌』が考えられるが、性質よりいえば後者に掲載するのが当然だと意識しながら、結局『日本人』にした経緯が語られている。

本書第二で述べたとおり、雪嶺は学窓を出るとき「研究」に進むか「評論」に進むか選択に迷った。恩師である外山正一の勧めもあり、そのときは大学に残る選択をしたのであったが、ほどなく政教社の「同志」に名を列ねることで「評論」の道に大きく舵を切ることになった。その間にも『我観小景』や『王陽明』、「人生の両極」などの著作を世に問い、「研究」も継続してきたのであった。自伝『自分を語る』にあるように、「一通り世界を見物したとあつては、徒らに時々の感想を記するに止まらず、周囲の事情に関係なく、連続して思想を発表するの適当なるを認めた」ことが、連載開始に直接する動機であったろう。洋行も果たしたからには、いよいよ自分の「思想」を発表しようというのである。このような「研究」の領域に属する原理的な思索を継続しようとする発想自体が、雪嶺を他の多くの新聞・雑誌記者と類と違える最大の要因といえよう。

『宇宙』として刊行

結果として『日本人』（途中で『日本及日本人』と改題）誌上で六三回に及んだ「原生界と副生界」の連載が終了したのは明治四十一年十月一日号であり、約二年半の歳月を要した。そして、翌四十二年一月二十日付で政教社から発行されたのが菊判で六〇〇頁を超える『宇宙』であった。雑誌上の連載と『宇宙』を比較してみると、雑誌一回分の原稿が刊本では各章になり、章題は連載時から改変されている。また、全体は以下のような五篇に分けられた。

第一篇　見地（八章）
第二篇　原生界（一五章）
第三篇　副生界（一五章）
第四篇　意識（一一章）
第五篇　渾一観（一二章）

『宇宙』刊行時の改変は雪嶺本人によるものと判断できるので、以下の検討は刊本によって行う。

哲学は科学か

雪嶺の考察の順序に沿っていえば、実事の観察と推理によって人智＝知識は進歩してきた。それは自然科学の分野で著しいが、最近ではＨ・スペンサーやＡ・コントのように社会学や心理学も「科学」として確立しつつある。しかし、「科学の体系」が「宇宙の体系」に対応するに至るのは、はるか先のことであり、哲学においてもそれは同じである。そもそも、「哲学は将来科学たるべきや否やは疑問なれど、現在に於て科学たらず、原理の科学にも非ざれば、諸科学の科学にも非ず」と述べ、「科学」との関係において哲学は「准科学」にすぎないという。

このような基本的立場を示したうえで、「プラートンが哲学者は宇宙を渾一視する者なりと言ひしは、言ひ得て善し」、あるいは「宇宙はヘーゲルの言へりしが如く関係の金剛網とすべく、何辺よりするも、何事よりするも、総べての連絡を尋ぬるを得」と述べられているので、西洋世界の哲学的伝統を宇宙に関する思索の基軸に据えようとしていることは明白である。加えて、「支那と印度」の哲学思想の比較継承、例えば陽明学の「太虚の説」や仏教の「我」と「梵天」の説なども意識されてはいるが、それはごく限定的である。

スペンサーの総合哲学体系

そして、「英国哲学なる者は未だ衰滅せりとせず」として、スペンサーの哲学を次のように紹介する。

> 分化結合並び行はるゝを進化とし、以て総べてを論ずる所猶ほ充分なりとするを得ず、生物学といひ、心理学といひ、社会学といひ、倫理学といひ、皆な各々個々に纏(まと)まりながら、宇宙を渾一的に観るの点に於て頗(すこぶ)る欠くる所あるも、宇宙の事実を究察して宇宙を説明せんと欲し、何処迄も英国流たるを失はず、哲学を一手販売せんとする独逸(ドイツ)の潮流の外に立ち、別に体系を作りたる、さすがなりと謂はざるべからず。

要するに『宇宙』を書いた三宅が、スペンサーの『第一原理』の不可知論と一連の総合哲学体系（『生物学原理』『心理学原理』『社会学原理』『道徳学原理』）を意識して、その社会進化論に依拠する哲学思想の継承発展を期していたことは確かだと思われる（『明治の青年とナショナリズム』）。

宇宙から人類社会へ

以下、第二篇では「原生界」とされた宇宙から考察を開始し、それが大なる有機体であって普通の生物に超越する絶大の生物だという見解が示される。ついで、第三篇では「副生界」とされた地球上の植物や動物の考察に移る。ここでは、「半生物」または「無生物」とされる鉱物や土壌から説かれるが、それらも進化・循環するとされている。

「副生界」については進化論から説明され、最後に人類が取り上げられる。人類の力を見るべきはその社会を結成するところにあるとして人類社会の考察に入る。社会は家族的より国家的に移り、ついで国際的に移るとされ、篇末ではニーチェの影響であろうか、「超人」の出現が説かれる。

そして第四篇の「意識」に移ると、宇宙にも意識がある可能性を論じて、認識とは何かへと考察を進める。ここでは新カント派の認識論も紹介されるが、「科学」を参照する必要を説いて批判する。それは連載中の明治四十年夏に、大阪朝日新聞社主宰で開催された講演会で「絶大なる宇宙の真相は宗教学なんかに任せて置く訳にはいかぬ。科学で全体の事を調べる事が是れから新に出て来る」（『叡山講演集』）と語っていたことと通じるであろう。哲学と自然科学の総合こそ三宅の基本的立場なのである。

ついで諸科学と諸宗教が検討され、第五篇の渾一観に移る。ここではまず「知能」（真）、「感能」（美）、「意能」（善）と宇宙の関係が説かれて、それらが無限の連続をなしていることから反転して、人類社会における真善美の実現の方途が示される。

「幾分の満足」

雪嶺の考察は独特なものであり、用語も個性的なものが頻出する。本文の末尾を「不完全ながら宇宙に関する意識を統合し以て幾分の満足を得」と結んだが、一書にしたときには自ら「跋」を付し、「若し本書を以て著者自らの満足する所かと問はるれば、即時断乎として答へん、決して然らず」と記した。増刷を許さなかったということから考えても（『三宅雪嶺先生を語る』）、雪嶺にとって本書は不本意な作品だという自覚があったのだろう。

同時代において、青柳有美は『解説宇宙』を書いて『宇宙』の全体を読みやすいダイジェスト版にしているし、柳田泉は『宇宙』をもって「雪嶺の画期的大著」（「解題」明治文学全集三三『三宅雪嶺集』）といって称揚しているものの、連載当時から学界や論壇で話題になった形跡はなく（『哲学雑誌』にも書評が掲載されていない）、現在では学界でも一般の読書界でも雪嶺の『宇宙』が顧みられることはまずない。それはここで示したような彼独特の宇宙観によるものであろう。

だが、ギリシャ哲学者の田中美知太郎（京都大学教授）が最初に読んだ哲学書が『宇宙』だったという（『私の読書遍歴』）。最近では例えば、『宇宙』をもって「壮大さと中庸の共存」する「不思議な書物」との指摘もあるが（奥村大介「宇宙と国粋」）、雪嶺思想全体をふまえたうえでの評言とはいえまい。

「研究」の系譜

雪嶺の原理的な思索は『宇宙』だけでは終わらなかった。『宇宙』巻頭の「凡例」は連載終了後に書かれたと推定されるが、その三つ目の一つ書きには「之に次ぐに人類に関するを以てし、更に次ぐに特種の民族に関するを以てし、大にして粗なるより小にして精なるに及ぶべき順序なり」と述べ、すでに『日本及日本人』第四九八号（明治四十一年十一月一日付）から「東西美術の関係」の連載が始まっていた。これ以後「人類」から「特種の民族」に至る考察は以下のように継続される。

・「東西美術の関係」『日本及日本人』第四九八～五六〇号（明治四十一年十一月一日～同四十四年六月十五日付）計六四回

・「学術上の東洋西洋」『同右』第五六一～六四五号（明治四十四年七月一日～大正三年〈一九一四〉十二月十五日付）計八〇回

・「東洋教政対西洋教政」『同右』第六四六～七七二号（大正四年一月一日～同八年十二月十五日付）計一二〇回

・「人類生活の状態」『同右』第七七三号～『我観』改巻第二六号（大正九年一月一日～同十四年十二月一日付）計一一五回

・「同時代観」『我観』第二七号～途中『東大陸』を経て～再刊『我観』第二巻第五号（大正十五年一月一日～昭和二十年〈一九四五〉十二月八日付）計二二二回

「同時代観」の最終回が雑誌上に掲載されたのは、実に本人の死後のことであった。これは自分が生れた万延元年（一八六〇）から昭和二十年までの歴史叙述であるから除くとして、『宇宙』から「人類生活の状態」までの著作は、前述のようにスペンサーの『第

ヘーゲルか
スペンサー
か

一原理』と総合哲学体系を意識したものと考えられる（『明治の青年とナショナリズム』）。

ところがその後、「雪嶺の一連の著作活動は、明らかにこのヘーゲル哲学体系構想に対応するものであった」（森田康夫『三宅雪嶺の思想像』）という説が提示された。それぞれの目次を比較することで、『宇宙』を『精神の現象学』に、「東西美術の関係」を『美学』に、「学術上の東洋西洋」を『自然哲学』に、「東洋教政対西洋教政」を『法の哲学』に、「人類生活の状態」を『精神哲学』に比定する見解を示している。なるほど目次の構成が類似しているところもあるが、まったく一致しないところも多い。

本書第二で述べたように、雪嶺は、東京大学におけるフェノロサの講義で初めて西洋哲学を学び、かつ中村敬宇や原坦山らの講義によって中国思想と印度思想に触れた。その結果、ヘーゲル哲学のとくに弁証法とスペンサーの総合哲学体系の基軸である社会進化論との融合による新しい哲学体系の構築を自身の課題に据え、東洋思想のなかでは陽明学を主体的に選択しつつ、「我」（自己）と「宇宙」を起点とする独自の思索を長期間にわたって続けたのである。それはかつて『哲学涓滴』の末尾で「我国儒教を伝ふる久し。仏教を伝ふるも久し。若し泰西の哲学を注入し、混然和合して新に進化開達するに及ては、東海に於て宇内第二十世紀の哲学界を支配するを得ん」と論じていたことの実践であった。

公平な判断と柔軟な思考

雪嶺による『宇宙』をはじめとする一連の原理的思索の系列に属する著作において、東西の思想をもって一丸とする新たな哲学の構築によって人類の知識の進歩に資するという当初の目的は、『宇宙』の増刷を認めず、「東西美術の関係」以下の連載を書籍として刊行することにも消極的だったことから判断して、彼自身も達成できていないと考えていた。しかしながら、『我観小景』では「己れ」を起点とする「我観」の視線によって、逆に『宇宙』では「原生界」とされた「宇宙」を起点とする「渾一の要求」によって、その間に存在する人間・家族・国家・国際関係など人類が構成するあらゆる段階を常に相対化して把握することが可能となり、この結果、あらゆる価値判断において「するも可、せざるも可」という慎重かつ柔軟な思考方法を確保することができたのである（植手通有「『国民之友』・『日本人』」）。それにより、長期に及ぶ言論活動において、状況の変化にかかわらず公平な判断を可能とし、「新しい思想」へも柔軟に対応できる理知を保持することが可能となったと考えられる。むしろ問題は、そのような思考方法によって到達した人類の進歩をめぐる世界観ということになろう（後述）。

『世の中』と『続世の中』

他方で、同時期の雪嶺は広い読者層に受け入れられる著作も刊行している。大正三年に発行された『世の中』（実業之世界社、五九〇頁）と同六年に発行された『続世の中』（同前、五八二頁）が代表的である。前者は一円八〇銭、後者は二円と比較的廉価な本だが、発行元の社長である野依秀市の回想によれば、「活動資金」を作るために彼が切望することで一書にまとめられたものであった。もっとも、雪嶺が「一々校閲なされ、且つ編輯も自らされ、題目も自ら順序をつけた。目次は、実に自ら毛筆でお書きになつた」(『三宅雪嶺先生を語る』)というから、それなりに思い入れはあったのだろう。『世の中』では「意義ある生活」以下、明治四十二年から大正二年までの間に雑誌『実業之世界』に掲載された処世訓や随想八八篇が、同じく『続世の中』には大正三年から六年に書かれた八三篇が、いずれも部立てもされず並んでいる。前者は四万部も売れたという(同前)。

内田魯庵(うちだろあん)が『読売新聞』大正三年十二月二十七日付に寄せた紹介文で、次のように書いているのが『世の中』の評価として正鵠(せいこく)を射ているのではないだろうか。

> 世の中の眼前の平凡な事実も、博士(三宅雪嶺)の蘊蓄(うんちく)と洞察と識見を透過すると忽ち(たちま)深遠な哲理となり甚深(じんしん)な教訓となる。一言一句が尽く霊気を帯びてをる。

両書の間の大正四年に刊行された『想痕(そうこん)』(至誠堂、一三七〇頁、三円八〇銭)も同じように『日本人』『日本及日本人』に掲載された文章を集めた大部なものである。そのほかこの時期になると、明治三十九年の『小泡十種(しょうほうじっしゅ)』(丙午出版社)、同四十三年の『偉人の跡』(同前)、同四十三年の『明治丁未題言集』(隆文館)、大正四年には『青年訓』(栄文館書房)と『人生訓』(東亜堂書房)、同八年には『独言対話』(至誠堂)、同十二年には柴田芳水編『雪嶺の著書から』（大盛堂書店）など、雑誌・新聞や著書に掲載された既発表の文章を集めて、急速に増加しつつあった一般の読書人を対象とする書物を相ついで刊行している。また、大正四年には山路愛山による『名著梗概及び評論　世の中』（敬文館）と生田春月編『三宅雪嶺修養語録』（新潮社）、同六年には山川均による『三宅雪嶺美辞名句集』（新橋堂）など、いずれもハンディな短文集も刊行された。

要するに、日露戦後から大正期にかけての時期、教育の普及にともなう読者層の広がりや出版資本の拡大によって、三宅雪嶺は独自の世界観をもった流行の書き手になっていったのである。その文体も、かつての漢語を多用する屈曲した文体から、口述筆記による一般読者にも読みやすい文体に変容した。

三　「デモクラシー」の陣営

桂園時代批判

次に、日露戦後の時期に雪嶺の行った「評論」の系列に属する言論活動のうち時事評論について、まず国内政治、ついで国際関係という順で見ていこう。

すでに述べたように、雪嶺の政治論の基調は一貫して藩閥政治批判であり、加えて日清戦争後の政局においては対外硬運動や進歩党合同に積極的にコミットすることで、大隈重信や近衛篤麿、憲政本党や国民党系の政客との結びつきを強めていた。したがって日露戦争後の議論でも、いわゆる桂園時代を現出させた長州閥の後継者である桂太郎内閣とそれとの妥協を図る政友会（西園寺公望内閣）に対する批判的立場を貫いた。

例えば、第二次桂内閣の末期にあたる明治四十四年（一九一一）七月十日付の『日本及日本人』第五六二号では、「第二次桂内閣は頽廃せる憲政を一層頽廃せしむる外、多く言ふべき無し」と斬り捨てるなど、厳しい論調が目立つ。

一方、返す刀で、第二次西園寺内閣の成立に際して、『太陽』第一七巻第一二号（明治四十四年九月一日付）の「政友会論」で、「政友会は無雑作である、権勢に与り得さへすれば善いといふのであるから、其の目的は太だ簡単である、従て其の目的を達する為めには如何なる手段をも取らうといふのである」と、皮肉を込めて語っている。

ところで、この時代の大きな出来事として、明治四十五年年七月三十日の明治天皇崩御と、それにともなう大正改元がある。森鷗外や夏目漱石の例を挙げるまでもなく、「明治の青年」にとって明治天皇の死は精神史的なエポックとして各人の心嚢に深甚な影響を刻印したといわれる。すでに崩御前から、明治天皇の絶大な功績を讃え尊皇攘夷の完成（「本年の天長節と尊皇攘夷の完成」『尊王愛国論』）を期していた雪嶺にとっても、同様であったと思われる。『日本及日本人』の追悼号（五八八、大正元年〈一九一二〉八月十五日付）に寄せた「大徳大業を憶ふ」では、四五年の前と後とでは、ほとんど別国家、別社会に見えるという感想を記している。

雪嶺は新しい時代を『十八史略』の記述をふまえて「創業守成」の時代と捉えた。徳富蘇峰がこれ以降「皇室中心主義」を声高に唱え、大正の青年に奮起を求めたのと較べると（『大正の青年と帝国の前途』）、雪嶺は時代の推移を冷静に見つめ「個人の自由行動」を重視していた面が指摘できよう。そのことは、「先帝は理想的の君主に在はし、かど、変遷急劇、政務繁雑、御一代に整はざりし事、種々之れ有り」とみて、「最も奨励を要するは個人の自由行動」（「改元以後の改善発展」『日本及日本人』五八九、同年九月一日付）としていることからもうかがえる。雪嶺と蘇峰の比較論としては、大正七年一月一日付の『中外新論』第二巻第一号が「三宅雪嶺徳富蘇峰比較短評」を募ったとき、建部遯吾が「雪嶺は松の如く、蘇峰は藤の如し」と投じたのが適評といえよう。

大正政変と大隈内閣

大正元年末から同二年初めにかけて、いわゆる大正政変が起った。第二次西園寺内閣が二個師団増設問題で扼殺されたあと誕生した第三次桂内閣に対して、「憲政擁護」「閥族打破」を叫ぶ第一次護憲運動が盛んとなり、わずか五三日で桂内閣は崩壊したのである。これを雪嶺は、「明治の政治と大正の政治とを区画す」るものと捉え、「大正年間に藩閥の蟠屈するを見ざるは、慶賀すべき事なり」（『日本及日本人』六〇七、大正二年六月一日付）

と好意的に受け止めた。

続く第一次山本権兵衛内閣が、シーメンス事件によって約一年で倒れたあとに成立した第二次大隈内閣に対しては、「大隈内閣を措いて政党内閣に類似する者を得難し。此点に於て大隈内閣は成立の意義あり」（同前六二九、大正三年五月一日付）と述べて期待感を示した。同時期の三宅の政治論が国民の政治運動に基礎をおいた政党政治にあったことは明らかであろう。それだけに、大隈内閣が大正四年三月の第一二回総選挙で行った買収による選挙干渉に対しては「選挙干渉の非なる、何ぞ言ふを須ゐん」（同前六五三、大正四年四月十五日付）と厳しく糾弾する。ついで誕生した寺内正毅内閣に対しても「第三次桂内閣の亜流にして、帝国政府の内閣として如何にも軽きに失し」（同前六九二、大正五年十一月一日）ていると見た。

演説する雪嶺
（『壇上から国民へ』口絵）

「教育家の位置」

歴代内閣への厳しい姿勢が発言となって問題化したのは、大正四年六月二十日に福島県教育会第三一回総集会（福島県会議事堂）で行われた「教育家の位置」と題する講演であった。

同二十二日付の『福島民友新聞』（大隈内閣系）の記事「三宅博士の狂的演説」によれば、雪嶺は次のように語ったという。

大隈伯は早稲田大学総長として教育の発達に努め、教育家待遇の昂上を説きし人なるが、一朝内閣に立つや平素の言責を食み教育に冷淡となれり、其の無責任驚くべし、一体現内閣員は大隈伯始め悉く嘘吐きなり、少しも信用出来ず、此る内閣は速かに破壊せざる可らず（講演の全体は『壇上より国民へ』に「教育家と嘘」として掲載）

政友会系の『福島民報』は同日付の「三宅博士現内閣を罵倒す」で、堀口助治知事や財部実秀内務部長ら県当局者の狼狽ぶりと対応の拙さを嘲笑的に伝え、演説取消を求められた雪嶺は責任をもってした演説をいまさら取り消す必要はないと思うと述べながらも、取消を認めたと報じている。後日、教育会の機関誌『福島県教育』はその第三一巻第七号（同年七月十五日付）の「本会総集会記事」で、演説中に本会が委嘱した範囲を逸脱した点があり、講演内容は本誌に掲載しないことになったと報じた。雪嶺の歯に衣着せぬ言論が知事や内務部長の進退問題にまで及び、演説内容の活字化ができなくなった一例であるが、『福島民報』（同年六月二十二日付）が伝えるところによると、当日は「威武に屈せず、貧賤に堕せざる大男子の真骨頭が、痛烈なる言々句々の間に仄見えた。聴衆は酔へるが如く、居並ぶ県官連の顔は益々蒼くなり、見られた態ではなかつた」という。

一方で雪嶺は、『内外教育評論』第一〇巻第四号（大正五年四月一日付）が行ったアンケート調査「常に好んで読まる丶一般思潮評論家」では、回答者三九名中一三人名が名前を挙げる人気ぶりであった。

乃木家再興問題

同じころ、乃木希典夫妻の殉死事件の余波ともいえる乃木家再興問題でも、雪嶺は盛んに運動している。先述した明治天皇の大喪に際して、学習院長で陸軍大将の乃木希典は殉死をもって応えた。二人の息子が日露戦争で戦死していたため、乃木伯爵家は断絶することになったが、長州閥を中心とする勢力は、旧藩主毛利家の一族をもって乃木家の再興を図ったのである。

再興に反対する運動が高まった大正四年十月五、六日には、政教社主催で神田青年館において乃木家再興問題講演会が開催され、雪嶺は遺言にあった断絶の遺志を無視する再興論は偉人の神霊を侮辱するもので、「君側に在る者の罪なり」（「即位の礼と大嘗祭」『日本及日本人』六六七、同年十一月一日付）と主張したほか、同月十七日に日比谷公園で開かれた有志大会や、二十七日に大阪近松座で開催された演説会でも同様の意見を述べた。

雑誌『第三帝国』第五四号（同年十月十一日付）が伝えるところによると、十月五日の演説で雪嶺は「至尊の大御心に出でたや否やは吾人の最も疑はしいところである……今度の伯爵を乃木伯と呼ぶ訳には行かぬ、ノボク伯と呼んでは」どうかと論じたという。

あまりの激しい攻撃によって『日本及日本人』第六六六号（同年十月十五日付）は発売停止処分を受けることになった。雪嶺による批判の背景には、乃木家再興を推進する長州閥への敵愾心に加えて華族制度そのものに対する疑問があったと思われる。

第一次世界大戦

眼を国外に転じてみよう。一九一四年六月二十八日に発生したサラエボ事件を契機として第一次世界大戦が始まった。

雪嶺は開戦の第一報に対し、「若し今回驚くべき大戦役の開け、大に地図を変改するに至らば、少くも欧大陸に於て数十年間太平無事なるを得ん」（「一戦役は一戦役よりも大規模」『日本及日本人』六三七、大正三年九月一日付）と述べたが、結果としてこの判断は誤っていたことになる。日清・日露戦争時もそうであったが、雪嶺の戦争に関する論評にはややもの足りないところがある。平時においても軍事に関する文章は少ない。

雪嶺は第一次世界大戦を人種と民族、個人と国民そして文明の視点から見ようとしていた。「戦争原因としての人種競争」では、人種の区別は戦争の原因になるとしながらも、結論としては人種の別はさほど心配すべきものではなく、心配なのは個人として能力が伸びず、民族として力を備へることができない点にあると述べるところがある。（『太陽』二四―八、大正七年六月十五日付）。雪嶺のいう人種と民族は定義づけが曖昧なところがある。アメリカ大統領ウィルソンによる民族自決主義に対しては、文明とともに正義人道が少しずつ実現するということは否定すべきでないというが、同時にわずかの人々で広い領土を占め、異民族の流入を禁じるのは正義人道とはいえないという条件を付した（「恒久平和の要件として人種問題」同前二二五―一、同八年一月一日付）。

世界平和維持と国際協力を目的に設立された国際連盟に対しても、当初は「国際連盟の充分に成らずとも、成るべく其の実を挙ぐるに努むべし」（「欧米外交への割り込み」『日本及日本人』七八三、同九年五月十五日付）という希望的見解を示していた。しかし、米国やソ連の参加が見送られると、国際連盟の失敗は現代の人智がどの程度なるかを明らかにするものだ、と諦めに似た感想を記す（「戦後列国関係の変革」同前八四四、同十一年九月十五日付）。アジア・太平洋に関するいわゆるワシントン体制に対する論評は見あたらない。

右のような視点でヨーロッパの戦争と戦後の動向を見ていた雪嶺であったが、日露戦争までの彼は、中国に対しては支那保全論、朝鮮に対しては民族蔑視観が、対東アジア論の基調であった。

朝鮮の併合と経営

一九一〇年の朝鮮併合については、「半島は日本に合同して上下の幸福を増進すべき者、抵抗を敢てするは、国情を知らざるに出づ」（「対岸半島漸く合併」『日本及日本人』五四〇、明治四十三年九月一日付）と論評して、「合併を祝する」論陣を張った。一九一九年の三一独立運動のあとになっても、日韓併合は自然の現象であって、日本は半島を領有し、国家の利権を拡張する道具にしなければならない、という見解を変えなかった（「朝鮮の統治と同化」同前七六七、同八年十月一日付）。

一方、一九一一年に勃発した辛亥革命の中国に対して、かねてより孫文の革命運動を支持していた雪嶺は次のように述べる。革命運動の趨勢は、大なり小なり共和の実現を見なければ終わらないだろうと予測されるが、立君にせよ共和にせよ、必ず支那的の色彩を帯びるであろうと（「支那には立君共和孰れか適当」『日本及日本人』五七一、明治四十四年十二月一日付）。ところが、革命が混迷を深めた一九一二年になると、従来の支那保全論は「一旦保安の覚束なき勢となりては、全く陣立を造り換へざるべからず」（「支那革命の我国に及ぼす影響」同前五七五、同四十五年二月一日付）とされた。同年、中華民国政府承認同志会が設立されると雪嶺も入会し、一月二十九日には彼の提案で「吾人は、我政府をして列国に先立ち、速やかに支那共和新政府を承認せしめん事を期す」（『読売新聞』同年一月三十日付）との決議を採択した。

第一次世界大戦勃発後の大正四年に、第二次大隈内閣の外相加藤高明によって行われた対華二十一ヵ条要求に対する論評はないが、戦中と戦後をとおして雪嶺の対中国方策の基本には変化がなかったように思われる。すなわち、「支那に利を得んとする者は、我が管轄に帰して利を得るよりは、他の管轄の儘にして利を得るの優れるに若かざるを思ふ」（「支那共和国の国是」『日本及日本人』六四二、大正三年十一月一日付）、あるいは「日本が支那をして分割より免かれ、支那自らをして治めしめんとするは、日本に得策にして支那にも得策なり」（「難境に陥れる袁大総統」同前六七八、同五年四月十五日付）とあるのを見ればわかるとおり、基本的には支那保全論以来の枠組みのなかにあったのである。

四　新しい思想への理解

政教社設立以来、立憲主義と政党内閣実現の論陣を張ってきた雪嶺は、大正七年（一九一八）における原敬（はらたかし）内閣の登場を、歓迎をもって迎えた。『日本及日本人』第七四二号（大正七年十月十五日付）では、それを民衆の政治思想の伸長として次のように論じた。すなわち、原内閣の成立は「国政が貴族的色彩を減じ、民衆的色彩を増せる徴候として注意するに足る……民衆の漸次政治思想に富み、政治に責任を感じ来れるの証拠とすべき」であると。しかし同時に、「原に接触せる者が未だ嘗（かつ）て其口より大局談を聴かず」（「原内閣の活動状態」同前）、さらに「殆ど悉く党務の為めにし、絶えて国務の為めにせず」（同前七八四、同九年六月一日付）と述べ、原が政治の理念を語らず国務よりも党務を優先する人物であることに対する危惧の念も示した。

とりわけ原内閣が取り組んだ選挙法改革の内容には不満の意を表した。大いに選挙権を拡張すれば、国力の増進に与かることが多い（同前七五三、大正八年四月一日付）、あるいは普選に反対して将来に発展する希望なし（同前七八五、同九年六月十五日付）という持論をもつ雪嶺にとって、元老山県有朋の意向を汲んで普選導入に躊躇する政友会と原は、今の政党は基礎を国民に置かず、元老および官僚の諒解を得て、政権に与かることに専心しているように見えた（同前八〇一、同十年二月一日付）。そのような主張は、原の死後『中央公論』第三八巻第二号（同十二年二月一日付）誌上の「普選に反対するは愚」で、「憲政の必要あるとせば、普選の必要を当然認めずに居れぬ……普選の一日も早く実行せらるゝを望まねばならぬ」という普選即時実施論にまでゆきつく。

これら一連の雪嶺の政治に対する論評を支えていた論理は、大正三年四月十五日付発行の『日本及日本人』第六二八号に掲載された論説「政務官は斯く心得よ」のなかにある、以下のような一節からうかがえる。

如何に疑ふとも、現に憲政治下に立つ以上、憲政らしく行動するを望まざるべからず。中にも、一に多数の意志を重んずること、二に各々意見を発表し、最良なる者を採るを志ざすことを要す。

要するに、憲政すなわち憲法に基づき議会を中心に政治を行うためには、国民に基礎を置く政党が多数の意志を尊重し、最良の意見を採用することが必要だというのである。

同年六月十五日付発行の同誌第六三二号の「活劇の経営者と俳優と脚本」では、政党の勢力が増加すれば、多数党の首領が内閣組織の大命を拝すべき順序となろう、つまり政党内閣の必然を主張していた。さらに、同六年七月十五日付の第七〇九号の論説「政治思想と国家事業」では、選挙権は「国民をして国家を念とし此に力を致さしむべき緊要なる鍵鑰なり」と切言することになる。こうした論理は、大正五年の『中央公論』一月号に掲載された吉野作造（政治学者、東京帝国大学教授）の長大な論文「憲政の本義を説いて其の有終の美を済すの途を論ず」の論旨、「民本主義」と相通じるものであった。

後述する白虹事件によって大阪朝日新聞社を退社した鳥居素川が創刊した『大正日日新聞』に連載された「大正年間の思想」の第一三回（大正八年十二月七日付）で、雪嶺は「日本は特別の国柄であり、特別の国情があるにせよ……デモクラシーの語が流行するのも偶然でない」として、「デモクラシー」が国体と矛盾しないことを論じている。

そのような政治的立場の一致が、大正七年十二月に吉野作造と福田徳三を中心に創立された黎明会への雪嶺の参加につながったと思われる。黎明会では、同月四日に開催された創立相談会の席上、「大綱」三則が定められたほか、雪嶺をはじめ左右田喜一郎（経済学者、左右田銀行頭取）、新渡戸稲造（植民学者、東京帝国大学教授）、森戸辰男（経済学者、東京帝国大学助教授）らに「勧誘状」を発出することを決めた（「黎明会記録」『黎明講演集』四、同八年六月一日付）。「勧誘状」によれば、彼らの立場は「自由主義、進歩主義、民本主義」であり、同会は「世の識者」が当面の大問題を研究・熟議する「一箇の新運動」なのであった。「大綱」には次のようにある。

一、日本の国本を学理的に闡明（せんめい）して、世界人文の発達に於ける日本の使命を発揮すること。

二、世界の大勢に逆行する危険なる頑冥思想を撲滅すること。

三、戦後世界の新趨勢に順応して、国民生活の安固充実を促進すること。（同前）

同年十二月二十三日に開催された創立会に三宅は出席しなかったようだが、発起人には名を列ね（『東京朝日新聞』同月二十六日付）、翌大正八年四月三十日に開催された第四回講演会に登壇し「固定文明より新文明へ」と題する講演を行った。そこでは、「今日はデモクラシーの時代であると称する。併しこれは古代・中世の文明に対し、近世の文明を言ひ現はすのであつて、これが今後如何に継続するか、最早固定して居るのでないか」（前掲『黎明講演集』四）と述べ、現代文明と「デモクラシーの時代」に安住することに警鐘を鳴らした。雪嶺によれば現在の文明は資本でできているが、極点にある英米においてもすでにその度が過ぎている。では新文明とは何か、それには明確に答えないものの、

「財産は認めねばならぬ。併し国家の仕事に朝から晩まで最も働いて居るもの、得る収入に、十倍・百倍するものを、朝から晩まで遊び暮らして居るものが取るといふことは、普通の順序であるかどうか」と述べているのを見ると、資本主義社会の限界に想到し、何らかの「改造」を思い描いていたことは確かなように感じられる。

先述したように、日清戦争前後の雪嶺は初期社会主義者たちと親和的であり、自身も「社会主義」を標榜する論説を書いていた。明治四十三年（一九一〇）に明治天皇暗殺計画の罪を問われた大逆事件が発生したとき、幸徳秋水が獄中で脱稿した『基督抹殺論』（内午出版社、一九一一年）に、乞われて序文を寄せたことはよく知られている（掲載不許可）。

幸徳ら一二名の処刑のあと、徳富蘆花（蘇峰の弟）が第一高等学校で行った演説「謀叛論」は有名だが、その五日後の同四十四年二月六日に国学院で開催された大逆事件講演会で井上哲次郎や渋沢栄一らとともに登壇した雪嶺は、「四恩論」の題で政府当局者による思想弾圧を糾弾する演説を行った（中野好夫『蘆花徳富健次郎』）。おそらくその内容を筆記したものであろう、『実業之世界』第八巻第二号（明治四十四年二月十五日付）に掲載された「大逆事件の為政治家宗教家に与ふる教訓」では、「大逆無道」を企てるに至ったのには、彼らの思想に間違ったところがあるに相違ないが、間違うようになった事情も尋ねなければならないと述べて（『世の中』では「大逆事件の教訓」と改題）、一概に批判すべきでないとしていた。

浪人会との対決

大正七年八月、『大阪朝日新聞』の記事をめぐって白虹事件が発生した。この事件は、記事中にあった「白虹日を貫けり」という中国古典に由来する一節が皇室の禍を意味するとして、黒龍会などの「右傾」団体の憤激を買い、村山龍平社長が襲撃された事件である。これを機に、日本新聞社から移籍していた鳥居素川や長谷川如是閑らが編集部を去ることになった（有山輝雄『近代日本ジャーナリズムの構造』）。

雪嶺が主筆を務める『日本及日本人』が、白虹事件に関連して「右傾」団体の浪人会を批判すると、事件は思わぬ方向に波及することになった。明治四十一年に結成された浪人会は、当時の対外硬派や対露同志会、あるいは足尾鉱毒問題で三宅らと共闘した田中弘之（捨身と号する）を発揮人とし、同三十四年に内田良平を中心に結成された黒龍会ともメンバーに重なりがあり、この時期になると頭山満（玄洋社社長）、三浦梧楼（枢密顧問官）、杉浦重剛（東宮御学問所御用掛）、古島一雄（衆議院議員）らも会員もしくは賛同者に名を列ねていた。大正七年十月二十三日に行われた吉野作造との公開討論会が有名である（『吉野作造選集』一四、麻生久『黎明』）。

事件が政教社と雪嶺に波及した経緯は、黒龍会の機関誌『亜細亜時論』第二巻第一一号（同年十二月十一日付）の特集記事に詳しい。それによれば、同年十一月十六日に内田たちは初台の三宅邸を訪ね、雑誌主筆としての責任を詰問した。これに対して雪嶺は、「主筆としての文章に就きては責任を負ふは当然なり、其の他の記事等に就ひては関する所にあらず」（同前）と答えたという（中野目徹「大正期の『日本及日本人』と三宅雪嶺」）。また同誌によると、この年、初台に落成した新しい三宅邸には、大阪朝日新聞社から資金が提供されているほか、年々一万三〇〇〇円が雪嶺に渡されているという。さらに雪嶺を「生民を指導するに足らざる閑文豪」と評している。

森戸事件

白虹事件の二年後の大正九年に発生した森戸事件で、雪嶺は被告側の特別弁護人として第二回公判（同年二月十四日）に出廷し、森戸辰男を弁護する弁舌をふるった。森戸は、東京帝国大学に前年設置された経済学部の紀要誌『経済学研究』に、ロシアの無政府主義者クロポトキンに関する論文を翻訳して掲載し、それが新聞紙法違反に問われたのである。

雪嶺の出廷が決まったとき、『東京朝日新聞』同年一月三十日付は、彼の雄弁と識見によって「新しい思想問題」の解決を促すものと捉えた。このとき、他に特別弁護人として法廷に立ったのは、吉野作造（前掲）、佐々木惣一（憲法学者、京都帝国大学教授）、安部磯雄（早稲田大学教授、のちに衆議院議員）の三人であったことを見ると、雪嶺のこの時期の立場が黎明会の主張と重なり、社会主義に対しても融和的であったことが知られる。

『読売新聞』（同年二月十五日付）によれば、弁護に立った雪嶺は「日本も五大国の一に列したが、こんな思想上の一論文を問題にするようでは未だ到底駄目だ」と論じたという。

大正十二年七月の『中央公論』第三八巻第七号に掲げた「社会主義懼るゝに足らず」では、大塩平八郎はもとより、孔子や孟子の教えのなかにさえ社会主義的な要素はあり、それは王陽明において著しいと述べ、むしろ社会主義政党の組織化を促し、国会で議席を獲得させるべきだと主張していた。文末では、堺利彦や山川均・菊栄夫妻の人物と活動を称揚している。このような雪嶺の論調に対して、長年にわたって近接した政治的立場を示し、かつて長清会（後述）では碁盤を囲んだ三浦梧楼が「三宅はこの頃青年をあやまる様なこと計り書くから怪しからん」（『読売新聞』大正十二年十二月六日付）と語ったと伝えられている。

雪嶺は、一九一七年のロシア革命を第一次世界大戦にともなう最も著大なる事件（「事変の産める奇傑」『日本及日本人』七一一、同六年八月十五日付）とし、革命の指導者レーニンをナポレオン以後の「第一人」（「最下より最上へ」同前七九九、同十年一月一日付）と高く評価した。評価の根拠とされたのは、多数民衆の支持を得ている点と物質的な上下を廃した点とであった。

一九二〇年、ソ連領ニコラエフスクでパルチザン（革命派の非正規軍）部隊による日本人虐殺事件（尼港事件）が発生したときも、その責を「過激派」＝革命軍への態度が曖昧な日本政府に帰した（「現内閣の対尼港態度」同前七八七、同九年七月十五日付）。

ソ連承認論

その後も日本政府がソビエト政府を承認しないことに対しては、女婿の中野正剛らとともに街頭運動を展開した。大正十一年九月十五日には神田青年会館で対露交渉大演説会を開催し、十月九日に同所で開かれた二重外交痛撃大演説会でも中野とともに登壇した。翌大正十二年五月四日には、やはり神田青年会館で露国承認期成会・政教社・東方時論社合同で露国承認大演説会を開き、雪嶺のほか中野、大山郁夫、沢柳政太郎らが弁士を務めた。『東方時論』は同年六月号を「日露問題号」の特集号としたが、後述するように、このとき政教社と東方時論社の合同論が協議されていたのであった。

さらに同年六月二日には、ソ連外交官のヨッフェ招待会を精養軒で開催し（同人欠席）、雪嶺はその席でも演説を行って「日露協同」の必要性を説いたが、会場には「右傾」団体の赤化防止団や国粋会が押しかけて混乱が生じた（『読売新聞』同十二年六月三日付）。雪嶺がソ連承認を促す論理は、「世界政策」という観点から、他国のことをどこまでも自国の思うとおりにさせようとするのは困難であって、はなはだしい故障がなければ、その政府を承認し、細かいことは後で協議すべきである、という現実的なものであった（『中央公論』三八―六、同年六月一日付）。

新思想の輸入

これらの背景として、雪嶺には前記したように「社会主義懼るゝに足らず」という意識があり、「五大国の一」としての大度が必要だという信念があった。そのような雪嶺は「新しい思想問題」に理解のある思想家と見られていたのである。政教社退社後の論説だが、『我観』改巻第八号（同十四年二月一日付）では次のように論じている。

　マルクスの著書は欠陥多く、唯物史観も、剰余価値論も、殆ど完備（ママ）なき迄に批難されたるも、社会関係の問題を考ふる場合、之を捨つるを得ず。

同じく、「危険思想攻撃者に心あらば今少しく相手の事情を察し、物は相談といふ調子に出べきではないか」（同前二四、同年十月一日付）と述べて、あくまでも同情の姿勢を示していた。むしろ、新思想の輸入を防ぐよりも、多く輸入して研究し、思想を鍛錬する方が後のためになる、という積極的立場を貫いていた（「秩序の維持と社会の進歩」『中央公論』三九―四、大正十三年四月一日付）。

「中正」の立場

前述したように、明治四十三年の大逆事件の前は、「社会主義」（いわゆる初期社会主義）への期待を表明していた雪嶺であった。しかし、ロシア革命後のこの時期に雪嶺自身が「新文明」を模索する立場は、「左傾」でも「右傾」でもなく、「新思想」を受け入れつつ研究を深め、あくまでも「中庸」あるいは「中正」の立場から「行詰りの時代」を突破してゆこうというものであった（「左傾右傾の険悪分子」『我観』四、同年二月一日付）。「中正」

の立場とは、その担い手からすると「中産階級」の立場であり、それが「当分、国の背骨」(「中産階級の動揺」『大勢』一―二、同十一年五月一日付)であるというのが、雪嶺の基本的な立脚点であった。

改造の必要

日露戦後から大正期の雪嶺が展開した国内外の政治・社会に関する「評論」をあわせて考えてみると、国内に対しては「デモクラシー」を伸張し、普選の実現によって国家=国民が協同して自国の特長を発揮し、世界人類の福利増進に寄与すべきだという「国民的国家観」(「官僚的国家観の変改」『日本及日本人』八二六、同年一月一日付)を唱導したものの、朝鮮半島の独立運動と中国の革命運動が包含する民族ナショナリズムに理解を示そうとしていなかったことがわかる。ここでいう「世界」とは、日本国内と五大国あるいは三大国といわれるようになった日本と米英、それに仏伊その他を加えた「列国」に限定されるものであり、中国や朝鮮は利害と損得でのみ対応すべき対象であった。

一九一八年にパリ講和会議が開会し、第一次世界大戦がようやく終結すると、国内では「改造」の気運が漲(みなぎ)ってきた。同年二月には雑誌『改造』も創刊される。この雑誌は、マルクス主義者や進歩的な論客に誌面を提供して、読者からの広範な支持を集めた。雪嶺は、大正九年の『中央公論』元旦号(三五―一、同年一月一日付)に「改造の論議より改造の実行へ」を寄せて、そのなかで国内では「多数の力を認めずに置けぬ。民衆自ら力有るを知り、政府に於て之を力有る者として取扱ふやうになつた」と論じ、労働者の力の伸びたことを確かと見て、「改造」の説もさまざまあるが、国際連盟と国際労働会議とが重要な問題だと捉えた。さらに、人間の心は「社会改造」を欲するようにできあがっているとし、「改造」の声が盛んになってきたのは、国運発展のために祝すべきであると断言した（「徐々として而かも永久に」同前三五―九、同年九月一日付）。

五　政教社退社

初台に転居

雪嶺は花圃との結婚後間もなく、赤坂新坂町（しんさかまち）の田辺家に同居していたが、大正七年（一九一八）には初台の新居に移った。自伝によれば、この家は友人が建ててくれたもので（『大学今昔譚』）、昭和二十年（一九四五）に空襲がひどくなって疎開（そかい）するまで住み続けることになる家である。野依秀市の回想だと「先生同郷で大阪にゐられる某氏の寄附に成ったもの」（『三宅雪嶺先生を語る』）というので、友人で同郷で大阪となると中橋徳五郎（なかはしとくごろう）が思い浮かぶが、どうだろうか。前年の大正六年の総選挙において、金沢市から立候補して当選した中橋の応援演説のため雪嶺は同地に赴いている（『中橋徳五郎』上、ただし大阪商船社長は同三年に退いている）。あるいは後述する林安繁（はやしやすしげ）であろう。

「雪嶺翁の平生」

家族集合写真（婦人之友社所蔵）

また、これより以前に（前出の三田村の日記によれば大正三年より前）、雪嶺は静岡県の御殿場の東山というところに別荘を所有していて、夏場はそこで過ごすこともあった（「別荘での避暑」『一日一言』、初出は『帝都日日新聞』昭和九年八月二十七日付）。

明治四十五年（一九一二）には母瀧井が、大正四年には岳父田辺太一が死去するなど周辺に変化があったものの、家長として五人の子どもたちの成長を見守り、同二年には長女多美子が中野正剛と結婚するなど、家系は新たな広がりを見せていた。

そのような雪嶺の大正十年前後の日常生活を妻の花圃が描いている（「雪嶺

翁の平生」『太陽』二七―八、大正十年六月十五日付）。それによれば、朝は六時ごろ起床、夜は一〇時ごろ就寝、三度の食事以外の間食はせず、朝食には紅茶、夕食後にはコーヒーに洋菓子、肉類が好きで洋食を好み、野菜では蕪の漬物や三葉のお浸し、家で酒を飲むことはなく、唯一の楽しみは夕方の散歩で、食事も含めて机と椅子の生活だという。「万事に慎しみ深い、出洒張る事の嫌ひな方で、日常生活の総てに亘つて、此の色彩が濃いやうに感じられます」とされる。そのぶん花圃が前面に出ることになったのであろう。

明治四十五年＝大正元年秋、雪嶺は腸チフスに罹患し東京帝国大学附属病院に一ヵ月以上入院した。『読売新聞』大正元年十月二十二日付は、「奇異の風土病」で「一時重態」と報じた。入院によって、雪嶺は『日本及日本人』第五九三～五九六号（大正元年十一月一日～同年十二月十五日付）には執筆していない。その前後あわせて三年は体調が優れなかったという。雪嶺五十二～五十四歳のころであった。

花圃の『女性日本人』

大正十二年、雪嶺は『日本人』創刊の明治二十一年以来所属した政教社を退社し、以後『日本及日本人』に執筆しなくなるという〝事件〟が発生する。記者・ジャーナリストとしての三宅雪嶺にとって生涯最大の出来事といえよう。そのような結末に至るまでに、直接的には二つの要因があった。

それに先立つ大正九年九月一日、政教社から雪嶺の妻花圃を中心とする月刊雑誌『女性日本人』が創刊された。発行・編集兼印刷人は新聞『日本』以来の社員小谷保太郎となっていたが、翻刻版の解説によれば発刊は花圃の「主唱で計画され」、彼女は「取締役さん」と呼ばれていたという（佐藤能丸・三宅桃子「解説」）。編集には三宅夫婦の三女である淑子も加わり、執筆者には三宅恒方やその妻やす子のほか、次女船越小枝子が小説を、次男当次（塔路）が漫画を寄せたりと、「家族的な色彩の強い雑誌」（同前）であった。

家族以外の執筆陣も、大隈重信、後藤新平、尾崎行雄らの政治家、吉野作造、大山郁夫、長谷川如是閑、権田保之助、森本厚吉、稲毛詛風、厨川白村、土田杏村らいわゆる大正デモクラシーを代表する評論家、桑木厳翼や阿部次郎、石川千代松や谷本富、伊東忠太らの学者たち、文学者では坪内逍遥や徳田秋声、高村光太郎や幸田露伴、女性執筆者は、山川菊栄、中条百合子から平塚らいてう（雷鳥）、野上弥栄子、高群逸枝、下田歌子まで、芸術家として石井柏亭、富本憲吉、木村荘八、津田青楓らという具合に、『日本及日本人』と重なりながらも、それを超えて拡がっていた。

創刊号の劈頭に雪嶺は「初刊の辞」を寄せて、「女性が男性の助けるのを待ち、自ら助けることを怠るのは、女性の位置を低くし、延いて男性活動の効力を薄くし、民族及び人類の進歩を遅くします」と述べ、女性の自立への期待を示した。本書第三で紹介したように、雪嶺は早くから苦界の女性を解放する運動に取り組んでいたが、平塚雷鳥たちの『青鞜』が出たときは「新しい女は解らぬ」（「問題の提供者としての新しい女」『太陽』一九一九、大正二年六月十五日付）と論評していた。他方、雪嶺は男子普通選挙実現前から、婦人参政権の獲得運動に同調する姿勢を示していた（『朝日講演集』三）。

『女性日本人』は、同時代の他の婦人雑誌、例えば『婦人公論』『婦人倶楽部』『婦人之友』その他と較べても毎号硬派の論説が目次を占める誌面構成をとっていた。それだけに、「足を投げ出しては読めない雑誌だ」という批評を受け、結果としては売れない雑誌となってしまったようだ（佐藤・三宅「解説」）。大正九、十年の読書調査において、女工の読む雑誌に『女性日本人』はランクインされておらず、大正十一年に東京で行われた職業婦人九〇〇人に対する購読雑誌調査においても『女性日本人』はわずかに九人（一％）、全体の一六位といった位置づけになる。一位から三位は『婦人公論』『婦女界』『主婦の友』が占めている（永嶺重敏『雑誌と読者の近代』）。

中野正剛の『東方時論』

もう一つは、中野正剛が主宰する雑誌『東方時論』との合同問題である。中野は、古島一雄を仲人に、正式な媒酌人を頭山満に依頼して大正二年に三宅夫婦の長女多美子と結婚してからは、三宅にとっては女婿にあたる人物である。早稲田大学在学中から『日本及日本人』に寄稿し、明治四十二年に卒業すると日報社（『東京日日新聞』）を経て、東京朝日新聞社に入社していた。大正五年には退社し、翌六年には郷里福岡から衆議院議員選挙に立候補し、このときは落選している。同年から執筆することになったのが雑誌『東方時論』であり、翌七年からはその主宰者となった（中野泰雄『政治家中野正剛』上）。

中野は大正九年の選挙で当選を果たし、同十一年に犬養毅が結成した革新倶楽部に入党した。一見すると、自身の言論機関を有する売出し中の若手代議士といえるが、大正八年に北一輝、大川周明と「右傾」団体である猶存社を設立した満川亀太郎の言によれば、実際はそうではなかったらしい。すなわち『東方時論』は、経営困難にして毎月の損失数百円を下らないというのが実情であり、震災直前に及び経済上継続がいよいよ不可能の状態に立ち至っていた（猪俣敬太郎『中野正剛の生涯』）。

そこで、中野は持参金付きで『東方時論』と『日本及日本人』の合同をもちかけてきたのである（以下、『明治の青年とナショナリズム』）。資金の調達先は日銀総裁の井上準之助ともいわれるが、三田村鳶魚の後年の日記によれば「中野正剛は、先年、池田成彬より一万円を取り、井上亀六に渡し、それが根になりて、政教社が壊れたり」（『三田村鳶魚全集』二六）とされている。当時池田は、三井銀行の常務取締役で実質的なトップであった。

合同協議

大正十二年夏の時点で、雪嶺の周辺では妻と女婿が主宰している『女性日本人』と『東方時論』という二つの雑誌が経営的にゆきづまっていたのである。実は『日本及日本人』も前年から赤字続きであった。同誌は創刊当初、大阪の金尾文淵堂が、ついで東京の隆文館が版元になっていたが、この当時は社員の井上亀六が経営面を担っていた(『安藤正純遺稿』)。八月四日にはその井上と中野正剛が協議して、合同計画を進める合意に達した。その後、中野が『日本及日本人』の誌名ならびに政教社の社名変更を求めたのに対して井上は拒否を主張、同月十四日に井上は古島一雄を介して合同中止を中野側に申し入れた。この間、三宅は中野を支持し、井上に対して不信感を抱いたらしい。以上は、雪嶺退社後に政教社に残ったメンバーが大正十二年末ごろに発行・配布した「『日本及日本人』愛読者諸君に告ぐ(三宅雪嶺氏と絶縁の顚末)」(以下「絶縁顚末」と略記)と題する四七頁に及ぶ冊子の記すところである。執筆者は寒川鼠骨であった。

ところが、同月十五日付の古島宛井上亀六書簡(国立国会図書館憲政資料室所蔵「古島一雄関係文書」)には、「今日寧ろ思切つて撤回打切と致候方得策と存候が尊慮如何哉」とあるので、この日の段階では合同中止は決まっていなかったようだ。「絶縁顚末」によると同月二十一日、雪嶺は自邸に同人たちを集め、その席で古島をして合同成立を告げしめたという。雪嶺の意は中野正剛との協働にあったのである。そして、九月五日に再度協議することが決定した。

合同協議が紛糾するなか、九月一日、関東大震災が発生した。そのとき自宅にいた雪嶺は、余震も鎮まってきた夕方四時ごろから徒歩で外出した。「初めに思つたよりも震動が強かつたが、割合に強かつたと感ずる位で、大変という程でもなかつた」という感想を残している（「震災中の自分」『我観』創刊号、大正十二年十月十五日付）。神田区鎌倉町三番地にあった政教社は全焼し、雑誌・書籍の在庫や紙型を失ってしまったが、「重要書類だけ搬出せり、社中に死傷なし」（『三田村鳶魚全集』二六）という状況であった。

しかしこの間、初台の三宅邸を見舞う社員はなく、十日に至って三宅は中野正剛と稲垣伸太郎を招いて「覚書」なる文書を作成、そのなかで「天災に依り予定の如き合同実行の資金調達覚束なし」として、政教社と東方時論社を解散して別な新たな基礎の上に『日本及日本人』を発行することを、井上亀六に申し渡したのである。これに対して井上たちは同月十五日に三宅邸を訪ね「覚書」について確認すると、新たに「釈明書」なる文書が示され、この日政教社の解散が同意された。その後、長谷川如是閑と河東碧梧桐が調停を試み、さらに、十月十六日には国分青厓と古島の斡旋により、同人たちが三宅邸を訪問して会見したが、この席で雪嶺は『日本及日本人』の「主権は自分に在る。政教社の主権は公等に在る」と言い放ち、あくまで分離を主張したという（以上「絶縁顛末」）。

十一月十一日付の『読売新聞』は朝刊五面で、政教社の内部は「喧嘩分れの状態」であると報じるとともに、花圃へのインタヴューを掲載している。それによれば、花圃は

「主人は少しも不服はございません」と答えたあとで、雪嶺が「俺の周囲にも金の力で集まるものがあるのかナァ」と漏らしていることを伝えた。結局、井上を支持する残留組は社名と誌名を継承し、大正十三年一月一日より再刊『日本及日本人』を発行することになったが、本来の発行権は三宅側にあったことを考慮してか、通巻号数は引き継がなかった。

一方、雪嶺と八太徳三郎、稲垣ら側近に中野を加えたメンバーは、すでに大正十二年十月十五日に雑誌『我観』を創刊、『女性日本人』は当分休刊となった。これ以後、雪嶺は『我観』誌上で縦横の論陣を張ることになる。

以上の経過を経て雪嶺は三五年間にわたって在籍した政教社を退社することになった。その近因としては、すでに述べたように『女性日本人』の赤字問題と『東方時論』との合同問題があり、偶然発生した関東大震災による社屋の焼失が直接の契機となった。

しかし、〝事件〟の真因はそれで尽くされているとはいえないであろう。先に紹介したように、この時期の雪嶺は「新しい思想問題」へ積極的にコミットしており、黎明会のメンバーとなって活動していたほか、大正九年に発生した森戸事件に際しては、被告側の特別弁護人として出廷していた。また、社会主義者たちに対しても引き続き深い同情を示しており、ソ連との国交回復にも熱心に取り組んでいた。

こうしたいくつかの材料から考えてみると、雪嶺の政教社退社は左右対立の時代思潮を象徴する一つの思想的事件として捉える方がふさわしいように思われる。そもそも大正十二年の始まりに際して、雪嶺は『日本及日本人』第八五二号の題言「当代の最も有効なる道」で当時を「行詰りの時代」と評し、自由・平等・友愛あるいは立憲政治など近代文明の諸価値は実現されたので、これからは新文明を模索しなければならないと主張していた。雪嶺はそのような現状を「左傾」でも「右傾」でもなく彼の考える「中庸」もしくは「中正」の立場から突破してゆこうと目論んでいたのであった。

三井甲之の批判

これに対して雪嶺攻撃の急先鋒に立った三井甲之は、前掲の再刊『日本及日本人』創刊号に寄せた文章で、雪嶺の「思想的痼疾」は「個人主義」であると特定し、それは黎明会や改造社による「流行偽新思想家」と同類のものだとしたうえで、自らの立場は「祖国日本」を「批判基準信仰原理としての帰依対象」とするものだと論じている（「三宅雪嶺の個人主義思想の錯誤を指摘して祖国主義信仰を宣言す」）。実際この時期の雪嶺は「世界の進歩は、個人の実力の重きを置くに向かつて居る」（「実力第一から安全第一」『実業之世界』一三―一、大正十五年一月一日付）と論じており、明治期から一貫して個人主義を把持していたことは確かである。

事件の周辺

加えて、政教社の分裂には同人たちの心情的な問題も潜んでいた。その一つは雪嶺の妻花圃に対する彼らの反感のようなものの存在である。先の新聞のインタヴューでも答えていたのは花圃であったように、この夫婦では家庭内の切り盛りだけでなく、三宅雄二郎名で発出する書簡の代筆まで花圃が行っていた。同人内では潜在的に、そのような花圃の振る舞いに対する違和感のようなものが燻（くすぶ）っていたのかもしれない。三田村の日記に「三宅博士を訪ふ、花圃女史の挨拶例の如し、毎々ながら閉口の外なし」（大正二年六月二十七日の条、『三田村鳶魚全集』二五）とあるような感情のしこりが蓄積していた可能性もある。前述したように、雪嶺と花圃の夫婦では、花圃が前面に出て万事を取り仕切るのが常であった。

また、「絶縁顛末」を執筆した寒川鼠骨が戦後になって回想して書いた記事によると、大正十二年のある時期、後藤新平と三宅雪嶺の対談の計画がもちあがったが、前日になって三宅側から断りが入って中止になったことがあったという。この計画が中野正剛抜きに進められたのに対して、そもそも中野は「後藤嫌い」であり、「雪嶺翁を売るものだと誣（し）いた」という（「雪嶺翁追憶」、戦後『日本及日本人』一―三、昭和二十五年十二月一日付）。こうした些細なゆきちがいの連続が、お互いの疑念をますます深くすることになったのであろう。

なお、雪嶺退社後、再合同の気運は何度かあった。最終的には昭和十年三月十四日に、長谷川如是閑らの計らいで政教社同人が初台の三宅邸を訪ねて、わだかまりを解いたという（『東京朝日新聞』同月十五日付）。しかし、再合同には至らなかった。その後の政教社は、「日本主義」の団体として昭和戦前・戦中期を推移し、戦後になるとGHQから解散指令を受けることになる（『終戦関係書類』、国立公文書館所蔵「内閣官房総務課資料」）。

第六　「哲人」か「偶像」か

一　「我観」を語る

『我観』創刊

政教社を退社して我観社（がかんしゃ）を創立し、雑誌『我観』を創刊した雪嶺と中野正剛らであったが、この間、相当の準備をしていたらしいことは、我観社が当初から大阪に支社を置き、『我観』の第一号が、九月一日の大震災のわずか一ヵ月半後の大正十二年（一九二三）十月十五日付で発行されたことから察することができる。雪嶺が執筆した創刊号の題言「灰燼（かいじん）中より出現」では、「明治二十一年創刊以後幾多経歴ある身は焼かれたれど、我等は新たに『我観』として出現し、日本国及び全世界に寄与する所あるべきを期す」と述べ、同誌こそ『日本人』を継承するものだと宣言し、震災による政教社焼失からの復活を「鳳凰（ほうおう）」＝「フェニックス」になぞらえた。

誌名の「我観」は、雪嶺の事実上の処女作『我観小景』（明治二十五年〈一八九二〉）に由来し、前章で紹介したように、大正三年に雪嶺を中心とする日刊新聞を発行する計画があったとき、その題号が『我観』だったことを考えれば、雪嶺にとっては満を持しての命名といえよう。創刊号の「『我観』発刊宣言」によれば同誌は「我等の思想発表機関」とされ、同じく「編輯に関する説明」では「我等の判断は絶対公正を標準にし、階級党派を問はず、徹底的に是を是とし非を非とする」と断言しての出発であった。

誌面構成

『我観』の編集および印刷人は雪嶺側近の稲垣伸太郎が務め、一冊の定価五〇銭（三号以降は八〇銭、これは当時の一流雑誌『中央公論』『改造』と同額）で刊行されたが、注目すべきはその執筆陣である。すなわち、第一号には雪嶺、中野正剛のほか、杉森孝次郎、福田徳三、北昤吉（きたれいきち）、創作欄に尾崎士郎（おざきしろう）、正宗白鳥（まさむねはくちょう）ら、第二号以降も、田川大吉郎（たがわだいきちろう）、馬場恒吾（ばばつねご）、永井柳太郎（ながいりゅうたろう）、吉野作造、緒方竹虎（おがたたけとら）、水野広徳（みずのひろのり）、土田杏村、賀川豊彦（かがわとよひこ）、金子筑水（かねこちくすい）、麻生久、市川房枝（いちかわふさえ）、三谷民子（みたにたみこ）、風見章（かざみあきら）はじめ黎明会（雪嶺）や早稲田（中野正剛）の人脈に列なる多彩な人士が陸続筆を執っている。従来の『日本及日本人』から「右傾」を排除し、評論を中心に創作欄にも注力するいわゆる総合雑誌としての性格が明らかである。

個人雑誌へ

こうして出発した『我観』は、一年とたたない大正十三年七月の第九号から大きな変貌を遂げる。表紙に「三宅雪嶺個人雑誌」と刷り出され、総合雑誌としての体裁を捨て去り、頁数も大幅に減少されて定価も三五銭に抑えられた。それまでは表紙に「THE GAKWAN」とローマ字表記されていたのも、この号からは「MY VIEWS」と改められた。

雪嶺はまさに「我観」を語る場を確保したのである。同号の「社告」によれば、「本社主宰中野正剛、今回政党員とし専ら政界に相立ち候ことゝ相成り候に付、本号より『我観』を三宅雪嶺の個人雑誌とし、主として雪嶺の思想文章発表の機関と致し候」と説明されている。中野は同年五月に実施された総選挙で二回目の当選を果たし、革新倶楽部を脱し憲政会に入党していた。

例えば雪嶺の個人雑誌に変わった第九号の誌面は、巻頭に雪嶺所蔵の頼山陽が祖父三宅芳溪に宛てた書状の写真、ついで題言、論説、『日本及日本人』から連載中の「人類生活の状態」のほか、自伝「始めて自分を語る」を雪嶺自身が書き、「逝きし吾子の追憶」を花圃が執筆することで構成されている。TMのイニシャルで建築論を書いているのは、雪嶺・花圃夫婦の長男勤である。社の業務は引き続き稲垣伸太郎が担当した。

こうして新たに雑誌『我観』を創刊した大正末期、昭和初期ころの雪嶺は、独特の風貌に加え、折からの円本ブームのなかで著作集が刊行されるなど「哲人」のイメージが定着してくるように思われる。大正十四年に刊行された『雪嶺名作選集』(坂東三弘社)の序では、「犀利な眼、雄渾な筆致、該博なる引例とを以て、論壇の雄将として社会を睥睨しつゝある」、「博士の論旨は終始一貫してゐる、即ち公平であり、何等囚はれざる自由を有つてゐる」と紹介されている。また、昭和五年(一九三〇)、改造社版「現代日本文学全集」（一冊一円の円本ブームの火付け役だった）の宣伝用冊子『改造社文学月報』第四八号に高島米峰が寄せた「哲人三宅雪嶺先生」では、「先生は、単なる学者でない、単なる思想家でない、単なる徳者でない、強ひて名づくべくは、これ等を打して一丸とした、哲人と言ふべきである」とされている。

他方、『日本及日本人』に残留した人々を中心に、雪嶺に対する人格攻撃ともとれる激しい批判が相ついだ。大正十三年一月一日付で発行された同誌再刊第一号に、雪嶺批判の急先鋒であった三井甲之が掲載した論説では、「その思想文章の内容価値に就いては感服したことも啓発されたこともなく」、雪嶺の時事論説など「オポチユニストの傍観評であり、所謂消息通の雑談」にすぎないと貶めている。再刊第二号に付された「絶縁顛末の響き」のなかで、同人の一人佐藤紅緑は「雪嶺氏の人格には呆れかへりました」と述べ、さらに「今まで余りに雪嶺を偶像にした事を浩歎する」と書いている。吉野作造はその「枢密院に対する期待と希望」（『中央公論』四〇―一二、大正十四年十一月一日付）のなかで、雪嶺を枢密顧問官にふさわしい人物とまで称揚している（松本三之介『吉野作造』）。晩年の雪嶺は、はたして「哲人」なのか「偶像」なのか。そして、いかなる死を迎えるのだろうか。

「同時代観」を起筆

還暦を過ぎた雪嶺が、自己を基点とする同時代の回顧とその叙述に向かったことが、この時期の一つの特徴といえよう。本人のなかでは人生が終局に向かっているという意識もあったようだ（『我観』改一、大正十三年七月一日付）。明治三十九年以来続けてきた「更に多く年月を要する者」とされた「研究」の系列に属する「原生界と副生界」（『宇宙』）にはじまり、「人類生活の状態」まで続いてきた一連の仕事が、大正十四年十二月一日付の『我観』第二六号で終了したという事情もあった。

年も改まった大正十五年一月一日付の『我観』第二七号から、いよいよ「同時代観」の連載が開始された（雪嶺没後の昭和二十四年から『同時代史』全六巻〈岩波書店〉として刊行）。執筆動機は種々考えられるが、同誌の題言「最も確実なる道」で「過去の歴史よりも明治大正の出来事が意を強くするに足る。依りて長所を知り、短所を知ることが最も確実なる道なり」と語っているのをみると、雪嶺の仕事の本流である時事の「評論」と深く関わっていたことがうかがえる。また、「同時代観」を構想した雪嶺が参照したのは、イギリスの聖職者で歴史家であるバーネットの『同時代史』（Gilbert Burnet, *The History of My Own Time, 1724-25*）であった（『明治の青年とナショナリズム』。雪嶺の伝記である本書では、すでに本人の回想と同時代に対する論評として『同時代史』を用いてきた）。

前々年七月号の『我観』改巻第一号に「始めて自分を語る」が掲載されて以降、同誌には毎号、自伝が連載されていたが、『婦人之友』にも自伝や回想が連載されるなど、この時期の雪嶺のなかで歴史への関心がにわかに昂まったことは確かだといえよう。「同時代観」の連載が始まった『我観』では、これまでにない試みもなされた。それは雪嶺が戯曲を創作して断続的に掲載したことである。その演題と掲載号を挙げれば以下のようになる。

辺見十郎太（へんみじゅうろうた）　第七号（大正十四年一月一日付）
前原一誠（まえばらいっせい）　第一〇号（同年四月一日付）
西郷と大久保　第一三号（同年七月一日付）
大将軍の離婚　第二四号（同年十月号一日付）
大久保と西郷　第二七号（大正十五年一月号一日付）
新聞記者　第三〇号（同年四月号一日付）
学校教員　第三九号（昭和二年一月一日付）→『京都教育会雑誌』に転載（「三昼四夜」『我観』昭和二年七月号）

他に『婦人之友』第三一巻第一号（昭和十二年一月一日付）に「ヘボン翁」があり、柳田泉によると「島田一良（しまだいちろう）」という作品もあるという（『哲人三宅雪嶺先生』）。演目を一見してわかるように、明治維新前後の人物をあつかった時代物と現代物（世話物）の二系統がある。「大将軍の離婚」はトルコと思しき異国の改革者（大将軍）夫婦とハーレムの解放という変わり種を描いた三幕物である。同じく柳田によれば、新国劇の沢田正二郎がこの「大将軍の離婚」の上演を求めてきたという（同前。ただし実現せず）。

執筆動機

本書第三で紹介したように、対外硬運動が盛んであった明治二十七年に雪嶺は戯作『馬鹿趙高』を書いたことはあるものの、文学（漢詩や詩歌も含めて）の創作や批評に関心が向いた形跡はこれまでなかった。観劇好きの花圃と結婚してからは、連れ立って出かけることもあったが、この時期になって戯曲の執筆に彼をいざなったのは何であったか。

それはおそらく、辺見、前原そして西郷といった明治政府に対する叛逆者、そして敗者としての死を描くことに当初の執筆動機があったように思われる。「大久保と西郷」の作中、西郷に「勢に勝たれぬ者は人ばかりではない。人の力、時の力、物は成るやうにしか成らぬ。たゞ其の成るべき時に為すべき事を為せばよい。つまりは天の命ぢや」と言わせているのは、「同時代観」や自伝では描くことのできない雪嶺の歴史観や人生観の表出でもあったといえよう。一方、「新聞記者」や「学校教師」などの世話物は、資本の論理によって席捲されつつあった当時の記者や学者の世界を批判する意図が感じられる作品である。

言論活動の場

『我観』は大正十四年九月号より再び同人雑誌に戻り、誌代も五〇銭となった。昭和六年四月からは三〇銭となり、それは『東大陸』まで続く。編輯兼発行人も、大正十五年一月号からは稲垣伸太郎に代わって岡野龍一、翌昭和二年四月号からは松田雪堂、同年十二月号からは長谷川了、同八年六月号のみ山県精一、そして翌七月号からは進藤一馬（後述）が務めて『東大陸』と改題される。進藤は中野正剛と故郷と学窓を同じくする玄洋社員であり、その最後の社長となる人物である。先述したように、執筆者も当初は黎明会系の知識人や社会主義者、ときにはマルキストまで見られたが、昭和三年の政府による共産党弾圧以降はまったく見られなくなる。

このような体制で継続した『我観』における雪嶺の言論は、基本的に毎号、巻頭の題言と論説のほか、数篇の随想風の短文、巻末に「同時代観」を出稿するという状況であった。論説で多く取り上げられるのは、『日本及日本人』時代以来、政治や国際情勢に関する話題が中心であった。そのほか、女婿中野正剛の政治運動との連動という側面を考慮しつつ、毎号出稿していた『婦人之友』『実業之世界』、野依秀市が昭和七年に創刊した『帝都日日新聞』（雪嶺は社賓に迎えられ、一日おきに出稿。『帝都日日新聞十年史』）を中心に、論調の微妙な変化を追跡していく必要がある。

「超国粋主義」

雪嶺晩年の言論活動の背骨として注目しておきたいのが、『我観』大正十四年夏季特輯号（同年七月一日付）に掲載された論説「超国粋主義」である。すでに述べたとおり、大正期に入り「右傾」勢力が「国粋主義」を名乗るようになると、「自由主義」や「個人主義」を標榜し、マルクス主義やロシア革命後のソ連に対しても一定の理解を示していた雪嶺は、むしろ彼らいわゆる右翼勢力から批判されるようになっていた。そのような雪嶺は同論説のなかで左のようにいう。

> 現代の日本は国粋主義の出でた時代より遠く離れて居る。……必ずしも国粋の語を改めるに及ばぬが、前と意義を異にし、少くとも努級艦（どきゅうかん）（英国のドレッドノート型戦艦。建艦競争の象徴であった）が超努級艦となつた位の事を考へるを要する。……今になつて以前の国粋と同じく心得、寧ろ之を誤解し、却て旧弊悪風を維持せうとするは、心得違も甚だしい。今は発展すべきに発展し、改善すべきに改善し、日本民族の職分を果たし、世界人類の向上に益するを国粋主義とし、前の国粋主義と区別するの必要あらば超国粋主義とする。

雪嶺の立場がいわゆる保守主義や復古主義ではないことは明快だし、きわめて柔軟に「国粋主義」を読み替えていることがわかる。昭和三年になると「日本国粋全書」の刊行も始まるが、「右傾」の主張や「思想善導」の手段としての「国粋主義」と彼自身の思想との差別化を図る必要から、雪嶺は「超国粋主義」を唱えたのである。

「皇室中心主義」批判

一方で雪嶺は、大正十三年六月三日を初回として、宮中の饗宴（きょうえん）に招待されて参列することになった。このときは頭山満と同列の席だったという（『我観』改一、同年七月一日付）。

また、徳富蘇峰を意識してであろう、以前から「皇室中心主義」を唱えることに反発していた（「新聞社長の人爵欲」『日本及日本人』八一〇、大正十年六月一日付）。昭和三年の『我観』第五五号（同年五月一日付）の「皇室関係の標語」では、皇室を現実問題の渦中に入れることへの危惧の念を示していた。具体的な場面でも、田中義一首相時代の政友会が「皇室中心主義」を主張して民政党の「議会中心主義」を非難すると、皇室を政争に持ち出すことに批判的な立場を表明した（「政党の右傾左傾」同前七七、昭和五年四月一日付）。

政教社の内紛から『我観』が創刊され、それが軌道に乗り始めた時期、政界は第二次護憲運動から護憲三派内閣が成立する時期に当っていた。雪嶺は「政党内閣組織の後」（前出『我観』改二）で、「特権内閣に代ふるに政党内閣を以てするを常態とし、政党内閣に代ふるに特権内閣を以てするを変態とすべし」と述べて、明治期からの主張である政党内閣の実現を支持する姿勢を鮮明にした。護憲三派内閣の首班である加藤高明に対しても、首相として一の模範を示すべく期待されているとして（「新首相加藤高明子」『太陽』三〇—九、大正十三年七月一日付）、同内閣による行財政整理の実行に大きな期待を寄せた。

一方、陸軍大将田中義一の政友会総裁就任に対しては、「政見を問はずして運動費を問ひ、疑問の軍人を党首に仰ぐこと、決して自由党の後を飾る所以でない」（「自由党」『我観』三〇、大正十五年四月一日付）と論難し、田中の首相就任後の議会で憲政会・民政党に所属する中野正剛は、外交問題を中心に同内閣をきびしく糾弾する。

普通選挙

昭和三年に初めて実施された男子普通選挙に際して雪嶺は、一躍選挙人を四倍にする決断は民族の飛躍として祝福すべきもので、普選議会の誕生は将来の健全な成長を予定すると、手放しの賛意を示した（「普選議会の誕生」同前五三、昭和三年三月一日付）。三月十三日に開催された普選擁護同盟の会合では小選挙区制に反対する意見を述べたという（『東京朝日新聞』同年三月十四日付）。翌四年、満州某重大事件（張作霖爆殺事件）の処理をめぐって田中内閣が総辞職すると、この内閣は首尾が悪く、ほとんど二年間を無駄に費し、「無駄省きを唱へて無駄内閣を造り上げた」（「政友会総裁」『我観』七一、昭和四年十月一日付）と相当手きびしい。とくに同事件に対しては「大和魂の道義さへ頗る疑問に属するを憾むべし」（「米国人に恥ぢよ」同前六五、同年四月一日付）とまで言い切る。

日米問題

外交に目を転じると、一九二四年七月にアメリカで排日条項を含む新移民法が施行され、国内の反米感情は一気に高まった。すでに雪嶺は、一九〇九年にカリフォルニア州議会が排日移民法を制定したとき、「力は総てを語る、之を措いて人種的憎悪を免る丶の道なし」（「人種的憎悪を減ずる要素」『日本及日本人』五〇九、明治四十二年五月十五日付）という強硬な意見を吐いていた。大正二年四月十七日に国技館で開催された国民大会でも、排日移民法を糾弾する演説を行っていた（『読売新聞』同年四月十八日付）。また、第一次世界大戦に際して、「四海平等主義なる人道は、不十分ながら白人間には行はるれど、異人種まで及ばず」（『日本及日本人』六三一、大正三年六月一日付）と述べ、現実的な視点から世界情勢を観察していた。

今回の移民法に対しても、法案の成立が確実視されるようになったとき、「我日本の運命は、如何に国民の力を発揮し国力を弥（いや）が上に増大し得るかにある」と断じ、それは「遠き将来を考へねばならぬ」（「排日法案を何んと見る」『改造』六―五、大正十三年五月一日付）と冷静に捉えていた。したがって、大正十三年四月二十九日に第一高等学校で講演したときも、「根本は実力の問題であつて、国力も要するに個々人々の力に帰着する。日本民族が個々人々米国人に匹敵し得るかどうか、其れが何寄りである」（「攘夷論と対米論」『我観』改一、同年七月一日付）と論じていた。日本は米国を目標として力を伸ばさねばならないとまで切言する（同前改三、同年九月一日付）。

したがって、「日米もし戦わば」というたぐいの議論に対しては、「開戦は軽々しく口走らぬがよい」（同前改二）とまったく取り合わない。少なくともこの時点で雪嶺は、彼我に対する客観的な情勢分析に基づく理知的で公平な判断ができていたのである。

恐慌と生活難

以上のような、内政・外政に関する基本的な態度は、一九二九年に世界恐慌が、三一年に満洲事変が発生して「非常時」が叫ばれるようになっても当面は変化しなかったように思われる。

田中内閣のあとを継いで昭和四年七月二日に浜口雄幸内閣が誕生すると、雪嶺は次のように述べて緊縮財政政策と金解禁に対して理解を示した。

浜口内閣が緊縮政策を発表し、之に力を注ぐは、……放漫政策の行詰まれる時、早晩転回するの外なく、特に金解禁を前に控へて已むを得ずとは、都市の大部分が賛同するに傾きつゝある所なり（「国民の覚醒程度」『我観』七一、昭和四年十月一日付）

他方、農村でも支持を得られるかどうかはわからないとし、「世界の信用」のための「国民の覚醒」を求めた。この内閣で中野正剛は逓信政務次官に就任する。

周知のように、第一次世界大戦以降の構造的な不況は、昭和期に入ると金融恐慌や世界恐慌によって日本の産業・経済に大きな打撃を与えていた。農村社会とくに東北地方の一部では壊滅的な段階に達していたほか、都市部のインテリ層をなす高等教育修了者の就職難も深刻な状況に陥っていた。これらを見た軍部の一部将校はクーデターを計画し、マルクス主義を信奉する青年層は革命を夢想するようになる。政府は治安維持法によって「過激思想」の取り締りと「思想善導」を強化してマルクス主義や社会主義の芟除を図り、他方、石原莞爾ら関東軍の参謀は柳条湖事件を起こして局面の打開を企図する。満洲事変を契機に広く「非常時」が意識されるようになった。

古稀を迎えた雪嶺が、各界のリーダーから青年層に及ぶ読者から求められていたのは、右のような時代つまり「非常時」を迎えた日本社会の本質を解釈し、問題の原因を剔出してそれらに対する適切な処方箋を与えることであった。はたして雪嶺は、これまでの長い雑誌記者・ジャーナリストとしての活動のなかで培ってきた公平な理知や批判精神に基づき「思想の独立」を維持しつつ「一貫の気風」をまっとうすることができるのか、「非常時」から「国家改造」の時期を経て準戦時体制、新体制運動、そして戦時体制へ向かう激動の時代における雪嶺の言論活動のなかで確かめていく必要がある。

その前に、彼のプライベートな諸側面を瞥見しておこう。

二　晩年の日常生活

先述のように『我観』誌上を中心に戯曲を執筆していた雪嶺は、新聞『日本』の客員時代から誘われれば観劇にも行き、趣味の一つとなっていた。雪嶺は「芝居が佳境に入ると豆の様な涙をほろ〱落して泣いて居る」（赤木格堂「子規夜話（続）」『渋柿』七〇、大正九年二月二十四日付）こともあったという。昭和七年（一九三二）の『婦人之友』誌上には、毎月「観劇後語」という記事を連載したこともある。

観劇のほかには、健康法も兼ねた毎日の散歩と、囲碁、切手の収集、古書店巡りが雪嶺の趣味として自身によってもしばしば語られている。このうち囲碁は学生時代から明治三十年代まで盛んに行い、陸羯南を中心とする長清会という碁会のメンバーとして三浦梧楼や犬養毅のほか画家の浅井忠（あさいちゅう）らと碁盤を囲んだが、その後はすっかり離れてしまう（三宅雪嶺『隔日随想』）。切手の収集は大正期に入ってからのようで、晩年には「自分の手許に数千の郵便切手があり、大抵反古同然なるも、中に日本で一寸顔色を改めるのが無いではない」（同上『面白くならう』）というほど入れ込んだ。最晩年に、切手の収集は「世界の文明を促がすに与かる」（同上『雪嶺絶筆』）と述べている。

晩年の日常生活については長男勤の妻美代子の回想や柳田泉の伝記に詳しいが、散歩は毎日午後三時ごろから、夏場は陽が落ちてから二時間ほど雨天以外は続けられ（『初台雑記』）、その出で立ちは短い着物に兵児帯（へこおび）、下駄か雪駄（せった）を履き、鳥打帽か無帽で「殆ど無念無想」（同前）、一日平均八キロほど歩き回るというものであった（三宅美代子「父三宅雪嶺の思い出」、『哲人三宅雪嶺先生』）。

雪嶺の日常生活は、大正七年（一九一八）に初台に転居したあと、後述するように空襲の激しくなった昭和二十年、多摩の南沢（みなみさわ）（現在の東久留米（ひがしくるめ）市）にあった娘婿横山一俊（内務省の高等官）邸に疎開（そかい）するまで、同地で営まれた。美代子によれば、最期まで目と耳は達者だったが、自分の歯は一本しかなかったという（『三宅雪嶺先生を語る』）。洋行以来のオートミールに中村屋のフランスパンという朝食、昼食後に日本菓子、夕食に果物、食後に洋菓子という食生活は、統制経済による配給制度によってそれらが入手できなくなる最晩年まで続き、砂糖の統制が始まったときには「その切符を沢山買つたらいいではないか」と言って周囲を困らせたという。冗談では済まされない、統制経済の何たるかをどれほど理解していたのかを疑いたくなる発言である。朝食後の新聞閲読、原稿執筆（口述筆記）そして散歩という毎日の日課も寸分違うことはなかった（「父三宅雪嶺の思い出」）。長命したカントの生活を意識するところもあったであろう。衣服は妻花圃の用意した和服をそのまま着こなし、意に介することがなかったという（『哲人三宅雪嶺先生』）。

また、『我観』大正十三年十月一日付発行の改巻第四号掲載「飲酒喫煙」によれば、雪嶺は家系上「上戸」であるので飲めば相応に飲めたらしいが、日常的に自宅で飲酒する習慣はなく、煙草も「自分は嘗て幾らか喫煙し、後に全く廃して居る」という。雪嶺若き日の飲酒について、浅水南八が「酒は飲むには飲まるれども、痛飲夜を徹す程にはあらず」（「雪嶺翁の為に正誤す」『亜細亜』四三、明治二十五年〈一八九二〉六月十三日付）と書いているのは、それを証するものといえよう。『我観』昭和三年八月一日付第五八号の「自分の飲料」によれば、朝食後には紅茶、夕食後にはコーヒーを飲んだ。紅茶は輸入物のセイロ

赤坂時代の書斎
（三宅立雄氏所蔵，流通経済大学三宅雪嶺記念資料館提供）
左が長男・勤，右が次男・当次

ンティーを用いたという。

雪嶺の仕事場である書斎は、原稿を取りに行った野依秀市の回想によれば、赤坂時代は四畳半一つで、本といってもせいぜい一〇〇冊くらいであったという（『三宅雪嶺先生を語る』）。初台に引っ越してからも「自分に書斎といふ程の書斎がない。六畳間に五畳間（一畳押入）が続き、それも机とか、椅子とか、書棚とか、寝台とかを置いて、甚だ狭い」（「書斎より見る」『我観』七一、昭和四年十月一日付）という状態であった。もっともこれによると、雪嶺はベッドで寝ていたようだ。

ところが、「長男が殉職した時、請負業者鴻池（こうのいけ）で一の文庫を建てゝくれた。……郷里の友人で大阪にあるのが増築してくれた」（『大学今昔譚』）とあるのが、東京都の史蹟として現存する書斎兼文庫である（『都の史跡』）。後述するように、勤の事故死は昭和三年のことであった。増築されたのは昭和十六年で、「郷里の友人」は林安繁（宇治川電力、大阪商船社長）だという。同十五年三月一日付『婦人之友』第三四巻第三号巻頭グラビアで紹介されたところによると、当時の蔵書は一万四〇〇〇冊という。これを「哲人」の蔵書として多いとみるか少ないとみるか、集書家として名高い徳富蘇峰と較べればはるかに少ないといわざるをえない。蔵書のうち、戦後かなりの部分は古書店に売られ、残りが流通経済大学三宅雪嶺記念資料館に移送されている。ごく一部は柳田泉蔵書（早稲田大学図書館所蔵、『柳田泉文庫目録』）にも見られ、今でも稀に「三宅氏図書之印」のある本を古書目録で見かけることがある。

晩年の雪嶺は、あるいは単独で、ときには花圃をともなって講演旅行に出かける機会が多くなった。とりわけ昭和二年は、五月に花圃とともに京都（講演）—伊勢へ、八月にはやはり花圃をともなって大阪（講演）—有馬温泉へ、十月にはこれも花圃と広島（講演）—松山—高松へ、十一月には松本（講演）—諏訪へ、という具合にその足跡は全国各地に及んだ。

同四年六月、郷里の金沢市祭に参列するため花圃をともない同地を訪れた際には、三ヵ所で講演をこなすとともに、新竪町の旧宅を尋ね、さらに七尾を経て三宅家の故地である能登半島の宇出津まで足を延ばした（「追想旅行」『我観』六九、昭和四年八月一日付、『明治の

生家跡を訪ねる雪嶺と花圃
（大友楼所蔵）

青年とナショナリズム』）。同年十月にはやはり花圃と新潟（講演）―弥彦神社を旅している。翌五年も教育勅語四〇年紀念講演のため花圃と連れ立って金沢を訪れた。郷里金沢訪問は昭和九年が最後となる。

これら講演旅行のほか、昭和九年と同十二年には毎月、『婦人之友』の企画で東京近辺を車で遊覧して記事を書いている。

また、大正十四年十月には、岩波茂雄にともなわれ花圃ともども田沢湖―男鹿半島―浅虫温泉―十和田湖―盛岡―猪苗代湖―東山温泉と、東北地方をほぼ一周している（「紅葉と湖水と温泉」『我観』二六、大正十四年十二月一日付）。生前の雪嶺は岩波書店から自著を出版することはなかったが、創業者の岩波茂雄は雪嶺に敬意をもって接し続け、昭和十七年に大東亜会館と名前を変えていた東京会館で岩波書店創業三〇周年を記念する「回顧三十年感謝晩餐会」（「自由主義者最後の晩餐会」と言われた）が開催されたとき、指名されて最初にテーブル・スピーチをしたのは雪嶺であった（小林勇『惜櫟荘主人』）。ついで幸田露伴、小泉信三らがスピーチをしたが、当夜の五〇〇人に及ぶ参列者の一人として列席していた大内兵衛によれば、「誰のよりもズバぬけて面白くズバぬけて秀逸だと思って喝采したのは雪嶺先生のそれでした」として、その内容を紙上に再現している（『高い山』）。

雪嶺の収入

衣食住をはじめ日常生活を質素に営んでいた三宅家の収入はどのくらいあったのだろうか。明治期までは早稲田大学などへの出講の記録があるものの、大正期以降は雪嶺の筆一本が収入源だったはずである。

花圃も日本女子大学や跡見女学校の教壇に立ち、和歌や習字の家塾を開いていた（花圃を中心とする和歌の会を花蔭会という）。月謝や、ときどきは原稿料も入ったであろう。例えば、戸田伯爵家に生まれて田安家に嫁いだ徳川元子は華族女学校時代に、習字は「学校の授業は受けないで、祖母のすすめで三宅花圃先生のお宅へ習いに行きました。花圃先生は雪嶺博士の夫人で、お宅は初台にありました。草深いお庭に面した日本間で、先生は古今集の序をお手本に書いて下さいました」（『遠いうた』）と回想している。

前述したように、明治四十二年以来『実業之世界』への原稿執筆を依頼している野依秀市の持参する原稿料は重要な生活の資であったと推測される。雪嶺没後の対談で野依本人が発言しているところによると、当初は四〇〇字詰原稿用紙一枚三円であったが、間もなく盆暮に三〇〇円ずつ持参するようになったという。以下発言のまま、「昭和になつてから、五百円づつ（ママ）にした。『帝都日日新聞』を始めてから、千円づつにした。支那事変以後を千五百円づつにした。太平洋戦争になつてからは二千円づつにした。御礼としては余りに僅少に過ぎるのに、奥さんが常に篤くお礼を申して下さつたのは恐縮するのみである」（『三宅雪嶺先生を語る』）。

『原稿料総覧』によると、大正七年時点で原稿用紙一枚当たりの原稿料で一番高い二円が雪嶺のほか、坪内逍遥、吉野作造、福本日南、和田垣謙三（わだがきけんぞう）（東京帝国大学教授）、堺利彦で、与謝野晶子（よさのあきこ）は八〇銭、島崎藤村（しまざきとうそん）は一円八〇銭から二円であったという（浅井清・市古夏生監修『作家の原稿料』）。このほか、明治末年以降は多くの雑誌・新聞に寄稿していたから、雪嶺の収入は相当額に達していたことと推測される。羽仁もと子の『婦人之友』からも、多くはないが安定した原稿料が入ったであろう。

　政教社の記録が確認できないこともあり、肝心の政教社からの給与が不明であるが、雪嶺退社後の昭和初期、残った同人のうち主任の記者で二〇〇円の月俸であったというから、退社前の雪嶺の月俸がそれ以下であったとは考えにくい。大正十五年の職官表によれば、高等官七等の年俸が二四〇〇円であるから、大学でいえば少壮教授クラスの俸給およびそれに見合う生活は確保されていたとみてよかろう（『職員録』大正十五年七月一日現在）。大正期『中央公論』主幹であった滝田樗陰の場合、売上の歩合制とはいえ月二〇

○○円程度の収入があったというのは、総理大臣の年俸が一万二〇〇〇円であったことと較べても、そもそも破格だったのである（『中央公論社の八十年』）。

納税額

『渋谷区多額納税者名鑑』によれば、昭和八年の雪嶺の所得税額は一二〇円であった。同名鑑に載っている最高額は鍋島直映侯爵の八万八九五九円四〇銭、皇道派の真崎甚三郎陸軍大将が二〇五円七六銭、統制派の永田鉄山陸軍大佐が一三五円六〇銭、黒板勝美東京帝国大学教授が三一五円、杉森孝次郎早稲田大学教授が一〇六円一六銭というところであるから、やはり官立大学であれば少壮教授クラス、軍職でいえばせいぜい中佐クラス（つまり奏任官二等）ということになる。東京税務監督局編纂の『個人所得税便覧』（一九三三）所載の「所得税速算表」を用いて計算すると、年収四〇〇〇円の場合税額は一二一円になるので、雪嶺の年収は四〇〇〇〇円弱となろうか。

もちろん臨時的な収入はあったはずで、例えば昭和六年一月、円本ブームの火付け役であった改造社版「現代日本文学全集」の第五篇として刊行された『三宅雪嶺集』は二〇万部の売り上げがあり、その印税を一〇%としても二万円になったはずである。

逆縁の連続

明治三十五、六年の洋行の時点で、雪嶺には五人の子どもがあったことは本書第四で述べた。当時は赤坂の田辺太一邸に同居していたが、『婦人之友』では理想の家庭の一つとして口絵写真で紹介されたこともあった（同誌五―三、明治四十四年八月一日付）。ところ

中野正剛と多美子
（京都市上下水道局「田邉家資料」，琵琶湖疏水記念館提供）

が、大正末年から昭和初期にかけて相ついで三人の子どもを失うことになる。

大正十四年五月一日には次男当次が病気で死亡した。当次は早稲田大学を中途で退いたあと、病弱ということもあり絵本の著作や装丁などをしていたが、「何もせずに死ぬので、墓を建てゝ呉れるな」（「地蔵盗人」『我観』四〇、昭和二年二月一日付）と遺言したという。

昭和三年十二月一日には長男勤を仕事上の事故で失った。在京各紙は顔写真入りで訃報を掲げたが、なかでも比較的詳しい『東京日日新聞』によれば、勤は早稲田大学の理工科を出たあと陸軍技師を経て東京市役所の技師となり、建築中の日本橋区役所の工事現場で事故により死亡した。『我観』昭和四年三月一日付第六四号の「意外の出来事」のなかで、雪嶺は長男の死を「自家の大打撃」と書いている。しかし、妻美代子との間には雪嶺にとって嫡孫となる立雄が遺された。前述した書斎兼書庫が完成し、同五年四月十九日の文庫開きに多くの人が参列したのを見て、母の花圃は「到底諦められない悲歎悔恨がおそひか、つて来る」（「亡子の紀念三宅文庫」『婦人之友』二四―六、昭和五年六月一日付）のを抑えきれなかった。

ついで、中野正剛に嫁いでいた長女の多美子が、昭和九年六月三十日に病没した（『追思』）。その三年前、中野との間の長男克明を、信州の槍ヶ岳登山中の滑落事故で失っていた（『追憶』）。中野の家は、初台の雪嶺邸から二、三〇〇メートルの代々木本町八〇八番地にあったが、これは昭和七年一月、前項で書いた改造社版『三宅雪嶺集』の印税によって建築されたものであった。

そのほか、子ども同様に育てた兄恒徳の嫡子（雪嶺の甥）恒方の妻で、未亡人作家として知られていたやす子も、昭和七年一月十一日に没している（恒方はすでに大正十年二月二日に他界していた）。

二八会

こうして雪嶺にとっては逆縁が続き、周辺はにわかに寂しくなったのである。

長男勤が急死したあと、雪嶺の無聊を慰めようと勤の誕生日であった二十八日に、毎月「二八会」と称して人々が三宅邸に集まるようになった。そのメンバーは、堺利彦、安成貞雄・二郎、若宮卯之助、高島米峰、白柳秀湖、山高しげり、生方敏郎らであり、のちには荒畑寒村、木村毅、辰野隆、柳田泉らも参加した。もっとも、木村や辰野が参加したのは一度だけであったという（『三宅雪嶺先生を語る』、辰野隆「おもかげ」『真善美』四）。

一高時代から『日本及日本人』の愛読者であったという辰野はそこで、雪嶺の「気高い温容、愛嬌の掬す可き吃々言」に接することができたという。

実はその前の大正期にも、「押しかけ会」「雪嶺会」と称する集会が三宅邸の二階で開催されていて、堺や安成兄弟、白柳、高島、野依秀市らが参加していた（白柳夏男編『戦争と父と子』）。中野正剛はこれらの人々とはグループを異にしていた。

昭和十二年五月十六日には、雪嶺の喜寿祝賀会が東京会館で開催された。事務局は高島米峰方となっている。招待状の発起人には六〇〇人以上の名士が名を列ねているが、その「あ行」を見ただけでも、安達謙蔵、安部磯雄、青野季吉、秋山定輔、暁烏敏、浅野総一郎、麻生久、麻田駒之助、姉崎正治、天羽英二、天野為之、荒木貞夫、荒畑寒村……とあらゆる分野の人士を網羅していた（徳富蘇峰記念館所蔵「徳富蘇峰関係文書」）。

この年二月、同郷の林銑十郎が内閣を組織したとき、雪嶺は文部大臣就任を打診されたという（『面白くならう』）。また、六月に帝国芸術院が設置されると雪嶺は、文芸（評論）の分野で会員に推された。多くの逆縁に見舞われたものの、支持者たちに囲まれて相変わらず賑やかな老境を迎えようとしていた。

三 「非常時」の言論

満洲事変と五・一五事件

昭和六年（一九三一）九月十八日に勃発した満洲事変は、国内に広く「非常時」という意識を定着させた。翌年二月に刊行された『昭和六年史』の巻頭言で、雪嶺は「本年は我が一国を以て優に世界に為す有るべきを知つた」と述べ、満洲事変を肯定的に受け止めていた様子がうかがえるが、続く部分で「世界に重きを成すには、軽業じみた事をせず、自国の長所を発揮する外、世界の有らゆる長所を採用し、之を淘汰し、之を改作するに努めねばならぬ」とも書いているから、なお独善的な主張には陥っていないといえよう。この年創刊された『帝都日日新聞』八月十二日付に掲載した「何が非常時」では、「非常時を口にし、非常時と言ひさへせば事が済むかに思ふは、空疎なる観念にとらはれるも甚だしい」（三宅雪嶺『一地点より』）と、危機意識の氾濫を戒める発言もしている。

満洲事変の処理などをめぐって、昭和七年五月十五日夕刻、犬養毅首相が暗殺される五・一五事件が発生し、二大政党の代表が交替で内閣の首班を務める憲政の常道は足かけ九年間で終わった。五・一五事件に対して、『我観』翌年九月五日付第一一八号掲載の「テロの実行」で、「要路者を殺害し、それで帝国の危難を救はうとすること、思慮が簡単に過ぎ、適当に高等教育を受けた身の上と考へることができない」と、青年将校らの行動を糾弾している。「同時代観」で「凶行者自ら知るよりも、変動の根柢が深く、……裏に裏あり、最後の裏は幾年をも経ざれば明白なるに至らず」と書いたのは昭和十九年になってからであった（再刊『我観』一—五、同年十一月五日付）。

中野正剛の政治活動

昭和六年、協力内閣の成立を画策していた中野正剛の政治運動は活性化する。翌七年七月二日、来日中の満洲国交通部総長の丁鑑修（ていかんしゅう）（早稲田大学時代の学友）が新築の中野邸を訪問し、雪嶺も交えて歓談した。中野は同年九月に満洲視察に出かけ、帰国後の十二月には前年民政党をともに脱党した安達謙蔵らと国民同盟を立ち上げた（『政治家中野正剛』上・下、『中野正剛の生涯』）。

中野は、昭和六年八月に刊行した『沈滞日本の更生』冒頭で「国家が国民生活を統制し、政治が経済を支配せねばならぬ時代が到達した」と断言し、そのためには「亜細亜ブロック」を組織し、これを基礎としてソ連・英国・米国・仏国を盟主とする各集団と対抗すべきであると主張していた。さらに同八年十月、東方会（とうほうかい）を復活させたときに刊行した『国家改造計画綱領』は、当時の世界を「一大非常時局」と捉え「国家改造」のための方策を示す政治綱領であったが、

①既成政党政治と絶縁して、強力内閣を組織し、合法的手段により、独裁的に非常時

国策を断行すべし。

②資本主義を矯正し、強力なる統制経済機構を確立する。

③アジア・ブロック建設を目標として、日本産業の発展方向を国家統制の下に転向せしむ。

④腐朽せる自由主義下の偏見を精算し、国家的見地に立てる新指導精神を確立する。

など、従来の立憲主義や自由主義を否定する国家像と政治像を選択する立場を明らかにした。

これと呼応するかのように雪嶺は、日本が満洲問題を契機に国際連盟を脱退する昭和八年ごろから日中戦争が開始される同十二年ごろにかけて徐々に論調を変え、同年十二月の人民戦線事件、翌十三年三月に中野正剛がムッソリーニ、ヒトラーとの会見を果たしてヨーロッパから帰国したあとには、変容を成し遂げていくように思われる。それは日中戦争が泥沼化し、国家総動員法が制定されたころである。

当時の思想界

当時の思想界は、例えば『改造年鑑　一九三五年版』（『改造』昭和十年一月号附録）によれば、我が国の一般思想界を風靡する観のあったマルクシズムは、満洲事変を機縁とする社会情勢の変化によって急激に下り坂に向ったのに対して、自由主義の再登場を促すこととなったという。ここで自由主義者として名前が挙げられているのは、美濃部達吉

（憲法学、東京帝国大学教授）、佐々木惣一（前掲）、河合栄治郎（経済学者、東京帝国大学教授）、矢内原忠雄（同前）、宮沢俊義（憲法学者、同前）らに加えて馬場恒吾（読売新聞編集局長）、清沢洌（報知新聞論説委員）らである。吉野作造は昭和八年に死去していたが、かつていわゆる「大正デモクラシー」の陣営に属した人々とその後継者たちであって（帝大教授グループとジャーナリスト）、雪嶺とはその思想的立場が近いと考えられる人々である。

年鑑はさらに、先年来急激に勢力を得てきたファシズム的思想は、本年度においても、依然として盛んであると指摘し、それには「軍部的ファッシズム」と「新官僚的ファッシズム」があるとする。他方、「一般の国粋主義」もこれに数えることができるという。さらに、「統制経済思想」も「ファシズム的思想」の一つであり、中野の名前がここに挙げられているのは、前年刊行した『国家改造計画綱領』での主張があったからだろう。

雪嶺は、すでに第一で述べたとおり、「超国粋主義」を唱えて自らの思想を「一般の国粋主義」から差別化することを明言しており、いまだ政治的独裁や統制経済を主張していない点からみても年鑑がいう「ファシズム的思想」には属していない。したがって、昭和十年に天皇機関説事件が発生し、美濃部が「右傾」団体や軍部・政友会から糾弾されると、『帝都日日新聞』同年八月十九日付で「誰一人進んで助けようとするのが無いのは何故か」（『初台雑記』）と論じて憤りを示した。

自由主義者雪嶺

また、斎藤実内閣以来続く自力更生運動についても、雪嶺は「日本民族は自力精神の薄弱ならずとも、其の価値を認め之を体得せんとしながら、既に忘る丶が如く見ゆるは何ぞ」と述べ、「自力精神を以てする自由主義」（「自力精神の薄弱」『我観』一一三、昭和九年二月五日付）の価値に固執する姿勢を明らかにした。あるいは、岡田啓介内閣でその存在がクローズアップされた新官僚に対しても、『帝都日日新聞』昭和九年七月二十二日付の「岡田啓介内閣」で「事務官が高上りして首相と三人政治を気取るに不快を感ぜずに居れぬ」（三宅雪嶺『隔日随想』）と、あからさまな不快感を示した。

独伊批判

さらにいえば、ドイツとイタリアの独裁的指導者であるヒトラーとムッソリーニに対する評価も低かった。『帝都日日新聞』昭和九年八月三日付のコラム「英雄」では、「彼等（ヒトラーとムッソリーニ）は特殊の性格及び才能を以て生れたもの丶、何処となく深味がなく、偉いぞと喝采しても、成る程と感心する訳にゆかぬ」（『隔日随想』）と手きびしい。昭和十一年になっても、「伊国にファッショが起り、独国にナチスが起り、力の前に何者も無しとする所、文明も、文化も、逆転しつ丶あるに非ずやと疑はる」（「現世界の未開状態」『東大陸』三、昭和十一年八月一日付）と論じて、両国の政治体制に文明や文化の視点から疑問を呈した。

二・二六事件

昭和十一年、「国家改造」をめざす陸軍若手将校らによる二・二六事件が起きたとき、中野正剛は息子を乗せて車で市内の様子を見て回った。そして、叛乱将兵たちに同情を寄せ「あの兵隊たちに熱い豚汁を腹一杯食べさせてやりたい」（『政治家中野正剛』下）と語ったという。事件当日、青年将校らを使嗾（しそう）したとして死刑となる北一輝と電話で直接会話するほど、中野はこの事件の近くにいた。一方、雪嶺は「兵器を以てする政変」で、二・二六事件を夢想だにしなかった事態だったとし、兵器はもっぱら国防のために使い、国内の政変に使用しないように定める必要があると述べるにとどまった（『東大陸』八、昭和十二年一月一日付）。

『東大陸』と改題

昭和十一年一月、南京（ナンキン）で蔣介石（しょうかいせき）と会談していた中野正剛の主導で、六月から雑誌『我観』は『東大陸』と改題され、東方会の機関誌という位置づけが明白化した。改巻第一号の題言「東大陸に於ける使命」（昭和十一年六月一日付）で雪嶺は、「島帝国として安んずるは、事を慮（おもんぱか）るの宜しきを得たりとすべからず。……大陸より離るゝを以て安んぜず、大陸の発達を遅滞するを督励し、全人類の向上に寄与すべし」と述べて、大陸との関係において従来よりも積極的な姿勢を示した。しかし、巻頭論説「程度問題が最も困難」では次のように論じている。

> 独裁政治は是認する所を断行するの長所あり……一旦事を誤るの場合、恢復するに頗（すこぶ）る困難なるが如きことなきか。……英と米とは国情を異にしつゝ、依違（いい）決せざる間に国権国利を維持すること、程度の計算に比較的最も長ずる所なきや（同前）

なお独伊の独裁政治に対する懸念を払拭できず、英米の自由主義の長所を認めていた。この間、雪嶺は「評論」にあたって、慎重に判断を留保していたように思われる。昭和九年十一月一日付の『我観』第一三二号に寄せた論説「非常時の相対性」では、満洲事変から国際連盟脱退という時代のなかで「非常時」の語が全国に普及したが、それを慶すべきか、弔すべきかは、到底簡単に言い表すことはできないとしたうえで、次のように述べている。

富士山を象徴とする従来の日本帝国の発展を断念し、崑崙山（こんろんざん）（チベット山脈—引用者）を象徴とし、大陸の資源を開発するに従事すべきや。大陸を開発するは即ち内地の利益を増進する所以なりや。斯かる意にて真に力を大陸に伸ばし得るや。大陸に伸ぶるには、大陸に中心地を造り、全力を注がざるべからざるや。疑問に次ぐに疑問を以てせざるを得ず。……領土の拡張が安楽を求むるに非ずして、人の本能に出で、何時までも奮闘せざるべからざるか。此辺の事は幾代の経験にて充分に知り得たるに似て、実は解決の緒をだに得ざるなり。（同前）

「非常時」の解決のために大陸に進出すれば、さらなる「非常時」を惹起して止まるところがないのではないか、というのである。雪嶺は結論として、「人生の相対性」（人類生活すなわち歴史から暗示の得られる人間社会の価値判断はつねに相対的にならざるをえないという哲学的見地）から判断すれば、遠い将来にならなければ解決は得られないという。この時点でなお、雪嶺の「評論」は哲学の「研究」によって裏打ちされた独自の思考方法に支えられていた。「崑崙山を象徴」とするなど、その気宇も壮大である。

しかし、昭和十二年六月四日に近衛文麿内閣が誕生し、翌月七日に日中戦争が始まったころから、雪嶺の雑誌上での主張は変貌の様相を示すようになる。日中戦争がしだいに泥沼化して解決の糸口を失うとともに日本の国際的孤立が深まると、強力な政治指導を希求し、ドイツ・イタリア両国との連携を強め、日満支経済ブロックを肯定する論調に変わってゆくのである。

例えば、昭和十三年二月十六日付『帝都日日新聞』に寄稿して、「今や日本軍が支那で転戦しつゝある際、イタリーが最高度の同情を表し、ドイツが之に次ぎ、フランスはイギリスの尻馬に乗つて日本を不利に陥れるやうに運動してゐる」とし、「日本に仇する者は必ず早晩禍を招く」（三宅雪嶺『戦争と生活』）と述べているのは、もはや論拠のない主張あるいは理不尽な妄信にすぎず、持ち前の慎重で公平な思考が機能しているとは言いがたい。ただし同年十月十五日付『帝都日日新聞』に寄せた「大本営発表」で、敵遺棄死体六万八七三七に対して鹵獲品小銃二六七六という軍の発表に、「聊か合点し難い所がないではない」（三宅雪嶺『事変最中』）といぶかる視点はまだ持ち合わせていた。

ブロック経済論

むしろ重要なのは、翌十四年の『東大陸』第三四号（同十四年三月一日付）に掲載した論説「進行中の新形勢」によれば、アメリカのモンロー主義にならって「世界を若干ブロックに分割し、其の維持が各ブロックに最も有利なるやを算定するの日あるを考ふべし」とも述べていたことである。さらに前年の「民族と国家と連邦」（同前二五、同十三年六月一日付）によると、歴史上国家の形態は民族を主にして決定するものから、遠い将来には全世界が絶大連邦を形作ることになるが、その間に各国の事情により種々の連邦の段階があるとしていた。本書第五で述べたように、大正期の雪嶺は人類文明の限界に想到しており、その答えとして想定された「新文明」の姿＝「改造」の方向性こそ世界が数個の連邦からなる段階（ブロック経済圏）というかたちで、ここに提示されたのである。

このような考え方を支えていたのは、アジアの問題はアジアの人々が主として解決すべきであり、我が帝国が率先して解決の方法を示すべき役割を担うことが我が帝国の使命だという積極的な使命感であった（「帝国の与へられた問題」『実業之世界』三四―九、同十二年九月一日付、三宅雪嶺『人生八面観』）。その背後には「日本精神があれば支那精神があるべき筈であつて、国家か、天下か、ノッペラポーで何処が頭やら知り難いとならば、それに相応する精神がなくてはならぬ」（「支那精神」『帝都日日新聞』同十年十二月六日付、『初台雑記』）として、中国を近代国民国家の枠組みで理解することができないという、日清戦争以来のはついに雪嶺の理解が及ばなかったのである。

いて孫文らの南方革命派を支持する立場を示したものの、中国ナショナリズムに対して懸案が伏在していたといえよう。明治二十年代に惹起したアジア主義は、辛亥革命にお

ヒトラーとムッソリーニ

昭和十三年三月、ヒトラー、ムッソリーニとの会見を果たして帰国した中野正剛は、精力的に報告講演を行い、独伊との提携と反英の立場を力説した。中野は両者にすっかり心酔したようで、ムッソリーニを「民衆の総親分」として「心の奥底に青年を動かすべき或る貴きものが存在する」と持ち上げ、ヒトラーに至っては「浸み込むやうな豊かなる人間味」をもった人物で「高僧の如き生活」をしており、「全独逸の青年が神の如く此の人を敬ひ、全独逸の民衆が磁石に吸ひつけらる丶やうに此の人の左右に集つた」（『魂を吐く』）とまで述べている。

おそらく雪嶺も、中野から右のような両者の様子を直接聞いたのだろう、先述したような不安を交えた抑制の利いた評価は姿を消し、「ヒツトラーに対し、伊太利に首相ムッソリーニが飛躍し、両々並び出で、相ひ助け、相ひ競ふは、欧州に於ける近来の壮観たるなり」（「主動力の発生地」『東大陸』二四、同十三年五月一日付）と評価するに至る。雪嶺のヒトラーへのゆるぎない期待が、戦局が窮まった昭和二十年四月になっても変わらなかったのは驚きである（「日独両国の頑張り」『実業之世界』三五—四、同年四月一日付、『人生八面観』）。

すでに国民同盟を結成したとき、ベルト付の黒色制服を作り、新聞で「日本のヒトラー中野正剛さん」(『東京日日新聞』昭和七年二月一日付)と揶揄されていた中野は、帰国以降、昭和十五年十月の大政翼賛会結成に向けて新体制運動に邁進することになる。この過程で注目されるのが無産政党である社会大衆党(安部磯雄委員長)と東方会の合同問題であった(『中野正剛の生涯』、『政治家中野正剛』下、有馬学「東方会の組織と政策」、永井和「東方会の展開」)。

同十四年一月、たまたま東海道線に乗り合わせた中野と社会大衆党の三輪寿壮(福岡修猷館中学校で中野の後輩)の会見に端を発するこの合同劇の打合せは、三輪の回想によれば雪嶺邸を秘密の会場として開かれ、それには雪嶺も同席したという(「東方会と社大党の合同問題」再刊『日本及日本人』六二、昭和三十一年一月一日付)。二月九日夜、中野が社大党幹部を麻布龍土軒に招待したときも、雪嶺は徳富蘇峰とともに出席して挨拶をしている(「社大党の功罪」『東大陸』三四、同十四年三月一日付)。そもそも雪嶺と蘇峰が同じ政治運動に関わるのは、日清戦争前後の対外硬運動以来のことである。およそ政治権力との関係において対照的な二人が、新体制運動に至って共闘することになったのである。

だが、その後人事問題で紛糾し、同月二十二日になって二党合同による革新新党の結成計画の打ち切りが発表された。中野は三月に衆議院議員を辞職し、大衆運動に注力することになる。雪嶺はこの年の歳末に結成された東亜建設国民聯盟に加盟した(『東京朝日新聞』同年十二月八日付)。

翌十五年七月、近衛文麿による新体制運動が本格化すると、中野は準備会委員の一人に選ばれ、十月に大政翼賛会が結成されると常任総務に就任した。こうしたなか雪嶺は、『帝都日日新聞』同年八月二十四日付に投じた「自由の悪用濫用」において、我が国独自の由来を有する自由主義は、明治期以来藩閥(はんばつ)政治の弊害を除去するのに利益があったものの、昭和期に入ると「やたらに悪用し、濫用して到らぬ所がなかったので、悉(ことごと)く全体主義の前に兜を脱ぐ」(三宅雪嶺『爆裂の前』)と論じ、新体制運動を自由主義から全体主義への移行であると肯定的に解釈した。また、『東大陸』第五六号(昭和十六年一月一日付)の巻頭言「新体制下の新年」で次のように論じて、明治維新以来の近代化の過程が大きな転換点を迎えていると断言した。

婦人之友社の座談会(婦人之友社所蔵)
左端が雪嶺

明治維新にて出来上りし所は、根柢の鞏固にして変ぜざるも、既に年代を経て効力

> を失へるあり、内に在りて政党の対立、外に在りて英米依存の態度、此の二つが徹底的に刷新せらるべき時機に臨む。……明治維新よりも重大性を加ふるを覚ゆ。

地域連邦の形成

こうした雪嶺の主張の変容は、彼の思想に不変の部分と変化した部分が生じたことを示している。すなわち、人類の進化にともなう文明、文化の不断の進歩が前提となっていることは不変であるが（この点が戦後の遺稿「各自能力の世界への放出」〈『世界』創刊号、昭和二十一年一月一日付〉につながるのだろう）、十九世紀ヨーロッパ型の国民国家の枠組みが各国の実力と領土の不均衡、不公平によって崩壊し、さらに近代国民国家体制を支えていた資本主義と自由貿易体制が世界恐慌によって壊滅の危機に瀕したとき、人類の遠い将来の理想であった世界連邦の結成へ向けた第一歩が、まさに地域連邦（例えば英連邦や日本を中心とするアジア連邦とそれぞれに対応する経済ブロック）の形成というかたちで発現しつつあり、我が国でもそれを推進するための強力な政治体制を構築して、その指導のもとに中国への侵略を正当化しつつ戦争をも厭わないという国民的合意を求めるというものである。

東条内閣と開戦

しかしほどなく、天皇大権と一党支配の矛盾に対する批判（いわゆる「幕府政治批判」）や、国民運動体であったはずの大政翼賛会が国民支配の補助組織に変質したこと、さらに日米交渉が暗礁に乗り上げてしまったことなどを受けて近衛内閣が総辞職し、昭和十六年十月十八日には東条英機（とうじょうひでき）を首班とする内閣が成立すると、十二月八日の太平洋戦争開戦を迎えるのである。雪嶺は、「東条大将が首相となつたのは今のところで正に誂へ向きと称せずに置けぬ」（「軍人首相論」『実業之世界』三八—一二、昭和十六年十二月一日付、『人生八面観』）と評して、東条に期待を寄せた。

開戦に際して、知識人は幕末期以来の英米文化の圧倒的影響からの解放感を示した者が多かったという。十二月十一日大森の山王草堂を訪ねた中野正剛が「今日のような痛快なこと」と言うと、主人の徳富蘇峰は「天佑です」と応じたという（『此の一戦』）。雪嶺も翌十七年の年頭に当たって「本年元旦は全世界大変動に進出するの愉快」（「昭和十七年元旦所感」『帝都日日新聞』同年一月一日付、『爆裂して』）を語り、「世界が英米両国の不法な圧迫から脱却し、人類の新紀元を画する……亜細亜が亜細亜の面目を発揚する」（「希望は輝く」『実業之世界』三九—一、同年一月一日付、『人生八面観』）ときだと述べた。

四 「言論報国」のとき

大日本言論報国会

開戦後も雪嶺は、彼我の戦力の冷静な分析には目をつむり、昭和十六年（一九四一）十二月十二日付の『帝都日日新聞』では米国大統領ルーズベルト、英国首相チャーチル、国民政府総統蔣介石を世界の「三人超大馬鹿」（『爆裂して』）と呼ぶなど、表現に品格が感じられない。シンガポールが陥落したとき、同紙昭和十七年二月十七日付に「生れてから斯くまで愉快を感じたことなく、実に手に舞ひ足の踏みを知らぬとは此事」（同前）と手放しの喜びようを隠そうとはしなかった。さらに、「二十世紀に入つてから、国家として日本帝国と共にする者が成功し、之に反対する者が失敗すること、不思議な位になつており、それが近年に及んで愈々明白になつた」（「日本で決する運命」『東大陸』七四、昭和十七年七月八日付）と、慎重と公平を旨とする雪嶺らしからぬ発言を続けていた。言論統制が一層きびしくなるなかで、日本民族の優秀性と日本軍と独伊両国の必勝を説き、一方で英米の戦敗と衰亡を訴え続けた。戦時期の雪嶺の発言で傾聴に値するのは、図書館や博物館の充実を唱えていたことくらいであろう。それも大東亜の中心にふさわしい規模がほしいという主張であった。

　同十七年十二月に徳富蘇峰を会長に大日本言論報国会が結成されると、雪嶺はその顧問に就任した。同会は、内閣情報局の指導のもと、ジャーナリストや評論家によって組織され、戦争遂行に協力するための団体であった。翌十八年十月一日付で『言論報国』創刊号が発行されたとき、雪嶺は「渡るぞよ」という短文を寄せて、そのなかで次のような石川丈山（江戸時代前期の武士であり文人）の替え歌を披露していた。

　　渡るぞよ大海原の深くとも

老ひの力で……撃ちて已まむ

言論統制下、現に遂行中の戦争に真っ向から反対するのは困難だったとして、妥協できる部分で表面的には政府や軍部に迎合しながら、良心に反しない範囲で発言を続けるか、正木昊のように個人雑誌（『近きより』）を発行するか、あるいは清沢洌のように筆を折って日記（『暗黒日記』）に不平を書き記すしか選択肢はなかった状況下で、当時の雪嶺の言論を評価していく必要があろう。

文化勲章受章

表面的にはひたすら戦意高揚を図る発言をくり返していた雪嶺に、昭和十八年四月文化勲章が授与されることが決定された。同時に受章したのは、徳富蘇峰（ただし戦後返納）や建築学の伊東忠太、物理学の湯川秀樹ら六名であった。このなかで位階勲等はおろか一切の肩書きがないのは雪嶺だけである。一〇年ほど前の昭和七年九月二十一日付の『帝都日日新聞』の「金でなくば運動」では、「自分は賞勲に全然色気がなく、頂戴しても胸間に掛ける場合がないと思ふ」（『一地点より』）と述べていた雪嶺であったが、このときは受賞する気になったのでる。しかし、内輪の祝賀会でも実際に勲章を付けることはなかったという（『三宅雪嶺先生を語る』）。

雪嶺の功績

叙勲関係の公文書によれば、叙勲の理由は「三宅雄二郎ハ、多年論壇ヲ闊歩セル斯界ノ耆宿ニシテ、夙ニ思ヲ国粋保存ニ致シ……猥リニ欧米ヲ模倣スルヲ戒メ、我ガ国粋ノ保存セザルベカラザルヲ主張セリ」として、それが「明治思想史上ノ不朽ノ業績」であるとともに、「現下日本精神強調ノ思潮ト相照応スルモノナリ」（国立公文書館所蔵、昭和十八年『叙勲』五）とされている。明治期の「国粋主義」の主張と戦時下における「言論報国」の姿勢とが結びつけられて評価されたのである。

また、文部省作成の「功績調書」によれば、「哲学者ニシテ政論家ナリ、雑誌新聞ノ記者トナリ、又著述ニ従ヒ民間ノ一処士トシテ終生節ヲ屈セズ多年論壇ニ活歩ス（ママ）」と紹介され、その「思想傾向」は「日露戦役後人心ノ浮華動揺ノ間ニ擡頭セル自然主義、社会主義ト対抗シ又大正以降思想界混乱ノ中ニ在リテ国民的自覚ノ核心ヲ為スモノナリ」（同前）とまとめられている。しかし、すでに本書で描いてきたように、こうした評価は不正確あるいは一面的なものにすぎないといえよう。

文化勲章受章
（三宅立雄氏所蔵，流通経済大学三宅雪嶺記念資料館提供）

なお、受賞の記念に洋画家の中村研一によって雪嶺の肖像画が描かれ、この年の第六回文展に出品された。

すでに八十二歳を迎え、文化勲章を

受章しても雪嶺の周囲はなお多事であった。前年金婚式を祝った妻の花圃が、この年七月十八日に他界した。日常の交際から身の回りのこと一切を取り仕切っていた花圃の死は、雪嶺にとって大きな痛手であったろうことが推測される。最期を看取った医師に「家内がいろいろお世話になりました」（「父三宅雪嶺の思い出」）と、平常にない挨拶をしたという。

中野正剛の自決

同じ年の十月二十七日、中野正剛が切腹自殺した。遺書は頭山満と三宅雪嶺と徳富蘇峰の三人連名宛になっていた。これは政治的事件であり、多くの著書や論文のなかで取り上げられているものの、いまだにこの自決の真相はつきとめられていない。背景には二つの出来事があったであろう。一つは、前年四月のいわゆる翼賛選挙で中野は非推薦候補として立候補して選挙区でトップ当選していたが、東方会としては中野を含めて七名の当選者しか出せず、結果として惨敗していたことである。このあと東方会は思想結社の東方同志会（顧問に頭山満、三宅雪嶺、徳富蘇峰ら）に改組されていたが、翼賛政治会加入を強制された中野の政治活動は急速に衰退した。

もう一つは、昭和十八年一月一日付の『東京朝日新聞』に中野が書いた「戦時宰相論」が東条首相の目にとまり、同紙が発売禁止処分を受けたことに端を発する東条内閣打倒運動である。中野は同志を糾合し、同年夏には軽井沢で重臣工作を行うなど運動は拡がりを見せ、俄然「東条政府の一敵国」（緒方竹虎『人間中野正剛』）となっていった。同年九月六日、赤坂の料亭幸楽で雪嶺の文化勲章受賞祝賀と重臣工作慰労の小宴が開かれているとき（雪嶺がどうしても勲章を佩用しなかったのはこのときであろう）、東方会幹部の三田村武夫がその場から検挙されてしまった。一斉検挙は翌十月二十一日、中野の自決は二十七日未明であった（『中野正剛の生涯』、松前重義『わが昭和史』）。

中野の死とともに『東大陸』は発行停止処分を受け、雪嶺も主たる言論の場を失ってしまう。『言論報国』第二巻第一号（昭和十九年一月一日付）の「国内及大東亜の指導」で雪嶺は、憲政の常道以降の首相で誰が最も理想的かと発問して、「一長一短と云ふこともあり、同工異曲と云ふこともある」とだけ言っているのは、「東条首相のもと大東亜共栄圏建設に邁進しつつある」と書いてもいいところ、中野を死に追い立てた東条に対する最大限可能な異議の申し立てと読み取るべきであろう。

『我観』再刊

しかし、八十三歳の雪嶺は「評論」の場を作ることをあきらめていなかった。それから約半年後の昭和十九年七月五日、表紙に「主宰三宅雪嶺」と掲げた再刊『我観』を創刊したのである。編輯兼発行人は雪嶺その人であった。第一号編輯後記によると、スタッフは理事が中野の弟の中野泰介（九州日報社長）、主幹が進藤一馬（のちに衆議院議員、福岡市長）、編輯長は長谷川峻（のちに衆議院議員、運輸大臣）であった。中野に列なる人々であり、執筆者も頭山満、徳富蘇峰のほか、杉森孝次郎、木村毅、柳田泉ら早稲田、二八会のメンバー、長谷川如是閑や古島一雄などかつての政教社同人も見える。

創刊号巻頭の「我観と題して」で雪嶺は、『我観』が『日本及日本人』に接続するものだと述べ、「我が観た所、観て善悪正邪を感じた儘に発表し、世の参考に供へる位のことがあつて然るべきでないか」としている。同誌上で「同時代観」も書き続けられた。同じ月、中央公論社と改造社は自主的廃業の手続きがとられたことを考えあわせると、『我観』復刊の思想的意味について考えないわけにはいかない。雪嶺は復刊第二号（昭和十九年八月五日付）の巻頭文「頑張り力」で、「今や太平洋を攪乱する者を懲罰するの世界的使命を帯び、何程の頑張り力なるかを実証するの時機に臨む」と結論し、なお戦意を高揚する文章を書き続けていたのである。

五　敗戦とその死

昭和二十年（一九四五）一月二日、初台の雪嶺邸を訪れた白柳秀湖は、その「東京籠城日記」に「いつもの元気なきように覚ゆ」と記し、六日には「先生（三宅雪嶺）胃腸を害（そこなわ）れしとかにて書初め出来ず、二日の元気なかりしこと思出さる。心より健在祈る」（『戦争と父と子と』）

と書いた。晩年の雪嶺は新年二日に書初めをする習慣だった。長男勤の未亡人美代子によれば、このころの雪嶺は空襲時に防空壕に避難することを勧めても入らなかったという（『三宅雪嶺先生を語る』）。

そのころ、腸カタルに肺炎を併発したこともあり、三月になると雪嶺は、都下北多摩郡南沢学園町の三女淑子が嫁いだ横山家に疎開した。移転について雪嶺は、自筆で岩波茂雄に宛て次のような葉書を送った。

御当選を祝し上げ候

尚、老生俄(にわかに)去る廿六日より左記に単独転住仕候間御諒承被下度候(くだされたく)

北多摩郡久留米村

南沢学園町、横山方

三月廿八日

三宅雄二郎（岩波書店所蔵）

岩波はこの月に行われた貴族院互選議員選挙（東京都）に立候補し、雪嶺はその推薦人の一人として名を列ねていたのである。淑子によると、移転後の雪嶺は「空襲中室内の退避所にはきつとスマイルスのセルフ、ヘルプ（『自助論』）を持つて入られました」と伝えられる（三宅淑「光さして」『真善美』三、昭和二十一年三月八日付。淑子の回想によると雪嶺には備忘録のような日記があったという〈未見〉）。以後雪嶺は初台の自宅に帰ることなく、間もなく夫を失なった次女の小枝子も近くに住み、横山邸で敗戦を迎えた。この間、五月二十五日の空襲で初台の自宅は書斎兼書庫を除いて焼失してしまう。

八月十五日の敗戦について雪嶺は、家族に「永い間にはいろいろなことがあるものだ」（「父三宅雪嶺の思い出」）とだけ感想を漏らしたらしい。翌十六日に訪ねてきた野依秀市には「余りに案外に過ぎる。陸海軍には大将が百人も居って一体何をして居ったのか」（『三宅雪嶺先生を語る』）と歎じたという。

しかし、雪嶺はただちに『我観』を再刊、表紙には「主宰三宅雪嶺」「OUR VIEW」と印刷されていた。編集には中野正剛の遺子泰雄が従事した。九月九日には、南沢の自由学園で開かれた『婦人之友』の座談会「新日本の行くべき道」に物理学者の仁科芳雄や政治学者の蠟山政道らと出席し、「一番間違つてゐたのは得意の絶頂に立つた軍人……これまで何といつても余りに勉強が足りなかつたと思います」（同誌三九―八・九、昭和二十年九月一日付）と発言した。

クラフト大尉

GHQのクラフト大尉が雪嶺を訪ねてきたのは十一月二十日であった。おそらく用向きは戦犯容疑（極端な国家主義の主張すなわちG項該当か）事実の聴取であったろう（三宅立雄「第二次大戦後の祖父・三宅雪嶺に対する評価について」）。杉森孝次郎が通訳にあたった。雪嶺はこの日の夜に狛江の中野家別荘に移転した。

クラフト大尉は、国立国会図書館憲政資料室の「占領期関係文書」に見えるE.J. Kraftだとすると、はじめ市民情報・教育セクションの報道・出版部門、ついで参謀二部（G2）に属していた人物である。もっとも、作成された戦争犯罪者や右翼団体の名簿を見ても、雪嶺の名前はないものの（徳富蘇峰のほか、大川周明、進藤一馬、笹川良一らの名前はある）、廃止されるべき団体として雪嶺が顧問を務めた言論報国会や東方同志会が挙げられているので（玄洋社や黒龍会も含まれる）、もし長命すれば何らかの措置が講じられた可能性は否定できない（『終戦関係書類』、国立公文書館所蔵「内閣官房総務課資料」）。蘇峰ら五九名が逮捕命令を受けたのは十二月二日、国家主義団体が解散命令を受けたのは翌年一月四日のことであった。

静かな死

狛江に移ってから一週間と経たない十一月二十六日午前三時ごろ、雪嶺は静かに息をひきとった。八十五歳の生涯であった。死の前日まで、『我観』に載せる「同時代観」完結編のゲラの校正をしていたという（「第二次大戦後の祖父・三宅雪嶺に対する評価について」）。

葬儀は同月三十日に自宅で行われ、青山墓地の三宅家の塋域に葬られたが、改めて墓石は建てられなかった。あとから授けられた戒名は智海院釈雪嶺居士という。これは本人が望んだかどうか、「霊妙なるもの」への関わり方からすると疑問なしとはしないが、「するも可、せざるも可」と、亡き本人は気にも留めないのだろう。

最後まで校正に勤しんでいた原稿が載った『我観』第二巻第五号は、没後の同年十二月八日付で発行された。同号は「最終巻」と銘打たれている。巻頭論説「逆運に当面して」で雪嶺は、敗戦によって痛切の感慨に打たれたとし、先例のない経験を嘗めさせられ、悲歎の極みにある国民を勇気づけようとしていた（ただし、ここでいう国民は男性に限定されている）。また、敗戦の原因を「軍閥の跋扈」に求めていた。

「同時代観」は、昭和十二年から同二十年までが一挙に掲載されて、ともかく完結した。もっとも、九年分全部で二〇頁ばかり、昭和十二年と十九年の分は一行も書かれず、昭和二十年もわずかに五行、ちなみに十二年の分については「事故ありて史料紛失」したため、執筆できなかったと記されている。末尾に「明年より新たに文化への参照と題して起稿するを期す」（再刊『我観』二一五、昭和二十年十二月八日付、公刊『同時代史』六）と記され、なお衰えない執筆意欲を示していた。

敗戦直後の混乱のなかで死亡したこともあり、三宅雪嶺の評価はなかなか定まらないこととなった。雪嶺会（大阪・文光伊平会長、昭和二十二年に雪嶺の旧著から言葉を集めて『言珠』を出版）や雪嶺苑（新家工業・大同工業の二代目社長であった新家熊三が代表。先代が現在の石川県加賀市出身で、二代目は同市長も務めた）という団体も結成され、いずれも宗教色を帯び、前者には石川の親類稲坂家が、後者には雪嶺遺族の美代子も関わりがあったようだが、永続した形跡はない。その点で蘇峰会が今日まで続いている徳富蘇峰の場合と異なるところである。

全集の編集・刊行の計画も何度かあったが、その都度見送られて今日まで実現していない。前述のように『同時代史』は岩波書店から出版されたが、その他の未刊行論説の多くは野依秀市による顕彰事業によって、昭和三十年代はじめに相ついで書籍化された（『東西美術の関係』など）。やはり野依によって昭和二十二年に依頼されたという伝記が、柳田泉の手で『哲人三宅雪嶺先生』として完成されたのは同三十一年（一九五六年）になってからであった。爾来六〇年以上の歳月が経過したのである。

三宅雪嶺とは

本書で描き出したかった三宅雪嶺は、はしがきにも書いたとおり、右翼や国粋主義者、あるいはナショナリストとしての雪嶺ではなく、「哲人」――ましてや「偶像」としての雪嶺でもなく、主として雑誌を意見表出の場とする記者・言論人としての三宅雪嶺であった。

「敵なき記者」として

「因循（いんじゅん）」な加州（かしゅう）金沢生まれの少年は、やがて東京の「書生社会」で最新の哲学を身につけることになった。学窓を出るとき「評論」か「研究」かで進路に迷った青年は、間もなく本拠地とする雑誌に依拠しながら、政治を中心にさまざまな事象を論じる記者・三宅雪嶺として、明治二十年代の日本に立ち現れる。雪嶺の「評論」は、「思想の独立」と「一貫の気風」を意識して展開され、政治・外交・社会（世相）・人物・文化・

生活など、あらゆる分野に広がりつつ、日露戦後になると「敵なき記者」という地位を獲得する。現実の政治権力からは距離をとり、あくまで記者に徹して「評論」活動に専念したことが、単に言論内容への信頼だけでなく、多くの人々から景仰される三宅雪嶺という一個の人格を築き上げることにつながったのである。

哲学者の自覚

そのような雪嶺の「評論」の背景として、本書では「研究」の領域が持続していたことも重視した。哲学者をもって自認していた雪嶺には、独自の思想世界が存在したのである。それは、進化論的発想に基づく文明観や、彼独特の自由主義・個人主義の主張、さらに、東西の思想をあわせて一体とする原理的な思考などから構成されていた。とりわけ、「宇宙」と「我」を両極とし、その間に展開する日本・日本人を中心とする人類社会すべての広大な領域の把握を目指した『宇宙』の構想は、それが本人には失敗と自覚されていたにせよ、あらゆる事象を相対的に捉える視座を雪嶺のなかに構築し、「時事の評論」に活かされることになった。

雪嶺の「評論」が、右のような「研究」との両全をめざして展開されたことは確かだと思われるが、「非常時」や「新体制」が叫ばれた昭和十年代になると、時局を肯定し、ときに思考停止に陥る傾向を示し始める。それには、女婿中野正剛の政治活動の影響と、連載中の「同時代観」(「同時代史」と改題されるべきことを生前に語っていたという)が依拠した

「非常時」のなかで

「勢」の歴史観も、同時代状況への追随に拍車をかける役割を担ったと思われる。

この時期の雪嶺には、世界恐慌以来のブロック経済圏構築という趨勢が、主権・領土・国民を構成要素とする十九世紀西欧型の国民国家分立型の世界から、全人類による世界連邦結成に至る途中の階梯である国家連合の段階に変容しつつあるように見えたのである。その結果、当時の我が国における、「日満支一体」による「大東亜共栄圏」形成という言説のアノミー状態と軍部を中心とする侵略行動を批判する視点を持ちえなくなってしまった。そうした方向性を推進する政治システムとして、かつての立脚地であった立憲主義や政党政治、自由主義や個人主義は後景に退き、雪嶺は全体主義の導入を唱え、総力戦遂行という国策にも支持を与える主張を敗戦間際まで続けたのである。

三宅雪嶺の生涯とは、死の前日まで校正に勤しんだ「同時代史」——幕末の些々たる出発から「創業の日本」を経て、「第一等国」「三大国の一」に昇りつめ、「大日本帝国」の崩壊までの近代日本の歩みを、一貫して在野の立場から、雑誌における言論活動によって体現するような八五年であったといえよう。

略系図

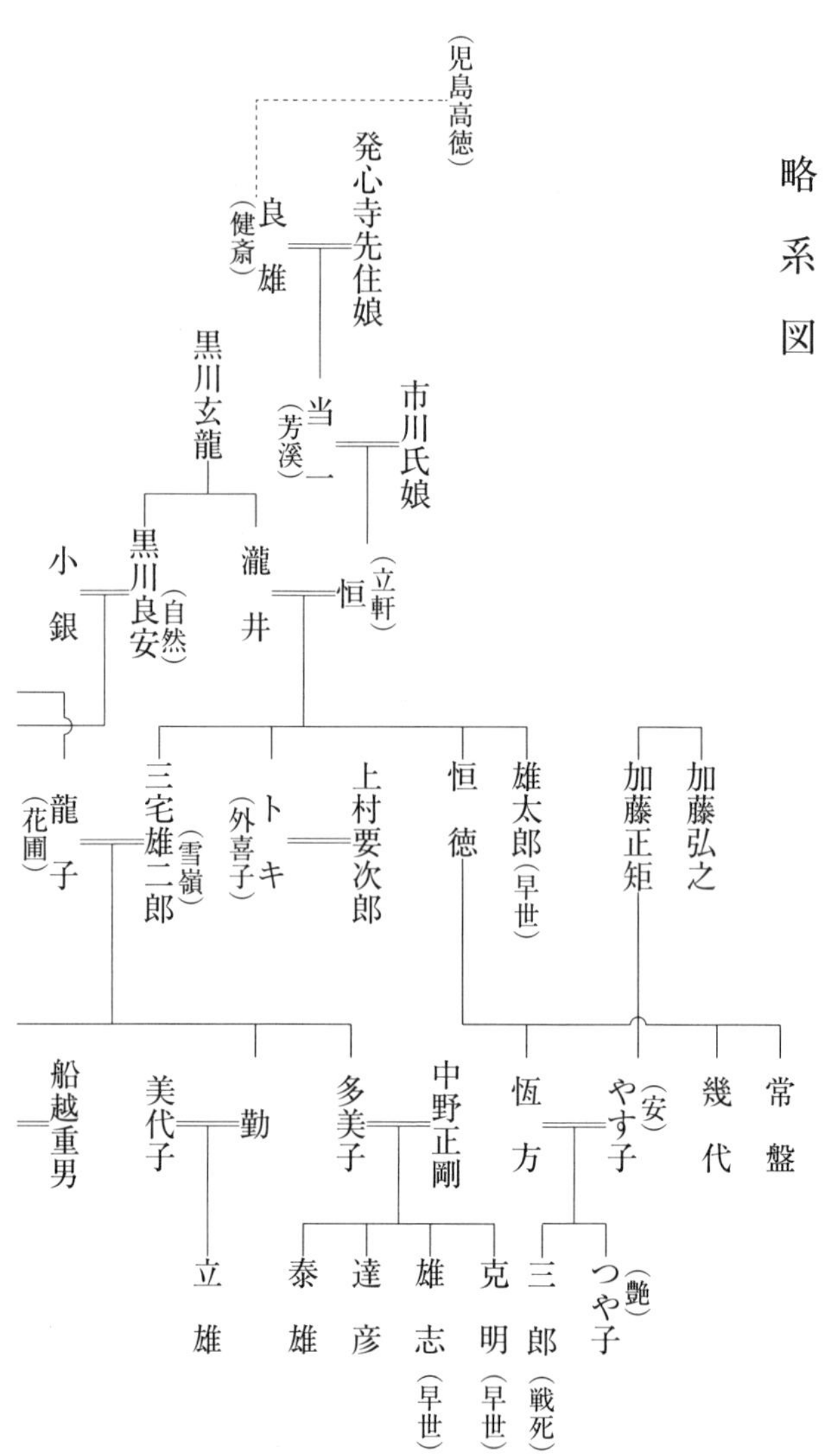

（児島高徳）
発心寺先住娘
良雄（健斎）
市川氏娘
当一（芳渓）
黒川玄龍
恒（立軒）
瀧井
黒川良安（自然）
小銀
加藤弘之
加藤正矩
雄太郎（早世）
恒徳
上村要次郎
トキ（外喜子）
三宅雄二郎（雪嶺）
龍子（花圃）
常盤
幾代
やす子（安）
恆方
中野正剛
多美子
勤
美代子
船越重男
つや子（艶）
三郎（戦死）
克明（早世）
雄志（早世）
達彦
泰雄
立雄

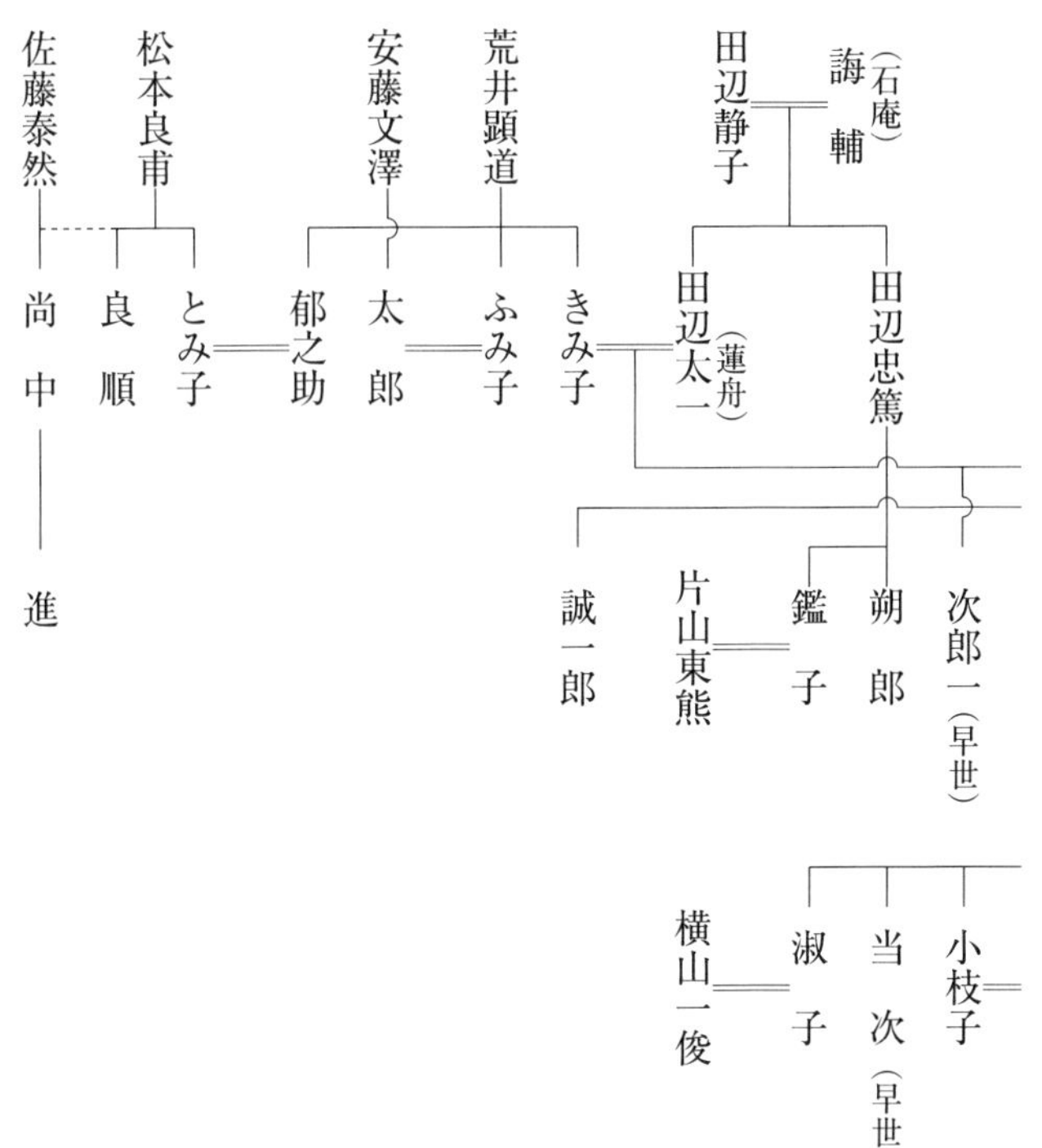

（石庵）誨輔
田辺静子
田辺忠篤
田辺太一（蓮舟）
次郎一（早世）
朔郎
鑑子
片山東熊
誠一郎
きみ子
荒井顕道
ふみ子
太郎
安藤文澤
郁之助
とみ子
松本良甫
良順
佐藤泰然
尚中
進
小枝子
当次（早世）
淑子
横山一俊

略年譜（明治五年以前は旧暦による）

年次	西暦	年齢	事蹟	参考事項
万延 元	一八六〇	〇	五月一九日（新暦換算七月七日）、金沢新堅町で誕生○父は医師の三宅恒（立軒）、母は瀧井	三月三日、桜田門外の変○閏三月一九日、五品江戸回令
元治 元	一八六四	四	暮ごろ、水戸天狗党の武田耕雲斎の名を聞く	七月一八日、禁門の変
慶応 二	一八六六	六	このころ、河波有道について漢学を学び始める	一月二一日、薩長同盟
三	一八六七	七	八月一二、三日ごろ、アーネスト・サトウの一行を見る	一〇月一四日、大政奉還○福沢諭吉『西洋事情』初編刊行
明治 二	一八六九	九	浦上事件で配流されたキリシタン門徒を見る	五月一八日、戊辰戦争終結
四	一八七一	一一	夏ごろ、中学東校（その後金沢英学校等と改称）に進学○秋ごろ、新堅町から水溜町に転居	七月一四日、廃藩置県○一一月一二日、岩倉使節団、横浜出港
八	一八七五	一五	一月三〇日、名古屋英語学校入学のため金沢出立	四月一四日、漸次立憲政体樹立の詔
九	一八七六	一六	七月、東京開成学校入学のため名古屋出立○九月、同校予科三級入学。寄宿舎に入寮	三月二八日、廃刀令○一〇月二八日、萩の乱
一〇	一八七七	一七	九月、東京開成学校が東京大学と改称され、その予備門一級に編入	一月三〇日、西南戦争勃発○四月一二日、東京大学設立
一一	一八七八	一八	二月、試験成績により落第、三月、金沢に帰省○九月、東京に戻り予備門に再入学	五月一四日、大久保利通暗殺○七月二二日、地方三新法制定

明治	西暦	年齢	事績	参考事項
一二	一八七九	一九	九月、東京大学文学部に進学、哲学を専修	七月一〇日、東京大学で初の学位授与式（兄恒徳、法学士）
一五	一八八二	二三	一一月『明治日報』誌面で加藤弘之の『人権新説』を批評	一月～新聞紙上で主権論争〇一二月一日、福島事件
一六	一八八三	二三	一～二月『東洋学芸雑誌』に石浦居士の名で「日本人民固有の性質」を寄稿〇四月二一日から褒賞給費生となる〇九月二八日、大学卒業とともに、東京大学准判任御用掛・文学部准助教授兼編輯方に採用。寄宿舎を出て、銀座煉瓦街の一角に住む〇一二月二一日、ドイツ語兼修を命じられる	七月一日、かなの会結成〇同月、鹿鳴館竣工
一七	一八八四	二四	一月二六日、井上円了、棚橋一郎らと哲学会を結成〇七月、アイヌの生活を見るため、北海道旅行〇一一月、秩父事件の視察に出かける	一二月四日、甲申事変
一九	一八八六	二六	三月一二日、東京大学編輯所は文部省に移管され、三宅も文部省雇に転任〇六月『日本仏教史』『基督教小史』を出版〇この年から、東京専門学校講師として哲学を講義	一月、坪内逍遥『当世書生気質』完結〇一〇月二四日、ノルマントン号事件〇同日、全国有志大懇談会で「大同団結」を唱える
二〇	一八八七	二七	五月ごろ、井上円了の設立した哲学書院で三宅ら東京大学の卒業生たちが雑誌発行の計画を議論〇九月、文部省辞職〇一〇月一二日、父恒没す	二月一五日、徳富蘇峰『国民之友』創刊〇一〇月、三大事件建白運動〇一二月二六日、保安条例公布・施行
二一	一八八八	二八	一月三〇日、政教雑誌会の会合〇三月、ウォード	五月八日、枢密院開院、憲法案を審

			の翻訳『社会学』を出版○同月二一日、政教社の設立が認可され、翌四月三日に『日本人』第一号を発行。星ヶ岡茶寮で祝宴を開催○九月、高島炭鉱鉱夫虐使に関して犬養毅に対する決闘事件が発生。三宅は介添人となる○夏以降、後藤象二郎を中心に展開する大同団結運動に接近	議○六月、田辺花圃『藪の鶯』刊行
二二	一八八九	二九	二月一一日、陸羯南の新聞『日本』が創刊され、同月一五日の開業祝宴に三宅も出席○三月一四日、福島県須賀川で開催された河野広中出獄慰労兼懇親会に志賀重昂とともに出席○同月一九日、大同団結派の火曜会で、後藤象二郎の入閣反対の演説○一一月、『哲学涓滴』出版	二月一一日、大日本帝国憲法発布○同月一二日、黒田清隆首相「超然主義」を唱える○八月、条約改正反対運動盛ん○一〇月一八日、大隈重信外相暗殺未遂事件により、条約改正交渉延期
二三	一八九〇	三〇	二月一一日、三宅を主筆とする『江湖新聞』創刊○一二月一五日、『日本』の寄書で「雪嶺」の雅号使用○この年の第一回総選挙に際して、立候補を検討するも年齢の関係で断念	二月一日、徳富蘇峰『国民新聞』創刊○一〇月三〇日、教育勅語発布○一一月二九日、第一議会開会
二四	一八九一	三一	三月『真善美日本人』、五月『偽悪醜日本人』出版○五月二五日、新聞『国会』特別客員委嘱○六月二九日『日本人』を『亜細亜』と解題○九月二〇日、軍艦「比叡」に便乗して南洋巡航に出発	五月一一日、大津事件○同月三一日、シベリア鉄道着工○同月、東邦協会設立○一〇月二八日、濃尾大地震
二五	一八九二	三二	四月一〇日、南洋巡航から帰国○一〇月、『我観	二月一五日、臨時総選挙で大規模な

年	西暦	年齢	事蹟	一般事項
二六	一八九三	三三	小景』出版、自身の哲学の原型を示す○一一月一九日、小石川植物園で田辺龍子との結婚披露宴一〇月九日、『日本人』を再刊○同月、大日本協会発会式に出席、対外硬派に加わる○一一月一三日、陸羯南から『日本』への寄稿を促す書簡○同月、『王陽明』出版	選挙干渉○八月八日、第二次伊藤博文内閣成立二月一四日、米国・ハワイ併合条約調印○三月二〇日、郡司大尉一行千島探検に出発○六月二九日、福島中佐シベリア単騎横断帰国
二七	一八九四	三四	この年、対外硬派の一翼を担う全国新聞雑誌記者同盟の一員として活動○四月二一日、金玉均演説会に登壇○同月、長女多美子誕生、『馬鹿趙高』出版○五月八日、全国同志大懇親会の発起人になるなど、第二次伊藤内閣への批判を強める○七月、朝鮮半島視察	三月二八日、金玉均上海で暗殺○同月、朝鮮で東学党蜂起○七月一六日、日英通商航海条約調印○八月一日、日清戦争勃発○一〇月、志賀重昂『日本風景論』刊行○一二月、徳富蘇峰『大日本膨張論』刊行
二八	一八九五	三五	四月、長男勤誕生○五月一五日『日本』で「嘗胆臥薪」の連載開始○七月五日、第三次『日本人』創刊○秋ごろ、新潟の『東北日報』客員記者就任○一一月一日、兄恒徳が台湾で戦病死	一月、雑誌『太陽』創刊○四月一七日、日清講和条約調印○同月二三日、三国干渉○五月一〇日、遼東還付○一〇月一〇日、閔妃暗殺事件
二九	一八九六	三六	一月～『太陽』政治欄を担当○五月二〇日付の『日本人』第二一号で、他誌に寄稿しないことを公告○八月以降の同誌上に「人生の両極」を七回連載○一二月、次女小枝子誕生	三月一日、進歩党結成○九月一八日、第二次松方正義内閣成立（松隈内閣）○一一月一日、進歩党が松隈内閣と提携決議
三〇	一八九七	三七	九月五日付発行の『日本人』第五〇号で、志賀を	三月二四日、新聞紙条例改正○同月

年号	西暦	年齢	事蹟	参考事項
			はじめ「同志」たちが第二次松方内閣に参画したのに対し、「一貫の気風を養成せよ」を掲載○このころから政教社は三宅が中心となる	二九日、金本位制移行○四月三日、社会問題研究会結成○五月、大日本協会設立、「日本主義」を唱える
三一	一八九八	三八	一月、次男当次誕生○二月一〇日付発行の『哲学雑誌』第一三二号に「哲学者とは何ぞや」を掲載○六月末から七月初めにかけて政教社は日本新聞社の二階に移転。両社の一体化が進む○一一月二日、近衛篤麿を中心に結成された東亜同文会の発会決議文起草委員となり「支那保全」を主張	六月一一日、中国で変法自強運動開始○同月二二日、自由・進歩両党合同して憲政党結党○同月三〇日、第一次大隈重信内閣成立（隈板内閣）○一〇月一五日、岡倉天心、日本美術院結成
三二	一八九九	三九	八月ごろ、臨時博覧会事務局監査官任命の打診がある	三月、中国で義和団蜂起○一〇月一二日、ボーア戦争始まる
三三	一九〇〇	四〇	一月『日本』紙上で正岡子規と絵画論争を展開○九月一一日、近衛を中心とする政治団体である国民同盟会の発起準備会で発起人に名を列ねる	一月二八日、社会主義協会発足○同日、丁酉倫理会演説会始まる○九月一五日、立憲政友会発会式○同月二四日、国民同盟会結成
三四	一九〇一	四一	三月、三女淑子誕生○四月二六日、文学博士号授与	六月二日、第一次桂太郎内閣成立○一二月一〇日、田中正造、足尾鉱毒問題で直訴
三五	一九〇二	四二	四月一六日、世界旅行に出発。インドに五〇日ほど滞在し、七月一九日、マルセイユに到着。ロンドンに合計三ヵ月半滞在し、その間大陸旅行を試	一月三〇日、日英同盟締結○九月一九日、正岡子規没す○一二月、倫理学の講義をめぐり哲学館事件発生

年	西暦	年齢	事項	一般事項
			みる	
三六	一九〇三	四三	四月ごろ、アメリカに渡航。五月一六日、サンフランシスコを出港し、六月三日、横浜到着。洋行の成果を翌年一月発行の『大塊一塵』にまとめる○一二月一〇日、近衛を中心に対外硬派の桜田倶楽部が結成されると、三宅もその協議員に名を列ねる	五月二二日、一高生徒藤村操が華厳の滝で投身自殺○六月一〇日、戸水寛人ら七博士がロシア問題で政府に建議書提出○一一月一五日、幸徳秋水ら平民社結成
三七	一九〇四	四四	六月一二日、日露戦争観戦のため、海軍が準備した「満洲丸」に乗船。韓国皇帝に謁見、東郷平八郎連合艦隊司令長官を表敬。七月一九日に長崎帰着	二月一〇日、ロシアに宣戦布告○同月二三日、日韓議定書調印
三八	一九〇五	四五	このころ、新設の京都帝国大学文科大学長就任の打診を受けるが固辞する	九月五日、日露講和条約調印○同月六日、日比谷焼打事件
三九	一九〇六	四六	二月二〇日付発行の『日本人』第四二九号から「原生界と副生界」の連載開始（後の『宇宙』）○六月、新聞『日本』が伊藤欽亮に譲渡され、編集をめぐって三宅ら旧社員と対立。一二月九日に連袂退社と決し、二〇日付発行の第四四九号で『日本人』終刊	一月七日、第一次西園寺公望内閣成立○三月三一日、鉄道国有法公布○一一月二六日、南満州鉄道会社（満鉄）設立
四〇	一九〇七	四七	一月一日付で発行された雑誌から『日本及日本人』と改題○八月に大阪朝日新聞社主宰で開催さ	七月二四日、第三次日韓協約調印○九月二日、陸羯南没す

四一	一九〇八	四八	れた叡山講演会で講演 一一月一日発行の『日本及日本人』第四九八号から「東西美術の関係」連載開始○一二月一日付発行の『中央公論』第二三巻第一二号が「三宅雪嶺論」の特集を組む	社会主義者による赤旗事件発生○一〇月一三日、戊申詔書発布
四二	一九〇九	四九	一月『宇宙』発行○三月、前年『実業之世界』を創刊した野依秀市が講演依頼のため三宅を初訪問（同誌への執筆は五月から）○六月一五日付発行の『太陽』第一五巻第九号で「理想的記者」の第一位に選ばれる。また、同年発行と推定される「朝野貫目番付」で「敵なき記者」と評される	五月六日、新聞紙法公布○一〇月二六日、伊藤博文暗殺
四三	一九一〇	五〇	九月一日付発行の『日本及日本人』第五四〇号で韓国併合を祝する論陣を張る○一一月、白瀬中尉らの南極探検事業の後援会に副会長として加わる	五月二五日、大逆事件の逮捕始まる○八月二二日、韓国併合
四四	一九一一	五一	二月六日、大逆事件講演会で「四恩論」を演説、処刑された幸徳秋水らに理解を示す○七月一日付発行の『日本及日本人』第五六一号から「学術上の東洋西洋」連載開始○八月一日付発行の『婦人之友』第五巻第三号で三宅家は「理想の家庭」の一つとして紹介される○この年二月一日付刊行された幸徳の遺著『基督抹殺論』に序を寄せる（掲	一月、西田幾多郎『善の研究』刊行○二月二一日、日米新通商航海条約調印○同日、夏目漱石、博士号辞退○九月一日、『青鞜』創刊○一〇月一〇日、辛亥革命始まる

四五	一九一二	五二	載不許可）一月一日付発行の『日本及日本人』第五七三号から表紙に「三宅雪嶺主筆」と明記される○二月二三日、母瀧井没す○明治天皇崩御、大正改元に際して、九月一日付発行の『日本及日本人』で新しい時代を「創業守成」の時代と捉える○一〇月、腸チフスに罹患し帝大附属病院に入院。この前後三年ほどは体調が勝れなかった	七月三〇日、明治天皇崩御○一二月〜第三次桂太郎内閣に対して憲政擁護運動起る
大正二	一九一三	五三	四月一七日、米国加州排日移民法反対国民大会で演説○七月二九日、長女多美子が中野正剛と結婚	二月二〇日、第一次山本権兵衛内閣成立○三月、中野正剛『明治民権史論』刊行
三	一九一四	五四	一月一五日付の『日本及日本人』第六二二号に、二月一一日付で日刊新聞『我観』創刊の広告掲載。しかし、二月一一日付の同誌に発行延期の社告掲載○六月『世の中』刊行	一月二三日、シーメンス事件勃発○七月二八日、第一次世界大戦始まる
四	一九一五	五五	一月一日付発行の『日本及日本人』第六四六号から「東洋教政対西洋教政」連載開始○六月二〇日、福島県教育会で行った講演「教育家の位置」が、政権批判の内容でその後問題化○七月『想痕』刊行○九月一六日、岳父田辺太一没す○一〇月四・五日、政教社主催の乃木家再興問題講演会で演説	一月一八日、対華二十一ヵ条の要求

五	一九一六	五六	六月、高杉晋作五十年祭で講演	一月、吉野作造『中央公論』誌上で民本主義を唱える○一一月、徳富蘇峰『大正の青年と帝国の前途』刊行
六	一九一七	五七	四月二〇日、中野が第一三回総選挙に立候補し三宅も応援演説に駆けつける（落選）○八月一五日付の『日本及日本人』第七一一号でロシア革命を論評し、レーニンを評価○同月『続世の中』刊行	三月、ロシア二月革命○一一月、十月革命でソビエト政府成立
七	一九一八	五八	一月一日付発行の『中外新論』が「三宅雪嶺徳富蘇峰比較短評」を掲載○一一月一六日、大阪朝日新聞社に関わる白虹事件に際して、浪人会のメンバーが三宅邸を訪問○一二月二三日、吉野作造らによって創立された黎明会の発起人に名を列ねる○この年、赤坂新坂町から渋谷初台に転居	八月二日、シベリア出兵を宣言○同月三日、米騒動始まる○九月二九日、原敬内閣成立
八	一九一九	五九	一一月以降『大正日日新聞』に「大正年間の思想」を連載	三月一日、朝鮮で三・一運動起こる○四月三日、『改造』創刊○六月二八日、ベルサイユ条約調印
九	一九二〇	六〇	一月一日付発行の『日本及日本人』第七七三号から「人類生活の状態」連載開始○二月一四日、森戸事件の第二回公判に出廷して特別弁護人を務める○七月一五日付の同誌第七八七号で尼港事件の責を日本政府に求める○九月一日、妻の花圃を中	三月一二日、ロシア領ニコラエフスクで日本人が虐殺される事件（尼港事件）が発生○同月一五日～、戦後恐慌始まる○五月二日、第一回メーデー○一二月～皇太子妃をめぐる宮

			心とする雑誌『女性日本人』創刊	中某重大事件発生
一〇	一九二一	六一	二月二日、甥の三宅恒方没す	一一月四日、原首相暗殺
一一	一九二二	六二	九月一五日、対露交渉大演説会を開催○一〇月九日の二重外交痛撃大演説会で中野正剛らとともに演説	七月、日本共産党非合法で結成○一一月八日、犬養毅ら革新倶楽部結成
一二	一九二三	六三	五月四日、露国承認大演説会を開催し弁士を務める○六月二日、ヨッフェ招待会を開催し演説○夏以降、中野の東方時論社と政教社の合同が議論になるが、話し合いが決裂し三宅は政教社を退社し、新たに我観社を創設して雑誌『我観』を発行することになる。同誌は一〇月一五日付創刊	三月二十日、衆議院、中野正剛ら提出のソ連承認決議案を否決○四月、美濃部達吉『憲法撮要』刊行○九月一日、関東大震災発生
一三	一九二四	六四	四月二九日、米国排日移民法に反対して一高で演説○六月三日、初めて宮中の饗宴に招かれる○七月一日付発行の『我観』改刊第一号から「三宅雪嶺個人雑誌」となる。同日付発行の『太陽』第三〇巻第九号で護憲三派内閣の首班加藤高明に期待を示す	一月七日、清浦奎吾内閣成立、これに対して第二次護憲運動起こる○六月一一日、第一次加藤高明内閣成立(護憲三派内閣)
一四	一九二五	六五	一月一日付発行の『我観』改巻第七号に戯曲「辺見十郎太」を掲載○同誌夏季特輯号に「超国粋主義」を寄稿○五月一日、次男当次没す○九月一付発行の第二三号から『我観』は再び同人雑誌とな	三月、普通選挙法、治安維持法成立○一一月七日、三井甲之ら原理日本社結成

年号	西暦	年齢	事項	一般事項
一五	一九二六	六六	る○一〇月、岩波茂雄に誘われ花圃をともない東北旅行	三月四日、中野正剛、衆議院で田中義一の機密費横領事件を追及
昭和二	一九二七	六七	一月一日付発行の『我観』第二七号から「同時代観」(後の『同時代史』)連載開始 五月、花圃をともない京都—伊勢へ旅行○八月、大阪(講演)—有馬温泉へ旅行○一〇月、広島(講演)—松山・高松へ旅行○一一月、松本(講演)—諏訪へ旅行	三月、金融恐慌始まる○四月二〇日、田中義一内閣成立
三	一九二八	六八	三月一日付発行の『我観』第五三号で、初めての普通選挙実施に祝福の意を表す○一二月一日、東京市技師であった長男勤が日本橋区役所建築現場で事故死	二月二〇日、最初の男子普通選挙実施○三月一五日、共産党員検挙(三・一五事件)○六月四日、張作霖爆殺事件
四	一九二九	六九	六月一八日、金沢市祭に出席したあと、花圃とともに遠祖の地である宇出津を訪ねる	七月七日、浜口雄幸内閣成立○一〇月二四日、世界恐慌始まる
五	一九三〇	七〇	この年、花圃をともない金沢へ講演旅行○四月一九日、勤を記念して建築された文庫が完成	一月二一日、ロンドン海軍軍縮会議始まる
六	一九三一	七一	一月、改造社版「現代日本文学全集」(いわゆる円本)第五編『三宅雪嶺集』刊行、二〇万部の売上げ	九月一八日、満洲事変始まる○一二月一三日、犬養毅内閣成立
七	一九三二	七二	一月、円本の印税で建てた代々木の中野正剛邸が完成○八月一〇日、野依の創刊した『帝都日日新	一月二八日、上海事件発生○五月一五日、犬養首相暗殺(五・一五事

年号	西暦	年齢	事蹟	一般事項
			聞』の社賓に迎えられる○七月二日、来日中の満洲国交通部総長丁鑑修と中野邸で対談	件）○同月、『日本資本主義発達史講座』刊行開始
八	一九三三	七三	この年の所得税額一二〇円から計算すると、収入は四〇〇〇〇円弱ほどか	一月三〇日、ヒトラー首相就任○三月二七日、国際連盟脱退○一〇月、中野正剛『国家改造計画大綱』刊行
九	一九三四	七四	六月三〇日、中野に嫁いだ長女多美子没す○一一月一日付発行の『我観』第一三二号で「非常時」の相対性を論じて、その濫用を諫める	一月〜、番町会問題から政財界に及ぶ帝人事件発生○七月八日、岡田啓介内閣成立
一〇	一九三五	七五	八月一九日付発行の『帝都日日新聞』で天皇機関説事件に対する憤りを示す	二月〜天皇機関説事件○一〇月三日、イタリア、エチオピア侵攻開始
一一	一九三六	七六	六月一日、『我観』は『東大陸』と解題され創刊号発行	二月二六日、二・二六事件発生○五月二五日、中野正剛、東方会結成
一二	一九三七	七七	二月、同郷の林銑十郎を首班とする内閣成立に際し、文部大臣就任を打診される○五月一六日、喜寿祝賀会が東京会館で開かれる○六月、帝国芸術院会員に推される	六月四日、第一次近衛文麿内閣成立○七月七日、日中戦争始まる
一三	一九三八	七八	五月一日付発行の『東大陸』第二四号で、ヒトラー、ムッソリーニへの期待を表明	三月一三日、ドイツ、オーストリア併合○四月一日、国家総動員法公布
一四	一九三九	七九	一月、中野の東方会と社会大衆党の合同協議が三宅邸で開催され、二月九日に麻布竜土軒で開催された会合にも徳富蘇峰とともに出席して挨拶する	五月一二日、ノモンハン事件発生○九月一日、ドイツ、ポーランド侵攻（第二次世界大戦始まる）

一五	一九四〇	八〇	八月二四日付発行の『帝都日日新聞』で近衛文麿を中心に進められた新体制運動を「自由主義」から「全体主義」への移行として肯定的に捉える	七月二二日、第二次近衛文麿内閣成立○九月二七日、日独伊三国同盟締結○一〇月一二日、大政翼賛会発会
一六	一九四一	八一	一二月一日付発行の『実業之世界』で東条英機の首相就任に期待を示す	一〇月一八日、東条英機内閣成立○一二月八日、太平洋戦争始まる
一七	一九四二	八二	五月二三日、中野を中心に結成された東方同志会顧問に就任○一一月三日、岩波書店回顧三〇年感謝晩餐会に出席○一二月、徳富蘇峰を会長に創立された大日本言論報国会の顧問就任	四月三〇日、翼賛選挙実施（第二一回総選挙）中野正剛非推薦で当選○六月五日、ミッドウェー海戦で損害甚大
一八	一九四三	八三	四月二九日、文化勲章授与。受賞を記念して、中村研一によって肖像画が描かれる○七月一八日、妻花圃没す○一〇月二七日、中野正剛割腹自殺、『東大陸』は発行停止処分を受ける	一月一日付『朝日新聞』が中野正剛「戦時宰相論」を掲載○九月八日、イタリア降伏○一一月五日、大東亜会議開催
一九	一九四四	八四	七月五日、再刊『我観』創刊、表紙に「主宰三宅雪嶺」	七月一八日、東条内閣総辞職○一〇月～本土空襲本格化
二〇	一九四五	八五	三月二六日、腸カタルを発症したこともあり、北多摩郡南沢学園町の三女淑子が嫁いだ横山家に疎開○この月、東京都から貴族院議員互選選挙に立候補した岩波茂雄の推薦人に名を列ねる○四月一日付発行の『実業之世界』で、なおヒトラーへの期待を示す○九月九日、南沢の自由学園で開催さ	五月八日、ドイツ降伏○七月一七日～ポツダム会談開催○八月一五日、敗戦

			れた『婦人之友』開催の座談会に出席○一一月二〇日、占領軍のクラフト大尉が来訪、同日、狛江の中野別荘に移動○同月二六日未明没す。享年八五歳。葬儀は初台の焼け残った自宅文庫で執り行い、戒名は智海院釈雪嶺居士という。青山墓地の三宅家塋域に葬られる○一二月八日付で発行された『我観』第二巻第五号に、最期まで校正に勤しんだ「同時代観」の最終回が掲載される	
二一	一九四六		一月一日付発行の『世界』創刊号に「文化創造への参照」が掲載される	一月四日、ＧＨＱ、軍国主義者の公職追放、国家主義団体の解散を指令

参考文献

一　未刊行史料

「三宅雪嶺関係史料」三宅家所蔵、流通経済大学三宅雪嶺記念資料館寄託（一部は金沢市立ふるさと偉人館に寄託）
「志賀重昂関係史料」志賀家所蔵
「陸羯南関係史料」最上家および鈴木家所蔵（一部は弘前市立郷土文学館その他に寄贈）
「朝野貫目番付」憲政記念館所蔵
「西周関係文書」「佐々友房関係文書」「古島一雄関係文書」「阪谷芳郎関係文書」「占領期関係文書」国立国会図書館憲政資料室所蔵
「公文録」「公文雑纂」「公文別録」「叙勲」「内閣官房総務課資料」「職員録」国立公文書館所蔵
「本省官吏叙勲雑件」「海外旅券下付（付与）返納表申達一件」「帝国練習艦隊関係雑纂」「林董関係文書」外務省外交史料館所蔵
「公文備考」防衛省防衛研究所戦史研究センター所蔵
「志賀重昂　在札幌第二年期中日記」北海道大学文書館所蔵

「鈴木虎雄関係史料」筑波大学附属図書館所蔵
「文部省往復」東京大学文書館所蔵
「田邉家資料」京都市琵琶湖疏水記念館所蔵
「加越能文庫」(「先祖由緒帳」「三宅家家系図」)「石浦郷社来歴考」金沢市立玉川図書館近世史料館所蔵
「旧新竪町小学校保存資料」金沢市立犀桜小学校所蔵
「先祖由緒一類附帳」「由緒書」加賀本多博物館(藩老本多蔵品館)所蔵
「(棚橋一郎日記)」郁文館夢学園所蔵
「岩波茂雄宛書簡」岩波書店所蔵
「中村正直文庫」(「敬宇日乗」)静嘉堂文庫所蔵
「徳富蘇峰関係文書」徳富蘇峰記念館所蔵
大友楼(金沢)所蔵写真

二　新聞・雑誌

新聞(創刊年月日順に配列した)
『東京日日新聞』(マイクロフィルム版)、『朝野新聞』(ぺりかん社複製版)、『読売新聞』(デジタル版)、『自由新聞』(三一書房複製版)、『明治日報』(東京大学明治新聞雑誌文庫所蔵)、『東京朝日新聞』(デジタル版、筑波大学附属図書館所蔵縮刷版)、『日本』(ゆまに書房複製版)、『江湖新聞』(東京大学明治新

聞雑誌文庫所蔵）、『国民新聞』（日本図書センター複製版）、『国華新聞』（東京大学明治新聞雑誌文庫所蔵）、『国会』（同前）、『万朝報』（日本図書センター複製版）、『福島民報』（福島県立図書館所蔵）、『福島民友新聞』（同前）、『週刊平民新聞』（創元社復刻版）、『大正日日新聞』（流通経済大学三宅雪嶺記念資料館に一部残存）、『帝都日日新聞』（同前）、

雑誌（創刊年月日順に配列した）

三宅雪嶺が主筆または中心となって発行したもの

『日本人』第一次～第三次（日本図書センター複製版）、『亜細亜』第一巻～第三巻（同前）、『日本及日本人』雪嶺在籍時・雪嶺退社後・昭和戦後期再刊（筑波大学附属図書館または早稲田大学図書館所蔵）、『我観』初刊・再刊（早稲田大学図書館所蔵）、『東大陸』（同前）、『女性日本人』（クレス出版複製版）、『真善美』（著者所蔵）

右以外のもの

『明六雑誌』（著者所蔵および岩波文庫版）、『学芸志林』（筑波大学附属図書館所蔵）、『芸術叢誌』（東京大学附属図書館所蔵）、『六合雑誌』（不二出版複製版）、『東洋学芸雑誌』（筑波大学附属図書館所蔵）、『女学雑誌』（同前）、『福島県教育』（福島県立図書館所蔵）、『国民之友』（明治文献複製版）、『哲学（会）雑誌』（田中友香理氏所蔵）、『少年園』（不二出版複製版）、『天則』（著者および筑波大学附属図書館所蔵）、『精神』（東京大学明治新聞雑誌文庫所蔵）、『立憲改進党々報』（柏書房複製版）、『文学界』（不二

出版複製版）、『太陽』（筑波大学附属図書館所蔵およびデジタル版）、『少年世界』（名著普及会複製版）、『帝国文学』（日本図書センター複製版）、『進歩党党報』（柏書房複製版）、『成功』（不二出版複製版）、『実業之世界』（早稲田大学図書館所蔵）、『婦人之友』（東京女子大学図書館および国立国会図書館所蔵）、『中央公論』（筑波大学附属図書館所蔵）、『内外教育評論』（早稲田大学図書館所蔵）、『第三帝国』（不二出版複製版）、『亜細亜時論』（柏書房複製版）、『中外新論』（早稲田大学図書館所蔵）、『黎明講演集』（著者所蔵）、『改造』（筑波大学附属図書館所蔵）、『大勢』（著者所蔵、本の友社復刻版）、『改造社文学月報』（五月書房復刻版）、『思想と文学』（東洋大学附属図書館所蔵）、『渋柿』（流通経済大学三宅雪嶺記念資料館所蔵）、『近きより』（教養文庫版）、『言論報国』（不二出版複製版）、『世界』（筑波大学附属図書館所蔵）

三　三宅雪嶺の著書

（三宅雪嶺の著作に関しては、昭和女子大学近代文化研究所発行の『近代文学研究叢書』五八〈一九八六年〉、著書に関しては、山野博史「三宅雪嶺著作目録」『関西大学法学論集』三六―一〈同年〉が参考となる。以下、発行元を変えて再販したもの、三人以上による共著は除いてある）

『日本仏教史』第一冊　集成社　一八八六年

『基督教小史』第一冊　同右　同右

『社会学』（石坂徳次郎・山中孝之助発行）　一八八八年

『論理学』（横田敬太発行）　一八八九年
『哲学涓滴』　文海堂　同右
『真善美日本人』　政教社　一九九一年
『偽悪醜日本人』　同右　同右
『希臘哲学史』　哲学館　一八九〇～九一年
『近世哲学』（哲学館講義録か）　年不詳
『我観小景』　政教社　一八九二年
『王陽明』初版　同右　一八九三年
増補改訂版　哲学書院　一八九五年
『馬鹿趙高』　政教社　一八九四年
『断雲流水』（志賀重昂と共著）　同右　一八九六年
『小紘集』（志賀重昂と共著）　同右　同右
『冒頓』　同右　一八九七年
『雪嶺漫筆』　吉川弘文館　一九〇三年
『大塊一塵』（東京堂発売）　政教社　一九〇四年
『小泡十種』　丙午出版社　一九〇六年
『明治丁未題言集』　隆文館　一九〇八年

『宇宙』　政教社　一九〇九年
『偉人乃跡』　丙午出版社　一九一〇年
『明治思想小史』　同右　一九一三年
『世の中』　実業之世界社　一九一四年
『名著梗概及び評論　世の中』（山路愛山編、敬文館売捌）　名著評論社　一九一五年
『縮刷世の中』　実業之世界社　同右
『想痕』　至誠堂　同右
『人生訓』　東亜堂書房　同右
『壇上より国民へ』（東京堂書店発売）　金尾文淵堂　同右
『三宅雪嶺修養語録』（生田春月編）　新潮社　同右
『青年訓』　栄文館書房　同右
『縮刷解説宇宙』　実業之世界社　同右
『改訂縮刷想痕』　至誠堂　一九一六年
『三宅雪嶺美辞名句集』（山川均編、新橋堂発売）　京橋堂　一九一七年
『続世の中』（至誠堂書店発売）　実業之世界社　同右
『三宅雪嶺格言全集』　中央出版社　同右
『小紙庫』　耕文堂　一九一八年

『修道訓』　修道会本部　一九一八年
『東西英雄一夕話』　政教社　同右
『独言対話』　至誠堂　一九一九年
『志行一致を計れ』　大盛堂書店　同右
『出発の準備』　博文館　同右
『内実の力』　アルス　一九二〇年
『雪嶺の著書から』（柴田芳水編）　大盛堂書店　一九二三年
『雪嶺名作選集』　坂東三弘社　一九二五年
『向上発憤世渡りの道』　学究社藤谷崇文館　一九二八年
『三宅雪嶺集』（現代日本文学全集第五篇）　改造社　一九三一年
『一地点より』　帝都日日新聞社　一九三三年
『隔日随想』　帝都日日新聞社出版部　一九三四年
『二日一言』（秀文閣書房発売）　同右　一九三五年
『初台雑記』（秀文閣書房発売）　帝都日日新聞社　一九三六年
『人の行路』　実業之世界社　一九三七年
『面白くならう』（秀文閣書房発売）　帝都日日新聞社　一九三八年
『武将論』　千倉書房　同右

『戦争と生活』（秀文閣書房発売）　帝都日日新聞社　同　右
『英雄論』　千　倉　書　房　一九三九年
『人物論』　同　右　同　右
『生活の磨き』　同　右　同　右
『祖国の姿』　同　右　同　右
『事変最中』（秀文閣書房発売）　帝都日日新聞社　同　右
『今の時局に野依君が十人あれば』　実業之世界社・帝都日日新聞社　同　右
『変革雑感』　帝都日日新聞社　一九四〇年
『爆裂の前』　実業之世界社　一九四二年
『三宅雪嶺選集』　潮　文　閣　同　右
『爆裂して』　秀文閣書房　同　右
『激動の中』　同　右　一九四四年
『大学今昔譚』　我　観　社　一九四六年
『雪嶺絶筆』　帝　都　出　版　同　右
『言珠』（雪嶺会編、日本出版社発売）　文　理　書　房　一九四七年
『同時代史』全六巻　岩波書店　一九四九～五四年
『自分を語る』　朝　日　新　聞　社　一九五〇年

『妙世界建設』　実業之世界社　一九五二年

『学術上の東洋西洋』上下　同右　一九五四・五五年

『人生八面観』　同　右　一九五五年

『人類生活の状態』上下　同右　一九五五・五六年

『東洋教政対西洋教政』上下　同　右　一九五六年

柳田泉編『三宅雪嶺集』(明治文学全集33)　筑摩書房　一九六七年

鹿野政直編『陸羯南　三宅雪嶺』(日本の名著37)　中央公論社　一九七一年

本山幸彦編『三宅雪嶺集』(近代日本思想大系5)　筑摩書房　一九七五年

四　公刊史料

『愛知県英語学校一覧』(内閣文庫所蔵)　出版事情不明、一八七六年ごろか

『東京大学法理文三学部一覧』　東京大学　一八八二年

春のやおぼろ(坪内逍遥)『一読三歎当世書生気質』　晩青堂　一八八六年

三宅花圃『藪の鶯』　金港堂　一八八八年

末兼八十吉(宮崎湖処子)『国民之友及日本人』　集成社書店　同右

文部省総務局編『日本教育史資料』二　文部省総務局　一八九〇年

稲垣満次郎『東方策』第一編　哲学書院　一八九一年

「河波有道氏之伝」(『大日本水産会報告』一〇八) 同右
徳富蘇峰『吉田松陰』 民友社 一八九三年
同右『大正の青年と帝国の前途』 民友社 一九一六年
同右『蘇峰自伝』 中央公論社 一九三五年
東亜同文会編『東亜同文会会則』 東亜同文会 一八九九年
橋本正志編『橋本源作翁伝』 私家版 一九〇一年
国民同盟会残務委員編『国民同盟会始末』 政文社 一九〇二年
野上喜雄『満洲丸観戦紀念』 関西写真製版印刷合資会社出版部 一九〇五年
小池信美編『叡山講演集』 大阪朝日新聞社 一九〇七年
板垣退助監修『自由党史』下巻 五車楼 同右
副島八十六編『開国五十年史』下巻(原本一九〇八年) 原書房(複製版) 一九七〇年
孔子祭典会編『諸名士孔子観』 博文館 一九一〇年
幸徳秋水『基督抹殺論』(雪嶺の序文は一九五四年の岩波文庫版による) 丙午出版社 一九一一年
秋山悟庵編『尊王愛国論』(勉強堂書店発売) 金尾文淵堂 一九一二年
島内登志衛編『谷干城遺稿』二(原本一九一二年) 東京大学出版会(複製版) 一九七六年
柴田三郎『義人田中正造翁』 敬文館 一九一三年

青柳有美『解説　宇宙』（芝園書房発売）　雪嶺選書刊行会　一九一五年
五斗兵衛『大愚三宅雪嶺』　武芸社　一九一六年
山口信雄『朝日講演集』第三輯　朝日新聞　一九一七年
三宅恒方『旅と私』　実業之日本社　一九二二年
河野磐州伝編纂会『河野磐州伝』下巻　河野磐州伝刊行会　一九二三年
東京税務監督局編『個人所得税便覧』　巖松堂書店　同右
麻生　久『黎明』　新光社　一九二四年
和田文次郎『男爵本多政以君伝』　葵園会　同右
西川正治郎『田辺朔郎博士六十年史』　山田忠三　同右
奥田大陸編『松坡遺稿』　私家版　一九二五年
野依秀市『実業之世界創刊二十周年記念大講演録』　実業之世界社　一九二七年
伊藤仁太郎『伊藤痴遊全集』第一五巻　平凡社　一九三〇年
後藤狂夫『我が郷土の産める世界的先覚者志賀重昂先生』　警眼社・松華堂　一九三一年
岡吉寿編『宮崎道正伝』　私家版　同右
克明会編『追憶（中野克明追想録）』　克明会　同右
横溝光暉『増訂日本社会主義運動史講話』　松華堂書店　同右
中野正剛『沈滞日本の更生』　千倉書房　同右

同　右　『国家改造計画綱領』　同　右　一九三三年
同　右　『魂を吐く』　金　星　堂　一九三八年
同　右　『此の一戦』　東　方　会　一九四二年
本荘季彦編　『松下雲処遺稿』　私　家　版　一九三二年
徳富猪一郎　『公爵山県有朋伝』下巻　山県有朋公記念事業会　一九三三年
関　直　彦　『七十七年の回顧』　三　省　堂　同　右
豊多摩時事新聞社編　『渋谷区多額納税者名鑑』　豊多摩時事新報社　同　右
井上馨侯伝記編纂会編　『世外井上公伝』第三巻　内外書籍　一九三四年
猶　興　居　編　『追思（中野多美子追想録）』　猶　興　居　同　右
海軍有終会編　『幕末以降帝国軍艦　写真と真実』　丸　善　一九三五年
『改造年鑑　一九三五年版』（『改造』昭和十年一月号附録）　改　造　社　同　右
稲垣伸太郎　『雪嶺三宅先生の家系誕生地及び小伝』　私　家　版　一九三六年
「井上円了博士を語る」（『思想と文学』二―三）　同　右
年史刊行会編　『昭和六年史』（巖松堂書店発売）　年史刊行会　一九三七年
同　人　「政教社回顧座談会」（『日本及日本人』三五九）　一九三八年
座談会「南極探検隊豪洲野営三十周年記念座談会」（『開南』三）　一九四一年
三宅邦吉編　『能登畠山史要』（畠山一清発行）　一九四二年

小貫修一郎編『帝都日日新聞十年史』 帝都日日新聞社 一九四三年
牧野良三『中橋徳五郎』上巻 中橋徳五郎翁伝記編纂会 一九四四年
横山淑「光さして」(『真善美』三) 一九四六年
野依秀市編『三宅雪嶺先生を語る』 帝都出版 一九四七年
三宅美代子「父三宅雪嶺の思い出・(続)」(『北国文化』五〇・五一) 一九五〇年
長谷川如是閑『ある心の自叙伝』 朝日新聞社 同右
古島一雄『一老政治家の回想』 中央公論社 一九五一年
田中美知太郎『私の読書遍歴』 黎明書房 一九五二年
佐佐木信綱『ある老歌人の思ひ出』 朝日新聞社 一九五三年
安井誠一郎編『安藤正純遺稿』 安藤正純先生遺徳顕彰会 一九五七年
慶応義塾編『慶応義塾百年史』上巻 慶応義塾 一九五八年
小林勇『惜櫟荘主人』 岩波書店 一九六三年
大内兵衛『高い山』 同右 同右
「特集日本が生んだ世界的大人物 三宅雪嶺先生を想う」(『実業之世界』六〇―七) 同右
慶応義塾編『福澤諭吉全集』二一 岩波書店 一九六四年
近衛篤麿日記刊行会編『近衛篤麿日記』二 鹿島研究所出版会 一九六八年
荒畑寒村『谷中村滅亡史』 新泉社 一九七〇年

『内藤湖南全集』一二　筑摩書房　一九七一年
金沢市編『稿本金沢市史』風俗編　名著出版　一九七三年
伊藤博文関係文書研究会編『伊藤博文関係文書』一　塙書房　同右
塩田良平ほか編『樋口一葉全集』三（上）　筑摩書房　一九七六年
『三田村鳶魚全集』二五・二六　中央公論社　一九七七年
鯱光百年史編集委員会編『鯱光百年史』　愛知一中（旭丘高校）創立百年祭実行委員会　同右
早稲田大学大学史編集所編『東京専門学校校則・学科配当資料』　早稲田大学出版部　一九七八年
トク・ベルツ編・菅沼竜太郎訳『ベルツの日記』上　岩波文庫版　一九七九年
羽仁節子『妻のこころ』　岩波書店　同右
田中正造全集編纂会編『田中正造全集』一六　同右　同右
大学史編纂委員会編『東亜同文書院大学史』　滬友会　一九八二年
徳川元子『遠いうた』　講談社　一九八三年
明治教育史研究会編『杉浦重剛全集』六（一部の未刊行史料は日本学園〈高等学校〉所蔵）　杉浦重剛全集刊行会　同右
東京大学百年史編集委員会編『東京大学百年史』通史一・部局史一　東京大学出版会　一九八四・八六年
西田長寿ほか編『陸羯南全集』一〇（最上家および鈴木家所蔵の一部未刊行史料は、弘前市立郷土文

学館および松山市立子規記念博物館に寄贈）

山県悌三郎『児孫の為に余の生涯を語る』　弘隆社　一九八七年
松前重義『わが昭和史』　朝日新聞社　同右
東洋大学創立一〇〇年史編纂委員会・同編纂室編『東洋大学百年史』資料編Ⅰ上　東洋大学　一九八八年
清沢洌『暗黒日記』　岩波文庫版　一九九〇年
東京大学史史料研究会編『東京大学年報』第一巻　東京大学出版会　一九九三年
夏目金之助『漱石全集』一九・二二・二六　岩波書店　一九九五・九六・同年
吉野作造『吉野作造選集』一四　同右　一九九六年
金沢市史編さん委員会編『金沢市史』資料編六・一一・一八　金沢市　二〇〇〇年・一九九九年・同年
三宅立雄「第二次世界大戦後の祖父・三宅雪嶺に対する評価について」（『資料館だより』一〇）　二〇一二年

五　参考文献

三宅雪嶺関係（本書で直接引用していないものも列記した。ただし、論集に収録されている論考は初出を省略している）

大久保利謙「書評　三宅雪嶺著『同時代史』」（『史学雑誌』六〇―六）一九五一年

柳田泉『哲人三宅雪嶺先生』実業之世界社　一九五六年

同右「解題」（明治文学全集33『三宅雪嶺集』）筑摩書房　一九六七年

鹿野政直「ナショナリストたちの肖像」（『日本の名著　三宅雪嶺』解説）中央公論社　一九七一年

長谷川如是閑「三宅雪嶺」（嘉治隆一『明治以後の五大記者』に嘉治の著作として所収）朝日新聞社　一九七三年

本山幸彦「解説」（近代日本思想大系5『三宅雪嶺集』）筑摩書房　一九七五年

有山輝雄「雑誌「日本人」・「日本及日本人」の変遷」（日本近代史料研究会編『雑誌「日本人」・「日本及日本人」目次総覧』Ⅰ解説）日本近代史料研究会　一九七七年

小寺正一「三宅雪嶺の「国粋主義」」（『京都教育大学紀要』五一）同右

堀口節子「三宅雪嶺と井上円了」（二葉憲香編『続国家と仏教』近世・近代編）永田文昌堂　一九八一年

田中浩「三宅雪嶺『同時代史』を読む」（『図書』四三七）一九八六年

「特集　三宅雪嶺」（『文』六）公文教育研究会　一九八七年

「特集　民友社と政教社」（『季刊　日本思想史』三〇）ぺりかん社　一九八八年

杉原志啓「「綜合型知識人」の歴史叙述」（『メディア史研究』四）一九九六年

佐藤能丸『明治ナショナリズムの研究』 芙蓉書房出版 一九九八年
同 右「三宅雪嶺の人と思想」（『学報「RKU Today」』七五） 流通経済大学企画調整室 二〇〇二年
同右・三宅桃子「解題」（『女性日本人 別冊総目録、解題』） クレス出版 一九九三年
荻原 隆「国粋主義の成立条件」（『名古屋学院大学研究年報』一二） 一九九九年
秋山真一「骨化せざるための模索」（大濱徹也編『国民国家の構図』） 雄山閣出版 同 右
渡部 清「三宅雪嶺研究」（上智大学『哲学科紀要』二七・二八） 二〇〇一・二〇〇二年
長妻三佐雄『公共性のエートス』 世界思想社 二〇〇二年
同 右『三宅雪嶺の政治思想』 ミネルヴァ書房 二〇一二年
同 右「ナショナリズムの多様性の思想」（『政治思想研究』一二） 同 右
同 右「三宅雪嶺における「哲学」と「時論」のあいだ」（武田知己・萩原稔編『大正・昭和期の日本政治と国際秩序』） 思文閣出版 二〇一四年
見城悌治「大正期における「英雄論」と三宅雪嶺」（『千葉大学人文研究』三三） 二〇〇四年
五十嵐 卓「欧米旅行中の三宅雪嶺にあてた妻花圃の書簡」（『日本歴史』七四一） 二〇一〇年
坪内隆彦「三宅雪嶺」（『月刊日本』一五五） 同 右
平島敏幸『三宅雪嶺をめぐる人々』 流通経済大学三宅雪嶺記念資料館 二〇一二年

森田康夫『評伝　三宅雪嶺の思想像』　和泉書院　二〇一五年
奥村大介「宇宙と国粋」（金森修編『明治・大正期の科学思想史』）　勁草書房　二〇一七年
中野目徹『政教社の研究』　思文閣出版　一九九三年
同　右「三宅雪嶺伝記稿（一）」（『近代史料研究』一）　二〇〇一年
同　右『書生と官員』　汲古書院　二〇〇二年
同　右「三宅雪嶺伝記稿（三）」（『近代史料研究』三）　二〇〇三年
同　右「三宅雪嶺伝記稿（四）」（『同右』四）　二〇〇四年
同　右「弘前に寄贈された陸羯南関係史料」（『日本歴史』七六二）　二〇一一年
同　右『明治の青年とナショナリズム』　吉川弘文館　二〇一四年
同　右「三宅雪嶺の洋行」（『近代史料研究』一六）　二〇一六年
同　右「三宅雪嶺」（『近代日本メディア人物誌』）　ミネルヴァ書房　二〇一八年
同　右「三宅雪嶺による『王陽明』の訂正増補」（『近代史料研究』一八）　同　右
同　右「大正期の『日本及日本人』と三宅雪嶺」（中野目徹編『近代日本の思想をさぐる』）　吉川弘文館　同　右

その他
赤松克麿『日本社会運動史』　岩波書店　一九五二年
緒方竹虎『人間中野正剛』　鱒書房　一九五七年

斎藤勇『イギリス文学史』 研究社出版 同右
東京都教育委員会編『都の史跡』 東京都教育委員会 一九五八年
宮崎市定『独歩吟』 岩波書店 一九六一年
植手通有「『国民之友』・『日本人』」（『思想』四五三） 一九六二年
猪俣敬太郎『中野正剛の生涯』 黎明書房 一九六四年
『中央公論社の八十年』 中央公論社 一九六五年
逢坂信忢『荒井郁之助伝』 北海タイムス社 一九六七年
新妻莞『新聞人・鳥居素川』 朝日新聞社 一九六九年
中野泰雄『政治家中野正剛』上下巻 新光閣書店 一九七一年
白柳夏男編『戦争と父と子 白柳秀湖伝』 日本商工出版 同右
森栄松「石浦神社と慈光院」（『石うら』二） 一九七二年
宮地正人『日露戦後政治史の研究』 東京大学出版会 一九七三年
松沢弘陽『日本社会主義の思想』 筑摩書房 同右
中野好夫『蘆花徳富健次郎』第三部 同右 一九七四年
有馬学「東方会の組織と政策」（『史淵』一一四） 一九七七年
中山茂『帝国大学の誕生』 中央公論社 一九七八年
酒田正敏『近代日本における対外硬運動の研究』 東京大学出版会 同右

永井和「東方会の成立」(『史林』六一―四) 同右 一九七九年
同右「東方会の展開」(『同右』六二―一) 一九八〇年
山泉進「「英雄論」考」(『明治大学教養論集』一三三) 一九八一年
山本武利『近代日本の新聞読者層』 法政大学出版局 一九八一年
早稲田大学図書館編『柳田泉文庫目録』 早稲田大学図書館 一九八八年
池辺一郎・富永健一『池辺三山』 みすず書房 一九八九年
荻野富士夫『初期社会主義思想論』 不二出版 一九九三年
犬島肇『嵯峨寿安、そしてウラジオストックへ』 桂書房 同右
上田久『山本良吉先生伝』 南窓社 同右
原田朗『荒井郁之助』 吉川弘文館 一九九四年
有山輝雄『近代日本ジャーナリズムの構造』 東京出版 一九九五年
同右『陸羯南』 吉川弘文館 二〇〇七年
永嶺重敏『雑誌と読者の近代』 日本エディタースクール出版部 一九九七年
長志珠絵『近代日本と国語ナショナリズム』 吉川弘文館 一九九八年
京都大学百年史編集委員会編『京都大学百年史』総説編 京都大学後援会 同右
萩原延壽『外国交際 遠い崖―アーネスト・サトウ日記抄』5 朝日新聞社 一九九九年
中野目徹『近代史料学の射程』 弘文堂 二〇〇〇年

小宮一夫『条約改正と国内政治』 吉川弘文館 二〇〇一年
豊田市郷土資料館編『白瀬中尉の南極探検』 豊田市教育委員会 二〇〇三年
フランソア・ジュリアン著、中島隆博訳『勢 効力の歴史』 知泉書館 二〇〇四年
小島毅『近代日本の陽明学』 講談社 二〇〇六年
『京都大学文学部の百年』編集委員会編『京都大学文学部の百年』
京都大学大学院文学研究科・文学部 同右
荻生茂博『近代・アジア・陽明学』 ぺりかん社 二〇〇八年
松田宏一郎『陸羯南』 ミネルヴァ書房 同右
松本三之介『吉野作造』 東京大学出版会 同右
山上次郎『子規の書画』 二玄社 二〇一〇年
進藤雄介「明治三〇年代前半における新聞『日本』愛読者団体の位相」(『メディア史研究』二九) 二〇一一年
佐藤卓己『天下無敵のメディア人間』 新潮社 二〇一二年
松本健一『昭和史を陰で動かした男』 同右 同右
水谷悟『雑誌『第三帝国』の思想運動』 ぺりかん社 二〇一五年
浅井清・市古夏生監修『作家の原稿料』 八木書店 同右
長尾宗典『〈憧憬〉の明治精神史』 ぺりかん社 二〇一六年

長谷川琢哉「『宗教哲学骸骨』再考」（『現代と親鸞』三四）　同右
高木智見『内藤湖南』　筑摩書房　同右
中川未来『明治日本の国粋主義思想とアジア』　吉川弘文館　同右
田中友香理『〈優勝劣敗〉と明治国家』　ぺりかん社　二〇一九年

著者略歴

一九六〇年　福島県生まれ
一九八六年　筑波大学大学院博士課程中退
国立公文書館公文書研究職を経て
現在　筑波大学人文社会系教授・博士(文学)

主要著書
『政教社の研究』(思文閣出版、一九九三年)
『近代史料学の射程』(弘文堂、二〇〇〇年)
『明治の青年とナショナリズム』(吉川弘文館、二〇一四年)

人物叢書　新装版

三宅雪嶺

二〇一九年(令和元)十月二十日　第一版第一刷発行

著　者　中野目徹(なかのめとおる)
編集者　日本歴史学会
　代表者　藤田　覚
発行者　吉川道郎
発行所　株式会社　吉川弘文館
東京都文京区本郷七丁目二番八号
郵便番号一一三―〇〇三三
電話〇三―三八一三―九一五一〈代表〉
振替口座〇〇一〇〇―五―二四四
http://www.yoshikawa-k.co.jp/
印刷＝株式会社 平文社
製本＝ナショナル製本協同組合

ISBN978-4-642-05290-0

『人物叢書』〈新装版〉刊行のことば

人物叢書は、個人が埋没された歴史書が盛行した時代に、「歴史を動かすものは人間である。個人の伝記が明らかにされないで、歴史の叙述は完全であり得ない」という信念のもとに、専門学者に執筆を依頼し、日本歴史学会が編集し、吉川弘文館が刊行した一大伝記集である。

幸いに読書界の支持を得て、百冊刊行の折には菊池寛賞を授けられる栄誉に浴した。

しかし発行以来すでに四半世紀を経過し、長期品切れ本が増加し、読書界の要望にそい得ない状態にもなったので、この際既刊本の体裁を一新して再編成し、定期的に配本できるような方策をとることにした。既刊本は一八四冊であるが、まだ未刊である重要人物の伝記についても鋭意刊行を進める方針であり、その体裁も新形式をとることとした。

こうして刊行当初の精神に思いを致し、人物叢書を蘇らせようとするのが、今回の企図である。大方のご支援を得ることができれば幸せである。

昭和六十年五月

日本歴史学会

代表者　坂本太郎

林羅山　松平信綱　国姓爺　野中兼山　保科正之　隠元　徳川和子　酒井忠清　朱舜水　池田光政　山鹿素行　井原西鶴　松尾芭蕉　三井高利　河村瑞賢　徳川光圀　契沖　市川団十郎　伊藤仁斎　徳川綱吉　貝原益軒　前田綱紀

近松門左衛門　新井白石　鴻池善右衛門　石田梅岩　太宰春台　徳川吉宗　大岡忠相　賀茂真淵　平賀源内　与謝蕪村　三浦梅園　毛利重就　本居宣長　山村才助　木内石亭　小石元俊　山東京伝　杉田玄白　塙保己一　上杉鷹山　大田南畝　只野真葛

小林一茶　大黒屋光太夫　松平定信　菅江真澄　島津重豪　狩谷棭斎　最上徳内　渡辺崋山　柳亭種彦　香川景樹　平田篤胤　間宮林蔵　滝沢馬琴　調所広郷　橘守部　黒住宗忠　水野忠邦　帆足万里　江川坦庵　藤田東湖　二宮尊徳　広瀬淡窓

大原幽学　島津斉彬　月照　橋本左内　井伊直弼　吉田東洋　緒方洪庵　佐久間象山　真木和泉　高島秋帆　シーボルト　高杉晋作　川路聖謨　横井小楠　小松帯刀　山内容堂　江藤新平　和宮　西郷隆盛　ハリス　森有礼　松平春嶽

中村敬宇　河竹黙阿弥　寺島宗則　樋口一葉　ジョセフ＝ヒコ　勝海舟　臥雲辰致　黒田清隆　伊藤圭介　福沢諭吉　星亨　中江兆民　西村茂樹　正岡子規　清沢満之　滝廉太郎　副島種臣　田口卯吉　福地桜痴　陸羯南　児島惟謙　荒井郁之助

幸徳秋水　ヘボン　石川啄木　乃木希典　岡倉天心　桂太郎　徳川慶喜　加藤弘之　山路愛山　伊沢修二　秋山真之　前島密　成瀬仁蔵　前田正名　大隈重信　山県有朋　大井憲太郎　河野広中　富岡鉄斎　大正天皇　津田梅子　豊田佐吉

渋沢栄一　有馬四郎助　武藤山治　坪内逍遙　山室軍平　阪谷芳郎　南方熊楠　山本五十六　中野正剛　三宅雪嶺　近衛文麿　河上肇　牧野伸顕　御木本幸吉　尾崎行雄　緒方竹虎　石橋湛山　八木秀次

▽以下続刊